工业和信息化普通高等教育"十三五"规划教材

高等院校"十三五"**会计系列**规划教材

U0683784

FUNDAMENTAL OF ACCOUNTING

会计学基础

第三版

◆ 程培先 主编

人民邮电出版社

北 京

图书在版编目（CIP）数据

会计学基础 / 程培先主编. -- 3版. -- 北京 : 人
民邮电出版社，2020.9
高等院校"十三五"会计系列规划教材
ISBN 978-7-115-54168-0

Ⅰ. ①会… Ⅱ. ①程… Ⅲ. ①会计学－高等学校－教
材 Ⅳ. ①F230

中国版本图书馆CIP数据核字(2020)第093076号

内 容 提 要

本书在尊重和传承传统教材的科学内涵、精华内容的基础上，结合编者多年的教学经验和思考，以"初
识基本财务报表、再现报表编制过程"为脉络安排篇章结构。

本书共 11 章，总论、会计要素与会计等式这两章引领学生初识会计及其工作成果；设置账户、借贷记账
法及其应用、会计凭证、会计账簿、成本计算、财产清查、财务报告、账务处理程序 8 章内容围绕会计核算
方法展开，用来阐述财务报表编制过程；最后一章从宏观角度介绍会计工作组织的基本要求、会计机构与会
计人员、会计法规体系等。为了帮助学生加深对知识的理解、掌握与应用，本书每一章的篇首均设有学习目
标、引导案例，章节中穿插了知识链接等内容，章后附有思考与练习。

本书可作为会计学、审计学、财务管理专业"会计学基础"课程的教材，也可作为金融学、管理学、经
济学等专业"会计学"课程的参考教材。

- ◆ 主　　编　程培先
  责任编辑　刘向荣
  责任印制　周昇亮
- ◆ 人民邮电出版社出版发行　　北京市丰台区成寿寺路 11 号
  邮编　100164　　电子邮件　315@ptpress.com.cn
  网址　https://www.ptpress.com.cn
  固安县铭成印刷有限公司印刷
- ◆ 开本：787×1092　1/16
  印张：14.75　　　　　　　　　　2020 年 9 月第 3 版
  字数：371 千字　　　　　　　　 2024 年 7 月河北第 8 次印刷

定价：49.80 元

读者服务热线：(010)81055256　印装质量热线：(010)81055316
反盗版热线：(010)81055315
广告经营许可证：京东市监广登字 20170147 号

前言 Foreword

近年来，人工智能在会计、审计、税务等领域的广泛运用，使得传统、简单、重复性的基础会计工作逐渐被智能机器人取代。会计商业生态环境的变化，倒逼着会计教育理念和教学内容的变革。"会计学基础"是会计学专业的入门课程，在经济管理类非会计专业教学计划中，通常被设为必修课。这一课程是树立学生会计思维的起点。以往学生学习完该课程后留下的只是会计分录这样的细枝末节，只见树木不见森林。原因在于多数教材按照"会计基本概念—会计凭证—会计账簿—会计报表"的主线安排篇章结构。这样的结构安排虽然遵循了顺向思维，但是对于学生而言，在没有任何专业知识铺垫的情况下，往往在学习会计相关概念时会感到内容烦琐、晦涩，而逐渐丧失学习兴趣。

本书在尊重和传承传统教材的科学内涵、精华内容的基础上，结合编者多年的教学经验，主要在以下两个方面进行了积极探索。

第一，以"初识基本财务报表、再现报表编制过程"为脉络安排篇章结构。本书遵循学生从具体到一般的认知规律，将财务报表内容前移，先直观地展现会计工作成果，激发学生的探索求知欲，再来层层解惑，阐述相关的会计概念和背后蕴含的基本理论，以财务报表为统领，力求做到深入浅出、通俗易懂。

第二，本书章前设有学习目标、引导案例，行文中穿插知识链接等内容，章后附有思考与练习，以帮助学生加深对知识的理解、掌握与应用。本书通过内容与形式的有机结合，增强了可读性，提高了学生的学习兴趣。

本书的参考课时为 51 学时，各章的参考课时见下面的课时分配表。

课时分配表

章序	课程内容	课时
第一章	总论	6
第二章	会计要素与会计等式	8
第三章	设置账户	2
第四章	借贷记账法及其应用	12
第五章	会计凭证	3
第六章	会计账簿	6
第七章	成本计算	2
第八章	财产清查	4
第九章	财务报告	4
第十章	账务处理程序	2
第十一章	会计工作组织	2
课时总计		51

　　本书由河北金融学院程培先任主编，并编写了第一章、第十章、第十一章，刘莎编写了第二章～第四章、第九章，李晓光编写了第五章～第八章。本书的编写工作得到河北金融学院秦菊香教授、河北大学张双才教授、河北农业大学王建忠教授、河北经贸大学刘海云教授的指导与帮助，在此一并表示感谢！

　　由于时间仓促，编者水平和经验有限，书中难免有欠妥之处，恳请读者批评指正。

编者

2020 年 6 月

目 录 Content

第一章　总论

第一节　企业经济活动与会计对象 / 1

第二节　会计的发展及含义 / 4

第三节　会计信息需求及其质量要求 / 10

第四节　会计职业 / 13

思考与练习 / 15

第二章　会计要素与会计等式

第一节　会计假设 / 16

第二节　资产负债表及其要素 / 19

第三节　利润表及其要素 / 28

第四节　综合会计等式 / 34

第五节　会计要素的确认与计量 / 38

思考与练习 / 40

第三章　设置账户

第一节　会计循环与会计核算方法 / 43

第二节　会计科目 / 46

第三节　设置账户 / 50

思考与练习 / 52

第四章　借贷记账法及其应用

第一节　借贷记账法 / 54

第二节　资金筹集业务的核算 / 65

第三节　供应过程业务的核算 / 69

第四节　生产过程业务的核算 / 78

第五节　销售过程业务的核算 / 84

第六节　财务成果形成及分配业务的核算 / 90

思考与练习 / 98

第五章　会计凭证

第一节　会计凭证概述 / 102

第二节　原始凭证 / 111

第三节　记账凭证 / 113

第四节　会计凭证的传递和保管 / 115

思考与练习 / 117

第六章　会计账簿

第一节　会计账簿概述 / 119

第二节　会计账簿的设置和登记 / 122

第三节　会计账簿的运用规则 / 130

第四节　结账和对账 / 137

第五节　会计账簿的更换和保管 / 141

思考与练习 / 144

第七章　成本计算

第一节　成本计算概述 / 147

第二节　成本计算的原理及程序 / 148

第三节　制造业企业经营过程主要成本的
　　　　计算 / 152

思考与练习 / 160

第八章　财产清查

第一节　财产清查概述 / 163

第二节　财产清查的内容和方法 / 166

第三节　财产清查结果的会计处理 / 174

思考与练习 / 178

第九章　财务报告

第一节　财务报告概述 / 180

第二节　资产负债表 / 183

第三节　利润表 / 187

第四节　现金流量表 / 190

第五节　财务报表附注 / 195

思考与练习 / 196

第十章　账务处理程序

第一节　账务处理程序概述 / 198

第二节　记账凭证账务处理程序 / 199

第三节　科目汇总表账务处理程序 / 216

思考与练习 / 219

第十一章　会计工作组织

第一节　会计工作组织概述 / 220

第二节　会计机构与会计人员 / 222

第三节　会计规范体系 / 225

思考与练习 / 229

参考文献 / 230

学习目标

1. 了解企业经济活动及会计对象。
2. 了解会计的历史变迁。
3. 理解会计目标及其形成的背景。
4. 理解会计信息的需求及其质量要求。
5. 了解会计职业。

引导案例

　　春秋时期伟大的思想家、教育家，儒家学派的创始人孔子曾与会计有过交集。《孟子•万章》记载：孔子"尝为委吏矣"。孔子虽然出身于贵族，但家道中落。为了生存，他在鲁国贵族季氏手下当了一名管理仓库的小官吏——委吏。他终日守候在库房里，监督着财物进出，并一一在竹简上刻画、登记。"会计当而已矣"是孔子对这份工作的总结，后人把其作为我国第一句会计格言，也是我国最早的会计原则。会计史学家郭道扬教授认为"当"字有三层含义：其一是会计工作中对于经济收支事项要遵循制度法规，处理得当；其二是对会计事项的计算记录要正确；其三是从统治者方面讲，要善于选择合格的、适当的会计人才。

　　实际上，还有很多名人都和会计工作打过交道。虽然他们后来在其他领域取得的成就更辉煌，但会计经历对他们的人生产生了很大影响。

第一节
企业经济活动与会计对象

一、企业组织形式

　　企业就是按照市场需求自主组织生产经营，以提高经济效益、劳动生产率和实现资产保值增值为目的的社会经济组织。企业按照性质分为制造企业、商品流通企业和服务企业。

　　制造企业将原始的材料转变成可以销售给消费者的产品，如可口可乐公司生产饮料，耐克公司生产运动鞋，华为公司生产手机等。商品流通企业向顾客销售商品，但本身不生产产品，而是向其他企业购买产品再销售给顾客，如苏宁电器销售家用电器，当当网从事图书的销售等。服务企业向顾客提供服务，如迪士尼公司提供的娱乐服务，航空公司提供航空运输服务等。

　　企业按组织形式分为个人独资企业、合伙企业和公司制企业。

　　（一）个人独资企业

　　个人独资企业只有一个出资人，而且是自然人。个人独资企业的全部财产为投资人个人所有，出资人对企业债务承担无限责任。独资企业不作为企业所得税的纳税主体，而需要缴纳个人所得税。

个人独资企业的投资人以其个人财产对企业债务承担无限责任，其中包括 3 层意思：一是企业的债务全部由投资人承担；二是投资人承担企业债务的责任范围不限于出资，其责任财产包括独资企业中的全部财产和投资人的其他个人财产；三是投资人对企业的债权人直接负责。

换言之，无论是独资企业经营期间，还是独资企业因各种原因而解散时，对经营中所产生的债务如不能以企业财产清偿，则投资人需以其个人所有的其他财产清偿。此外，投资人在申请独资企业设立登记时明确以其家庭共有财产作为个人出资的，应当依法以家庭共有财产对企业债务承担无限责任。

（二）合伙企业

合伙企业是指依照《中华人民共和国合伙企业法》在中国境内设立的，由合伙人订立合伙协议，共同出资、合伙经营、共享收益、共担风险，并对合伙企业债务承担无限连带责任的营利性组织。例如，汽车维修中心、会计师事务所、医疗诊所、律师事务所等多采用该组织形式。

合伙企业是一种古老而富有生命力的共同经营方式，有许多国际知名的大企业在创业阶段甚至在已经成长为大规模企业后都采用了合伙企业的组织形式。

合伙企业以合伙协议作为成立的法律基础。合伙协议是调整合伙关系、规范合伙人相互权利义务、处理合伙纠纷的基本法律依据，对全体合伙人具有约束力。合伙企业需由全体合伙人共同出资，合伙经营。出资是合伙人的基本义务，也是其取得合伙人资格的前提条件。合伙人必须合伙参与经营活动，共负盈亏，共担风险，对外承担无限连带责任。合伙人既可以按其对合伙企业的出资比例分享合伙盈利，也可按其他办法来分配合伙盈利。当合伙企业财产不足以清偿合伙债务时，合伙人还需要以其他个人财产清偿债务，即承担无限责任，而且任何一个合伙人都有义务清偿全部合伙债务，即承担连带责任。

（三）公司制企业

公司制企业（以下简称"公司"）是指一般以营利为目的，从事商业经营活动或因某些目的而成立的组织。德国管理学家赫尔曼·西蒙指出：历史上几乎所有的重大革新都是在公司产生的，而不是在国家层面产生的。因此，公司被视为近代以来最伟大的组织创新。

公司与个人独资企业和合伙企业不同，它是法人组织，具有所有权与经营权分离的特性，投资者可受到有限责任保护。根据《中华人民共和国公司法》（以下简称《公司法》），公司的主要形式为有限责任公司和股份有限公司。两类公司的差别在于以下几点。

（1）筹资能力、规模不同。有限责任公司的股东人数是有限制的，因而除个别有限责任公司外，股份有限公司的筹资能力强于有限责任公司。一般来说，股份有限公司的规模较大，而有限责任公司的规模则相对较小。

（2）组成因素有差别。股份有限公司以资本联合为基础，这是其显著特点，而有限责任公司除了资本的联合之外，还考虑了人的因素，就是股东之间是相互了解的并有一定的信任。

（3）出资的表现形式不一样。股份有限公司将其资本划分为等额股份，以发行股票来表现；有限责任公司以股东的出资占公司资本金的比例来表现。

（4）转让出资条件不同。股份有限公司的股票流动性较强，易于变现；有限责任公司股东转让出资要受到较多的限制。

（5）公开程度不同。股份有限公司公开程度较高，有较多的公开义务，而有限责任公司则是相对比较封闭的。

企业的组织形式从个人独资企业到合伙企业，再到公司，它的发展历程与如何解决企业组织发展过程中所需要的资金这一问题密切相关。可以说，企业组织形式的发展轨迹是一条资金拉动型的路径。

二、企业经济活动与会计对象

经济这个词来源于希腊语，其原意为"管理一个家庭的人"。乍一看，这个起源有些奇怪。但事实上，家庭和经济有着许多共同之处。一个家庭需要管理和决策，一个企业也是如此。企业无论大小，无论组织形式如何，都需要管理者对其所属资源做出合理的配置，如对人员做出分工安排及合理利用物质资料等都是经济活动。

一个企业从筹建到营业，无时无刻不在进行各种活动，而这种活动的目的就是实现资产的保值增值。企业不管其组织形式如何，都面临着这些问题：企业应该做什么（投资决策），从哪种渠道和以什么样的方式解决资金问题（筹资决策），以及如何运用这些资金开展经营活动（经营决策）。由此，任何企业的经济活动都可以分为筹资活动、投资活动和经营活动。

不同行业的企业开展经济活动的具体内容有所不同，但都可以归结为资金的投入、资金的周转和资金的退出3个过程。下面以制造业为例说明资金运动的过程。

（一）资金的投入

制造业企业要进行生产经营，必须拥有一定的资金。这些资金的来源包括所有者投入的资金和债权人投入的资金两部分，前者属于企业所有者权益，后者属于债权人权益，形成企业的负债。一般而言，企业筹集的资金最初是以货币资金的形态进入企业的，投入企业的资金用于购买机器设备和原材料等，这样就形成了企业的非流动资产、流动资产。

（二）资金的周转

制造业企业的经营过程包括供应、生产、销售3个阶段。在供应阶段，企业要购买原材料等劳动对象，发生材料买价、运输费、装卸费等采购成本，与供应单位发生货款的结算关系。

生产阶段既是产品的制造阶段，又是物化劳动和活劳动的耗费阶段。劳动者运用劳动资料，生产出产品，既转移了劳动资料、劳动对象的价值，又创造出新的价值。在这个过程中，资金发生了价值形态的变化：首先，随着劳动对象的耗费，资金从储备资金形态转化为生产资金形态；随着劳动资料的耗费，固定资金以折旧的形式逐渐转化为生产资金；随着活劳动的耗费，货币资金以应付职工薪酬的形式转化为生产资金；在产品制成后，资金又从生产资金形态转化为成品资金形态。企业在生产经营过程中发生的各种耗费，就是企业的费用。这些耗费，有的形成产品的生产成本，如直接材料、直接人工、制造费用；有的形成期间费用，如管理费用、销售费用、财务费用。

在销售阶段，将生产的产品销售出去，收取货币资金，表现为资金的收回，同时发生支付销售费用、缴纳税金等业务活动。企业收回的资金首先用于补偿耗费的资金，即用企业取得的收入补偿企业发生的费用。收入减去各种费用后的余额，就是企业实现的利润。企业实现的利润，按规定一部分分配给投资者，退出了企业的资金周转，另一部分以留存收益的形式留在企业继续参加资金周转。综上所述，资金的循环就是从货币资金开始依次转化为储备资金、生产资金、产品资金，最后又回到货币资金的过程。资金周而复始的循环称为资金的周转。制造业企业的资金周转如图 1.1 所示。

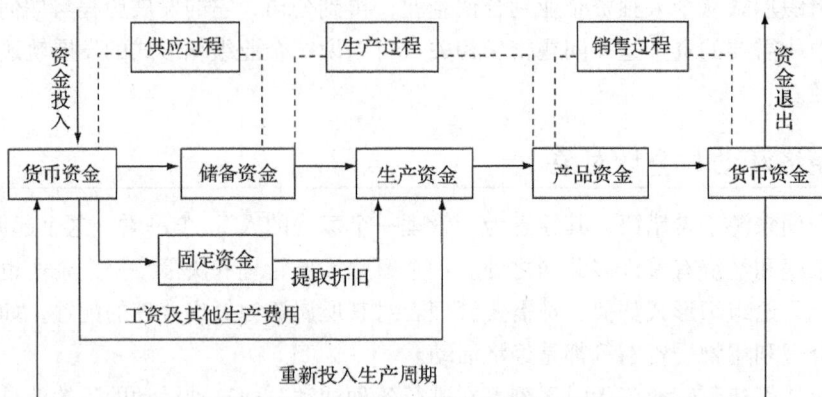

图 1.1 资金周转过程

（三）资金的退出

资金的退出包括偿还债务、上缴各项税金、向所有者分配利润等，即资金离开本企业，退出企业的资金周转。

上述资金运动的 3 个过程是相互支持、相互制约的统一体，没有资金的投入，就没有资金的周转，就不会有债务的偿还、税金的上缴和利润的分配等；没有资金的退出，就不会有新一轮的资金投入，就不会有企业的进步发展。

（四）会计对象

会计对象是会计核算和监督的客体，可抽象为资金运动。需要说明的是，由于各类企业的经营活动不尽相同，资金运动的具体形式也存在较大的差异，如对于超市这样的商品流通企业，资金进入和退出阶段与制造业企业差别不大，但由于没有生产环节，资金进入企业后的链条看起来就短很多。再如政府机构、事业单位、慈善团体等非营利组织主要负责社会事务或某些社会事业方面的管理，资金主要来自财政预算拨款或捐赠，设立的目的也不是盈利，资金运动的过程则差异更大。

第二节
会计的发展及含义

一、会计的产生与发展

学习会计知识自然要了解会计的产生与发展。会计作为人类的一种社会实践活动，从简单刻画到有章法的记录，从附属职能到有专职人员负责，从单式簿记到复式簿记经历了漫长的发展过程，一般分为古代会计、近代会计和现代会计 3 个历史阶段。

（一）古代会计阶段

严格独立意义的会计特征是在奴隶社会的繁盛时期才表现出来的。那时，随着社会的发展，劳动生产力不断提高，生产活动的结果除了补偿劳动耗费之外还有了剩余产品。会计逐渐从生产职能中分离出来，成为特殊的、专门委托有关当事人的独立的职能。

在我国，夏朝是奴隶制的开端。根据考证，夏朝的"百官"当中尚未设置专职会计人员，当时国家财计事务的记录还分别由各个职能部门兼管。商朝的"百官"中有作册官职，掌管历史典籍、天文历法、算术和财政及会计记录。会计虽然是作册职掌的一个主要部分，但还不是其唯一职掌，尚不存在独立意义上的专职会计人员。西周是奴隶制社会经济文化发展的鼎盛时期。《周礼》记载，周王之下设天、地、春、夏、秋、冬六卿，分别掌管全国财计、农业、礼宾、军事、司法、工程与手工业事宜，其中，天官冢宰掌管国家财计事务。冢宰下设的官职有小宰、司会、大府和宰夫，其中，司会是西周中央政权中负责财计管理工作的行政长官，其下又设司书、职内、职岁、职币4个职能部门，司书掌管文书与会计记录，职内掌管财赋收入及记录，职岁掌管财政支出及记录，职币掌管货币出纳及记录；大府主管国库系统，负责各项财物的收、发、保管；宰夫则主管财计稽查和审计事宜。上述组织部门已初步形成相互独立、各司其职、相互制约、相互监督的财计组织体系。可见，西周已经建立起严密的国家行政管理机构。

随着社会发展，奴隶制走向灭亡，封建制开始出现，自秦始皇建立了我国第一个统一的封建制国家以来，历经秦、汉、三国、两晋、南北朝、隋、唐等朝代，在经济不断发展的同时，会计也随之不断发展。唐宋时期，我国的会计理论与方法进一步推进，不仅产生了《元和国计簿》《大和国计》《会计录》等会计著作，还出现了四柱结算法，使会计技术达到了新水平。所谓"四柱"，即"旧管"（相当于上期结存）、"新收"（相当于本期收入或增加）、"开除"（相当于本期支出或减少）、"实在"（相当于本期结存）。古人形象地把它们比作支撑大厦的四根支柱，说明四柱之力，柱柱紧要，其相互关系如下。

旧管+新收−开除=实在

总结上述各时期会计发展的特征，会计虽然处于不断发展的过程之中，但其簿记体系仍是单式簿记体系，所以将从奴隶社会繁盛时期到15世纪末复式簿记理论出现之前的这一阶段称为古代会计阶段。

知识链接

《周礼》虽然被列为重要的儒家经典著作，但书中所反映的2000多年前完整的会计与审计官制实在令人叹为观止。《周礼》记载，周王下所设的天、地、春、夏、秋、冬六官，统称六卿，其中，冢宰（又称大宰）为天官之长，是六卿之首。《周礼·天官·冢宰》中讲，冢宰的职权是"掌邦治，以佐王均邦国"，"岁终则令百官府各正其治，受其会，听其致事而诏王废置"。由此可见，冢宰不但掌管国务大事，还总揽国家财政，但主抓"一岁、三岁之总会"，而不在于日常核算。具体的财赋出入管理则由冢宰之下的小宰掌管。这意味着小宰成为财政机构的主管部门，掌管财政预算及王朝的各项支出。它是天官下设的两个主管部门之一。小宰下则设宰夫、大府等职。《周礼·天官·宰夫》中讲，宰夫的职责为"掌治朝之法，以正王及三公、六卿、大夫群吏之位。掌其禁令，叙群吏之治"，意即宰夫掌握财计稽查之权。大府官级平于宰夫，职掌货（指金玉钱币）贿（布帛）收入，同时负责对财物的保管和财物的支出，年终考核本部门财物出入。大府为库藏之长，所管部门有玉府、内府、外府、酒正、司裘、掌皮和典丝等。冢宰主管的另一个下属部门即为会计部门，它由司会掌管，主要负责核算王朝财政经济收支，监督王朝财务动态。

《周礼·天官》记载的司会职责如下："司会掌邦之六典，八法，八则……而听其会计""司会主天下之大计，计官之长，是以参互考日成、月要考月成、岁会考岁成之事"。司会下另设司书、职内、职岁和职币4大职能部门，其中，司书主管王朝的整个会计账簿；职内"掌邦之赋入"，即掌管财务收入账簿；职岁"掌邦之赋出"，即掌管财物支出账簿；职币则掌管财物结余账簿。

从上述内容可以看出，《周礼》中提出的财政管理体系是相当庞大和严密的。现代会计文明中的分权控制思想在其体系中可谓体现得淋漓尽致。例如，在财物出纳工作方面，《周礼》把财物出纳工作分为收入、支出和结余，分由职内、职岁和职币负责。通过三职分掌出纳工作的一个方面，达到以入制出，以出制入，以出入控制结余之财。

（二）近代会计阶段

会计史上具有决定意义的事件，就是复式簿记的出现。复式簿记的产生是会计发展史上的一个里程碑。近代会计就是从运用复式簿记开始的。近代会计的时间跨度标志一般认为应从1494年意大利数学家卢卡·帕乔利所著《算术、几何、比及比例概要》一书的出版开始，直至20世纪30年代末。卢卡·帕乔利在上述论著中较为详细地论述了当时流行于意大利的"威尼斯簿记法"（复式记账法），以此确立了复式记账法的地位，并使其得以在欧洲的其他国家传播。在随后的社会发展进程中，复式簿记理论随着东西方文明的交流而在世界各国开始传播、应用，并在应用过程中不断发展和完善。明末清初，一些民间商业组织开始使用一种较严密也较复杂的，比"四柱清册"更加完备的"龙门账"。这标志着我国会计由单式簿记向复式簿记的迈进。与复式簿记理论的发展同步，会计从特殊的、专门委托有关当事人的独立的职能发展成为一种职业。

（三）现代会计阶段

现代会计是在20世纪30年代以后，在发达国家，特别是在美国发展起来的。现代会计的形成和发展主要表现在以下两个方面。

（1）金融市场与现代公司制度的产生和发展，使企业的所有权和经营权相分离。这对会计理论与方法产生了极为重要的影响。为了适应企业的所有者和经营者对不同信息的需求，会计"同源分流"，逐渐形成了财务会计与管理会计两大分支。1952年，世界会计学年会正式通过了"管理会计"这一名词。管理会计体系为企业内部经营管理提供信息，是会计发展史上的一次伟大变革。需要说明的是，本书涉及的诸多会计概念隶属于财务会计这一领域。

财务会计与管理会计

（2）会计与电子计算机及信息技术相结合。1946年，世界上第一台电子计算机在美国问世，逐渐开始了会计领域应用计算机的新时代。电子计算机在会计上应用以后，使会计信息系统，从人工手写改为电子处理系统。这种改进代替了会计人员手工核算工作，给会计工作带来了重大变革。

会计的发展脱离不了技术的支持，甚至包括文字、印刷术的发明，算盘、计算机的使用等。这些技术使会计的记录、计算等变得便捷起来。无庸置疑，随着人工智能、大数据、物联网、云计算、区块链等技术的发展，会计的核算程序、会计监督的方式、会计人员的工作模式等将发生巨大的变化，但只要还有经济活动的发生，会计的理念和方法就会存在。它随着生产实践和经济管理的客观需要而产生，也必将随着社会的发展和科技的进步被赋予新的内涵。

二、会计目标

会计目标是现代财务会计理论体系中的核心概念，对其他会计概念起着统驭和引领作用。会计目标是指在一定历史环境下人们通过会计实践活动期望达到的结果。在不同历史阶段，人们通过会计想实现的目的有所不同，会计目标逐渐发生变化。受托责任观和决策有用观是理论界在讨论现代财务会计目标过程中形成的两大观点。

（一）受托责任观

受托责任观可以追溯到会计产生之初，作为一种比较流行的学派得益于公司制的产生和发展。从会计发展的历史看，随着工业革命的完成，以公司制为代表的企业组织形式开始出现并广泛流行，随之而来的便是企业所有权与经营权的分离，委托代理关系也得到了进一步发展，从而形成了以受托责任为目标取向的受托责任观。

（二）决策有用观

决策有用观是在资本市场日渐发达的历史背景下形成的。在此条件下，投资者进行投资需要有大量可靠且相关的会计信息，从传统的关注历史信息转向对未来信息的关注；要求披露的信息量和范围也不断增加和扩大，不仅要求披露财务信息、定量信息和确定信息，还要求更多地披露非财务信息、定性信息和不确定信息。而这些信息的提供总是要借助于会计系统。

（三）两种观点的评价

决策有用观主要出现在金融市场日益发达的背景之下，企业的投资主体日益分散和多样化，他们需要利用会计提供的信息做出投资决策。于是，决策有用观得以盛行。而受托责任观则是出现在所有权与经营权分离但所有权比较集中的经济背景之下，所有者更为关心的是所交付经营的资产保值增值情况，而不是想通过转让获取差价收益。因此，受托责任观占绝对主导地位。决策有用观有利于投资者进行决策，但也为会计信息不充分披露提供了借口，使企业经营者可以利用其因信息不对称（经营者比投资者更了解企业内部经营状况和经营成果方面的信息）所获得的优势来隐瞒一些信息，达到减少投资者利益而增加自身利益的目的。我国资本市场发展初期，会计造假现象比较严重，与当时确定的会计目标有一定的联系。受托责任观强调经营者的忠诚和会计信息质量的真实准确，有利于控制造假行为，但也可能形成会计信息的冗长和过分披露，并可能导致投资者的损失（因资本市场信息是公开的，信息披露过多可能导致企业将商业机密透露给竞争对手）。此外，受托责任观强调以历史成本作为反映的基础，在历史成本与现时成本存在较大差距的情况下，会计所提供的信息不利于投资者的决策。

总之，从资本市场信息需求的角度应将会计目标定位于决策有用观，而从保护所有者利益的角度应将会计目标定位于受托责任观。就我国的现实情况而言，我们既要发展资本市场，又要保护中小投资者的利益。我国《企业会计准则——基本准则》明确指出，财务报告的目标是向财务报告使用者提供与企业财务状况、经营成果和现金流量等有关的会计信息，反映企业管理层受托责任履行情况，有助于财务报告使用者做出经济决策。我国会计目标既强调了决策有用观，又强调了受托责任观，应将二者结合。

三、会计职能

会计职能是指会计在经济管理活动中所具有的功能。会计界公认会计的基本职能为核算职能和监督职能。

（一）会计的核算职能

会计核算职能也称反映职能，它是指主要运用货币计量形式，通过确认、计量、记录和报告，连续、系统和完整地反映各单位已经发生或完成的经济活动情况，为加强经济管理和提高经济效益提供会计信息。会计的核算职能具有以下特征。

其一，会计主要以货币为计量单位，从数量上反映各单位的经济活动情况，而不是从"质"的方面去反映。但会计通过对经济活动的数量反映，可以在一定程度上说明经济活动的质量。会计从数量方面反映经济活动情况时主要使用货币量度，辅以劳动量度和实物量度。也就是说，会计反映只限于那些能够用货币计量的经济活动。会计有时也使用劳动量度和实物量度，目的是改善货币量度的效果，或者是扩大和丰富会计的数据资料。这在企业的存货计量、成本计量等方面尤为突出。

其二，会计主要反映已经发生或完成的经济活动。会计通过一系列的专门方法，将已经发生或完成的经济活动情况记录下来，并对记录下来的会计数据进行加工，报告给会计信息使用者，并且要符合会计准则和会计制度的要求。

其三，会计核算具有连续性、完整性、系统性。连续性是指必须按照经济业务发生的时间先后顺序，不间断地记录和计算。完整性是指应由会计进行反映的各项经济业务，都必须毫无遗漏地加以记录和计算，不能任意取舍。系统性是指必须按照经济管理的要求，采用一定的方法，对会计反映资料进行加工整理、分类汇总，使之系统化，提供分类、汇总和相互联系的数据资料。

（二）会计的监督职能

它是指在反映经济活动情况的同时，利用会计反映所提供的会计信息对各单位的经济活动的合法性、合理性和有效性进行的控制和指导。会计监督职能具有以下明显的特征。

其一，会计监督具有强制性和严肃性。会计监督是依据国家的财经法规进行的，《中华人民共和国会计法》（以下简称《会计法》）不仅赋予了会计机构和会计人员进行监督的权利，而且规定了监督的法律责任，对放弃监督、听之任之、情节严重的，给予行政处分，对给公共财产造成重大损失，构成犯罪的，依法追究刑事责任。

其二，会计监督具有连续性。只要社会再生产过程不间断，会计反映就要不间断地进行下去。这整个过程离不开会计监督。会计反映具有连续性，会计监督也就具有连续性。

其三，会计监督具有完整性。会计的监督职能是要对经济活动的全过程进行监督，包括事前监督、事中监督和事后监督。事前监督是指在经济活动发生以前，从讲求经济效果出发，审查经济活动计划和方案的合理性，参与经济决策。事中监督是指在经济活动进行时，检查各项经济活动是否符合国家有关政策、法规和制度的规定以及有关计划、预算的要求，及时调整经济活动，使经济活动达到预期的目的。事后监督是指在经济活动之后，利用系统的会计信息进行反馈控制，加强事后的检查、分析和评价，监督经济活动的有效性，以便改进工作，使下一期的计划和方案更具有合理性。

核算和监督是会计的两个基本职能。核算是全部会计工作的基础，离开了核算，监督就失去了依据。同时，只有通过对核算过程进行监督，才能保证为会计信息的使用者提供真实可靠的数据资料，离开了监督，核算就毫无意义。因此，会计的这两个基本职能是密切结合、相辅相成的。

（三）会计基本职能的外延

随着社会的发展、技术的进步，经济关系的复杂化和管理理论的提高，会计的职能得到了不断的发展和完善，会计的新职能随之出现。尤其是随着企业越来越重视内部管理水平的提高，会计在企业规划、决策、控制和评价等方面的作用越来越重要，企业对管理会计的需求越来越多。随着科技的进步，许多会计核算及信息处理的工作由计算机替代。这样很多会计人员必然转向管理会计的相关工作，内容涵盖战略管理、预算管理、成本管理、营运管理、投融资管理、绩效管理和其他领域。

四、会计的含义

关于会计是什么，确切的答案似乎很难给出。有人说会计是一门世界通用的商务语言，也有人说会计是一门艺术，抑是一个控制系统。不同的视角给出不同的解释，从学术层面来看，目前有两种不同的理论观点，一是会计信息系统论，二是会计管理活动论。

会计信息系统论者认为，会计是一个收集、加工、输出信息的过程，整个过程都是围绕信息工作展开的。这种观点的形成主要是受 20 世纪 40 年代系统论、信息论和控制论的影响。美国会计学会在 20 世纪 60 年代发表了《基本理论说明书》，指出"就本质而言，会计是一个信息系统，它是一般信息论在解决经济运行效率方面的具体运用"。我国国内持此观点的主要有余绪缨教授、葛家澍教授等学者。会计信息系统论有利于人们从技术层面看待会计，重视会计信息质量。众所周知，如果会计信息质量能够得到充分的保证，将有利于投资人和债权人做出正确的决策。这对于发展资本市场是十分有利的，因为资本市场需要股权流动，并希望通过股权流动来配置资源。这有赖于企业提供高质量的会计信息。

会计管理活动论者认为，会计本身是一项经济管理活动，是企业管理的重要组成部分。这种观点的代表人物是杨纪琬教授和阎达五教授。会计本身所固有的职能，决定了会计是企业管理不可或缺的组成部分，会计核算过程就是会计监督过程，这本身就是一种管理。具体而言，会计对企业经济业务的审查和对经济活动的分析与评价，发展为事前的预测、规划并参与企业的经营决策。会计工作已经不再是单纯的记录。在经济活动转化为会计信息的过程中，会计工作可以分析、识别并控制经营风险，以协助企业实现合规经营、资产安全及提高经济效益的目的。主张会计管理活动论有利于人们提高对会计的重视程度，使会计在经济活动中得到充分利用，在会计自身功能得到不断完善的同时，促进经济发展，提高经济效益。

我们认为，会计信息系统论和会计管理活动论从不同的侧面来揭示会计的本质，前者是从技术和方法角度解释什么是会计，后者则是从管理工作的角度解释该问题，二者之间其实并不矛盾，而是相互统一的：会计作为一个信息系统，能为企业管理提供有价值的信息；会计作为一种经济管理活动，必须注重信息的搜集、整理和传输以及信息质量。我国自改革开放以来，特别关注企业自身的管理，会计以其特有的身份成为经济管理的一项重要工具，人们对会计在经济管理中的作用寄予厚望，会计管理活动论成为一种主导。在 20 世纪 90 年代，随着资本市场在国内的建立与发展，会计信息成为企业与众多中小投资者沟通的桥梁与纽带。会计在经济活动中更多的是提供经济信息，当时比较严重的会计信息虚假披露现象也促使人们对会计的本质进行重新定位。提倡会计信息系统论将对信息提供者的行为进行约束，使其严格按国家规定的信息披露规则进行披露。

为了使初学者从管理工作的角度理解什么是会计，本书暂以会计管理活动论为前提加以解释，即会计是以货币为主要计量单位，对一个单位的交易或事项进行连续、系统、全面的核算和监督，以便向财务报告使用者提供相关会计信息，并有助于其做出经济决策的一种管理活动。

第三节 会计信息需求及其质量要求

一、会计信息的需求者

会计是基于生产经营活动和经济活动对信息的客观需要，在一定的条件下才产生的。满足生产经营活动和经济活动对信息的需要，是会计的目标。应当说，会计职能源于会计信息需求，而会计信息需求又通过会计职能来得以满足。如前所述，传统会计的核算职能是基于会计信息个体性需求产生的。但会计作为一个以提供财务信息为主的经济信息系统，密切依存外部经济环境——市场经济。随着经济全球化的推进，以及信息技术的发展，传统会计面临的环境已经发生了根本性的变化，会计信息的需求已经从传统的个体性需求（满足企业内部需要）转变成了社会性需求，政府、投资者、证券交易所、银行、社会公众等一些组织与群体都需要真实、可靠的会计信息。

（一）企业内部需求

会计信息的内部使用者指那些直接参与企业经营管理的人。企业的管理人员需要会计反映企业的全部经济内容，依据财务报告调整经营方针，改善经营决策，充分挖掘企业的潜力，促使企业合理使用人力和物力，以尽可能少的耗费取得尽可能多的经营成果，增加企业盈利，不断提高企业价值。内部使用者有不同的类型，其中很多都是主管重要业务的经理。研发经理想知道如果改变产品和服务，成本和收入预计会发生怎样的变化。采购经理想知道何时以何种价格采购何种物资。人事经理需要有关员工工资、津贴、绩效等方面的信息。生产经理需要有关监控成本和保证质量方面的信息。营销经理需要使用有关销售和成本方面的报告锁定目标客户、确定价格等。

（二）企业外部需求

1. 公众需求

这里的公众主要包括投资者、债权人和其他信息使用者。

投资者：较大规模的企业大多采用股份有限公司的组织形式，以便筹集资金。所有权和经营权的分离，使得投资者不再直接进行经营。投资者散落于社会的各个角落，绝大多数投资者远离经营单位，失去了对企业组织的支配能力。他们只能靠企业的财务报告所提供的会计信息了解企业的经营过程和成果。潜在的投资者在进行投资决策时需要考察企业的经营业绩，评估投资的风险及回报，需要了解企业资本结构、偿债能力、资产的流动性、盈利性、预期收益等。它构成了企业投资者对企业会计信息的外部需求。

债权人：金融机构决定是否向企业贷款，需要通过企业会计报表所反映的企业经营状况和偿债能力进行贷款风险评估，如在负债比例超过规定水平，或营运资本、所有者权益未达到规定标准的情况下，金融机构会调整原先给予企业的信用额度。企业的供应商通过分析企业的会计信息决定是否采取更合理有效的结算方式，重新确认企业的信用水平，避免不必要的坏账损失。

其他信息使用者：企业的职工及代表职工利益的组织（如工会）也需要取得企业的会计信息，以了解、预测企业的发展情况。如果经营不善、管理混乱，就会给职工的就业和报酬的稳定性带来风险；社会监督组织需要了解企业特定方面的财务信息；中介、咨询机构需要了解企业的收入与支出状况，经营效益情况；一般公众则需要对就业政策、环境政策、产业政策加以了解，以寻求个人发展机会，这同样来源于企业会计信息的反映。

2. 国家需求

会计信息是国家对经济进行宏观管理和调控的重要依据。国家有关机关通过对源于各基层经济单位的会计信息的归集、整理和汇总分析，可以了解和掌握国民经济的整体运行情况，合理配置、调节社会资源和生产要素，提高劳动生产率并节约资源；制定符合实际的产业政策、投资政策、信贷政策、税收政策，使闲置的资源充分利用，促进国民经济协调有序的发展。因此，真实、充分的会计信息是促进经济正常运行的重要条件，国家机关通过利用充分的会计信息可以制定适应经济发展的行之有效的方针政策，并顺利实现经济目标。

二、会计信息质量要求

从某种意义上讲，会计信息也是一种"产品"。而作为产品，其质量高低对消费者的影响很大。会计信息也有质量，即会计信息质量，它对会计信息使用者的意义就如同产品对消费者一样重要。我国《企业会计准则——基本准则》提出了会计信息质量原则要求，包括可靠性、相关性、可理解性、可比性、实质重于形式、重要性、谨慎性、及时性8个方面。

（一）可靠性

可靠性是指企业应当以实际发生的交易或者事项为依据进行会计确认、计量和报告，如实反映符合确认和计量要求的各项会计要素及其他相关信息，保证会计信息真实可靠、内容完整。只有可靠的信息才有利于会计信息使用者据以做出合理的经济决策。虚假的会计信息不仅会导致投资者对公司的信任危机，给使用者造成经济损失，而且会影响市场秩序甚至会危及社会的稳定。

这一要求包括两部分内容：一是会计必须根据审核无误的原始凭证，采用专门方法进行记账、算账、报账，保证所提供的会计信息内容完整、真实可靠。如果会计核算不是以实际发生的交易或事项为依据，或是有意隐藏某些交易或事项，向使用者提供虚假的会计信息，势必会误导信息使用者，甚至使信息使用者做出错误的决策。二是会计人员在进行会计处理时应保持客观，运用正确的会计原则和方法。如果会计人员进行会计处理时不客观，同样不能为会计信息使用者提供真实的会计信息，也会导致信息使用者做出错误决策。

（二）相关性

相关性是指企业所提供的会计信息应与财务报告使用者的经济决策相关。这有助于财务报告使用者对企业过去、现在或者未来的情况做出评价或预测。这里所说的相关，是指与决策相关，有助于决策。如果会计信息提供后，不能帮助会计信息使用者进行经济决策，就不具有相关性，也就不能完成会计所需达到的会计目标。

相关性原则要求在收集、记录、处理和提供会计信息过程中能充分考虑各方面会计信息使用者决策的需要，满足各方面具有共性的信息需求。对于特定用途的信息，不一定都通过财务报告来提供，而可以采取其他形式加以提供。

（三）可理解性

可理解性是指企业提供的会计信息应当清晰明了，便于财务报告使用者理解和使用。提供会计信息的目的在于使用，要使用就必须理解会计信息的内涵，明确会计信息的内容。如果信息不能被使用者理解，那么这种信息毫无用处。信息能否被使用者所理解，取决于信息本身是否易懂，也取决于使用者理解信息的能力，可理解性要求会计人员尽可能传递、表达易被人理解的会计信息，而使用者也应设法提高自身的综合素质，以提高理解会计信息的能力。

（四）可比性

可比性是指企业提供的会计信息应当具有可比性。这包括两个维度的质量要求。一是信息的横向可比，即企业之间的会计信息口径一致，相互可比。不同企业发生的相同或者相似的交易或者事项，应当采用规定的会计政策，确保会计信息口径一致、相互可比。二是信息的纵向可比，即同一企业不同时期发生的相同或者相似的交易或事项，应当采用一致的会计政策，不得随意变更。确需变更的，应当在附注中说明。例如，存货发出的计价方法有先进先出法、加权平均法等。如果确有必要变更，就应当将变更情况、变更原因及其对企业财务状况和经营成果的影响在财务报告附注中说明。

（五）实质重于形式

这是指企业应当按照交易或事项的经济实质进行会计确认、计量和报告，而不应仅以交易或事项的法律形式作为依据。这里所讲的形式是指法律形式，实质指经济实质。有时，经济业务的外在法律形式并不能真实反映其实质内容。为了真实反映企业的财务状况和经营成果，就不能仅仅根据经济业务的外在表现形式来进行核算，而要反映其经济实质。例如，企业销售商品的同时承诺日后再将该商品购回，而且回购的价格不低于原来的销售价格，这样的交易形式上为销售活动、购买行为，本质是融资活动，不但不确认收入，还要在收到款项时确认为负债。再如，企业将持有的应收票据背书转让，且承担因付款方不能到期支付票据款的连带责任，此时，转让应收票据实际上具有抵押性质，应收票据不能终止确认。

（六）重要性

重要性是指企业提供的会计信息应当反映与企业财务状况、经营成果和现金流量等有关的所有重要交易或事项。判断重要性的标准是如果财务报告中某项目的省略或是错报会影响使用者据此做出经济决策，该项目就具有重要性。对于重要事项必须按照规定的会计方法和程序予以处理，并在财务报告中充分、准确的披露；对于次要的会计事项，可适当简化处理。重要性在很大程度上取决于会计人员的职业判断，但一般来说可以从质和量两方面进行判断。如果一项会计事项可能对决策有重大影响，则属于具有重要性的事项，要单独反映，提请注意。另外，如果一笔经济业务的金额占比很小，就可以采用较为简单的方法和程序；反之，如果金额占比较大，就应当严格按照规定的会计方法和程序进行反映。

之所以强调重要性，是因为会计工作本身也要讲究成本效益原则，对不太重要的项目，不必花太多的人力、物力去处理。某些经济业务在企业所占比重很小，不详细反映并不影响使用者决策。在这种情况下，某些间接费用的分配就可简化，某些数量较小的经济业务就可以合并反映。当然，重要性也是相对的，某一事项对这个企业是重要的，但对另外的企业可能就不重要；过去是重要的事项，现在可能就不是重要的事项，或者相反。

（七）谨慎性

谨慎性是指企业对交易或者事项进行会计确认、计量和报告应当保持应有的谨慎，不应高估资产或者收益、低估负债或者费用。企业经营存在风险，对存在的风险加以合理估计，就能在风险实际发生之前化解风险，并防范风险，有利于企业做出正确的经营决策，有利于保护所有者和债权人的利益，有利于提高企业在市场上的竞争力。当然，谨慎性原则并不意味着可以任意提取各种准备，否则，就属于谨慎性原则的滥用。该项原则在会计实务中应用的例子也很多，希望读者以后结合会计要素的学习加以理解。

（八）及时性

及时性是指企业对于已经发生的交易或事项，应当及时进行会计确认、计量和报告，不得提前或延后。会计信息具有时效性，才能满足经济决策的及时需要，信息才有价值，所以为了实现会计目标，就必须保证会计信息有效性。

及时性原则要求及时收集会计数据，在经济业务发生后，应及时取得有关凭证；对会计数据及时进行处理，及时编制财务报告；将会计信息及时传递，按规定的时限提供给有关方面。

第四节
会计职业

区块链、人工智能、大数据等现代科学技术正在越来越深刻地改变社会各行各业的发展，而人工智能在会计、审计、税务等行业的广泛运用，使得传统、简单、重复性的基础会计工作岗位将被智能化取代，从事基础会计事务的会计人员将大量减少，从业者的职业竞争压力将越来越大，会计人员的工作将会集中于涉及分析、预测和统筹的领域。从这个意义上讲，时代将赋予会计更为广阔和强大的功能要求，使得会计工作提高到一个新的层次。

一、会计职业

（一）公共会计

公共会计主要是指由注册会计师承担的为社会各界服务的会计。在公共会计领域，注册会计师向公众提供很多会计服务。这种服务就像医生向病人提供服务，或者律师向客户提供法律服务一样。公共会计人员的工作主要包括审计财务报告、管理咨询服务等。提供管理咨询服务可能是公共会计中发展最快的一个领域。咨询服务也远远不止税务规划和会计事务，注册会计师就各类问题向管理者提供建议，如跨国并购、资本运营等。

一些注册会计师在公共会计领域工作一段时间之后，会从公共会计领域转到客户公司从事管理工作。这些公共会计的元老常常直接进入管理层，担任如财务总监、总会计师、首席财务官等重要职位。

（二）企业会计

企业会计师为一家公司工作。企业会计师负责产生和解释专门满足各种管理需要的信息。企业会计师常常会从事以下几个方面的工作。

（1）一般会计业务：记录日常交易、记账及编制财务报表。

（2）成本会计业务：确定经营活动和所生产产品的单位成本并解释这些成本数据。

（3）纳税筹划业务：进行纳税申报，利用税收优惠政策编制纳税计划。

（4）内部审计业务：研究内部控制体系，并评价企业经营各方面效率。大企业通常有专门的内部审计人员。内部审计人员是企业的员工，并不独立于企业。因此，他们不对企业的财务报表进行独立审计。

（5）管理会计业务：运用管理会计工具方法，进行战略管理、预算管理、成本管理、营运管理、投融资管理、绩效管理、风险管理等。所借助的管理会计工具主要包括战略地图、价值链管理、全面预算管理、目标成本管理、标准成本管理、变动成本管理、作业成本管理、生命周期成本管理、本量利分析、敏感性分析、边际分析、标杆管理、关键指标法、经济增加值、平衡计分卡等。

（三）非营利组织会计

如同企业一样，非营利组织也需要利用会计信息编制财务报表并进行内部控制。因此，非营利组织对会计师的需求和企业类似。非营利组织包括政府机构、学校、科研机构、医院、基金会及一些慈善机构等。这些组织需要通过会计信息了解运行效率，并确定如何进行资源的分配。

（四）会计教育

有些会计人员选择从事会计教育工作，向学生传授会计专业知识与技能。会计教育工作者通过有效的教学工作在很多方面对会计职业做出了贡献。同时，会计教育工作者通过出版重要的研究成果也对会计职业的发展起到重要的推动作用。

二、社会对会计人员能力的新需求

我国经济发展从依靠大规模投资拉动的增长方式向资本节约型的高绩效管理模式转换，企业越来越重视内部管理水平的提高。会计在企业规划、决策、控制和评价等方面的作用越来越重要，管理会计需求越来越多。随着信息技术的发展，许多会计核算以及信息处理的工作由计算机替代，这样很多会计人员必然转向管理会计的相关工作，社会对会计人员的能力需求也发生了变化。会计人员应具备以下几个方面的能力。

（1）功能性能力。它是会计人员从事工作时所直接运用的能力，主要包括高水平的预测和决策能力、准确的职业判断能力、很强的研究技能。

（2）视野方面的能力。会计人员应具备：①全球视野，确定和呈报在全球范围内从事商务活动所面临的威胁及机遇，为企业在全球化市场环境中的商务活动提供支持服务；②行业视野，确定和评价企业所属行业和经济部门的风险与机会；③资源管理视野，评价企业的人力、财务、物资、环境等各项资源，协助并参与对其进行高效管理；④法规与管制视野，要能够说明法规和管制的环境，并分析相关的法规要求、法律限制的变动对企业所造成的影响。

（3）个人能力。会计人员应具备：①有效解决问题并做出决策的能力、良好的洞察力和判断力，以及创新的思维；②较强的组织、协调能力，拥有必要的沟通技巧；③能够在适当的情形下有效地履行领导职能的能力；④快速反应能力。

知识链接

加强会计人才建设是我国会计改革与发展的必然选择

目前，我国正在实施"走出去"等战略，更离不开国际化高端会计人才：我国企业引进外资、学习国外的先进技术和管理经验，需要相关的会计人才；我国企业境外上市、筹资，需要相关的会计人才；我国企业跨国经营、并购、投资，从以资本输入为主向以资本输出为主转换，需要相关的会计人才。国际形势的不断变化和发展，都直接或间接地涉及会计领域。在此背景下，我国必须重视和加强国际化高端会计人才建设，培养和造就一大批通晓国际商务规则、熟练掌握会计审计知识的高素质会计人才，更好地为我国企业顺利迈向国际，有效参与国际经济竞争服务。

资料来源：财政部会计司. 实施会计人才战略 加强会计人才建设——《会计改革与发展"十三五"规划纲要》解读之八. 2017.

思考与练习

一、选择题

1. [单选]会计的基本职能是（   ）。
   A. 记录和计算   B. 预测和决策   C. 核算和监督   D. 分析和考核
2. [单选]下列关于会计监督职能的表述中，不正确的是（   ）。
   A. 会计的监督职能是指对特定对象经济业务的合法性、合理性进行审查
   B. 会计监督可以分为事前监督、事中监督和事后监督
   C. 会计监督是会计核算的基础
   D. 会计监督是会计核算的质量保障
3. [单选]现代会计形成的标志是（   ）。
   A. 出现了借贷复式记账法   B. 成本会计形成
   C. 出现会计专职人员   D. 财务会计与管理会计分化
4. [多选]会计的作用包括（   ）。
   A. 有助于国家进行宏观调控   B. 向投资者提供财务报告
   C. 便于经营管理者了解企业存在的问题 D. 帮助债权人评估企业的偿债能力
5. [多选]下列属于会计外部信息需求者的有（   ）。
   A. 债权人   B. 投资者   C. 企业管理人员   D. 政府部门
6. [多选]下列关于会计的说法正确的有（   ）。
   A. 一种经济管理活动   B. 以货币为主要计量单位
   C. 核算特定主体的经济活动   D. 对经济活动进行核算和监督

二、思考题

1. 怎样理解会计目标？
2. 如何理解公司制度、金融市场和会计的互动性？
3. 财务会计和管理会计有何区别、联系？
4. 简述制造业企业资金运动的过程。

第二章 | 会计要素与会计等式

✏️ **学习目标**

1. 理解会计主体、持续经营、会计分期、货币计量等会计假设的含义。
2. 明确资产、负债、所有者权益三大资产负债表要素的含义及特征。
3. 明确收入、费用、利润三大利润表要素的含义及特征。
4. 理解各会计等式的内涵。
5. 理解经济业务发生对会计等式的影响。

📖 **引导案例**

有人花钱旅游，有人花钱买名贵珠宝，也有人花钱和别人唠嗑……"股神"巴菲特于 2000 年开始拍卖与自己共进午餐的机会，将所得资金捐给慈善机构。面对这一世界上知名度最高的午餐，竞拍者不惜花费数百万美元，无疑是冲着巴菲特多年来在投资领域积累的经验与心得来的。2017 年，美国某电视台制作播出了一套纪录片，让很多观众看到了巴菲特真实的一面，也揭示了巴菲特成功背后的秘密。有人总结，巴菲特的成功几乎只与一件事情有关：阅读。他每天阅读各种与财经相关的新闻、财报和书籍。

曾有中国记者问巴菲特："听说您一年看 1 万多份年报，您最关心年报中的哪些方面？"巴菲特回答说："我读年报就像别人读报纸一样，我也不知道自己读了多少，所有的年报都是不同的，从根本上来说，我看企业的价值。"

会计是一种通用的商务语言。通过财务报告，聪明的人会发现企业的内在价值。财务报告看似格式千篇一律，却可以传达如此强大的信息。通过本章的学习，我们一同来揭开它神秘的面纱。

第一节 | 会计假设

在会计理论中，会计假设是人们对某些未被确切认识的事物，根据客观的正常情况和趋势，所做的合乎情理的推论而形成的一系列不需要证明就可以接受的假定前提。会计假设也称会计核算的基本前提，包括会计主体、持续经营、会计分期和货币计量 4 项假设。

一、会计主体假设

进行会计核算时，会计人员首先要明确其核算的"空间"范围，即为谁记账，以划定会计所要处理的经济业务事项的范围和立场。会计主体假设是指会计信息所反映的特定单位。一般来说，经济上独立或相对独立的企业、公司、事业单位等都是会计主体，甚至只要有必要，任何一个组织都可以成为一个会计主体。

在理解会计主体假设时，需要注意的问题是区别特定主体的经济活动与该主体投资者的经济活动。例如，甲、乙、丙合伙成立 A 企业，这家特定的 A 企业就成了一个会计核算的主体，只要以 A 企业的名义发生的有关活动，如购进原材料、支付员工工资、销售产品等，都属于 A 企业会计核算的范围，而作为该 A 企业投资者的甲、乙、丙，其有关经济活动则不是该 A 企业会计核算的内容，例如，年末 A 企业盈利了 90 万元，3 人决定平分这 90 万元，甲用分得的 30 万元购买了一辆汽车，乙将其所得存进了银行，丙将其所得购买了股票。对此事项，A 企业会计核算的内容为留存在企业的利润减少了 90 万元，银行存款也相应减少了 90 万元，而甲购买的汽车不能算作为 A 企业的资产，乙银行存款的增加、丙个人股票投资的增加也不是 A 企业会计核算的内容。

📄 **思考**

甲、乙、丙决定成立另一家 B 企业，并以 A 企业的名义借给 B 企业 50 万元以缓解资金周转的压力。A 企业、B 企业均为甲、乙、丙所有，这笔资金从一个口袋到了另外一个口袋，A 企业、B 企业还应不应该进行会计核算？

会计主体不同于法律主体。法律主体的要求比较严格：首先，要有独立的财产。也就是说，组织的财产和其成员的财产要区分开来，独立于其成员的财产，不能随便地变动；其次，组织要能独立地承担责任，即法律主体能够以自己的财产而不是成员的财产来承担责任。并不是所有的组织都能成为法律主体，只有那些在法律上具有独立人格的组织才能成为法律主体。

一般来说，法律主体必然是一个会计主体，但是，会计主体不一定是法律主体。例如，个人独资企业、合伙企业在法律上不具有相应的民事权利和行为能力，不是法律主体，但可以是会计主体。再如，有时为了内部管理需要，对企业内部的部门单独加以核算。这些独立核算的部门可以视为一个会计主体，但它不是一个法律主体。又如，一个母公司拥有若干子公司，每一个成员（母公司及子公司）都是独立的法律主体，它们的"集合"，即企业集团却并非独立的法律主体，但是为了全面反映这个企业集团的财务状况、经营成果和现金流量，实务中通过编制合并报表予以综合反映，这时企业集团成了一个会计主体。

二、持续经营假设

会计主体假设明确了会计核算的空间范围，而持续经营假设则界定了会计核算的时间范围。持续经营假设是指会计主体的生产经营活动将无限期地延续下去，在可以预见的将来，企业不会面临清算、解散、倒闭而不复存在。

之所以要假定企业持续经营，是因为只有在这个前提下会计核算才能保持相对稳定性，资产能按照原定用途在正常经营过程中使用，负债到期将予以偿还，债权到期将收回。例如，尚未收到的应收账款之所以被确认为一项资产，是因为在未来的正常经营中，企业将收回大部分应收账款。类似地，企业购入机器设备时，之所以按购入价格作为固定资产的账面成本，其磨损的价值，在一定期限内分期摊销，将其磨损的价值记入成本费用，也是因为预期在这一定期限内企业能够保持持续经营状态。如果企业面临清算，购入的机器设备将按照清算价格确认为设备价值。

显然，基于市场经济环境，企业的破产清算绝非少数，持续经营只是一种"美好的愿望"，但是持续经营是财务会计中一个必要而且重要的假设。在实际业务中，往往要求定期对企业持续经营这一前提做出分析和判断。一旦判定企业不符合持续经营前提，就应当改变会计核算的原则和会计处理方法，并在会计报告中予以披露。

> **思考**
>
> 如果你想了解 A 企业的财务状况和经营成果，那么你是希望 A 企业在终止营业时提供一次相关会计信息给你，还是希望每年一次，或每月一次，或每旬，或每日？哪一种方式更容易满足你及时做出相关决策的需求？

三、会计分期假设

会计分期这一假设是由第二个基本假设引申出来的，可以说是持续经营的客观要求。会计分期是指将一个企业持续的生产经营活动划分为连续、相等的期间，又称为会计期间。

会计分期的目的是，将持续经营的生产活动划分为连续、相等的期间，据以计算盈亏，按期编报财务报告，从而及时地向各方面提供有关企业财务状况、经营成果和现金流量的信息。

根据持续经营假设，一个企业将要按当前的规模和状况继续经营下去。要最终确定企业的经营成果，只能等到一个企业在若干年后歇业的时候。但是，企业的经营活动要求及时得到有关信息，不能等到歇业时一次性地核算盈亏。为此，就要将持续不断的经营时间划分为一个个相等的期间，分期核算。会计分期产生了当期与其他期间的差别，从而出现权责发生制和收付实现制的区别，进而出现了应收、应付、预付这样的项目。

会计期间一般可以按照日历时间划分，我国采取公历年度，自每年 1 月 1 日起至 12 月 31 日止。此外，国际上会计期间可以按实际的经济活动周期来划分，其周期或长于、或短于公历年度。

> **思考**
>
> 在财务报表中，如果资产有两种反映方式：第一种方式是 500 只灯管，2 台机器设备，3 项专利，3 项长期投资；第二种方式是灯管 3 000 元，机器设备 200 000 元，专利 100 000 元，长期投资 60 000 元。你认为哪种方式更有利于综合反映企业财务状况，更有利于企业之间的对比？

四、货币计量假设

货币计量是指采用货币作为计量单位，记录和反映企业的生产经营活动。在我国，要求采用人民币作为记账本位币，业务收支以人民币以外的货币为主的企业，可以选定其中一种货币为记账本位币，但提供给境内的财务报告应当折算为人民币。

相比实物量度和劳务量度，货币计量的好处在于能够提供一个共同的计量基础，使一个会计主体的企业财务状况和经营成果可以用数字表示出来，并进行加减计算。当然，统一采用货币尺度，也有不利之处，许多影响企业财务状况和经营成果的因素，并不是都能用货币计量的，如企业经营战略、在消费者当中的信誉度、企业的地理位置、企业的技术开发能力、企业优秀的管理团队等。这些不能以货币客观地计量因而无法包括在会计核算的范围之内。为了弥补货币计量的局限性，要求企业采用一些非货币指标作为会计报表的补充。

货币计量假设隐含了"币值稳定"的假定。只有在币值稳定或相对稳定的情况下，不同时点上的资产的价值才有可比性，不同时期的收入、费用才能进行比较。在现实经济社会中，币值变动时有发生，有时甚至出现恶性通货膨胀，货币计量不能反映资产的真实价值，此时可采用物价变动会计。

第二节 资产负债表及其要素

一、资产负债表与静态要素

企业需要通过披露或报送财务报告的方式向投资人、债权人及其他外部信息使用者提供会计信息。资产负债表、利润表、现金流量表、所有者权益变动表及会计报表附注等，都属于对外报告的内容，其中资产负债表、利润表是本章重点讨论的内容。

介绍两张报表前要引入一个概念——会计要素。所谓会计要素，是对会计事项按照经济特性进行的基本分类，是会计对象的具体化，是构成财务报表的基本项目。会计要素包括资产、负债、所有者权益、收入、费用、利润，其中，资产、负债和所有者权益反映企业在某一特定日期的财务状况，称为静态会计要素，体现在资产负债表中；收入、费用和利润反映企业在一定时期内的经营成果，称为动态会计要素，体现在利润表中。

表 2.1 所示为金源公司简化版的资产负债表。首先，我们根据已经介绍过的基本概念来看一下这张资产负债表。这张资产负债表的会计主体是母公司金源公司，而不是金源公司及其子公司构成的企业集团，并假定金源公司是持续经营的企业。该资产负债表只反映那些能够用货币计量的项目，表中数字代表货币金额。

表 2.1 　　　　　　　　　　资产负债表（报表名称）

会企 01 表

编制单位：金源公司　　　　　　　　202×年 12 月 31 日（时点）　　　　　　　　单位：元

资产	金额	负债和所有者权益	金额
流动资产：		流动负债：	
货币资金	200 000	短期借款	440 000
应收票据		应付票据	
应收账款		应付账款	110 000
预付款项		应付职工薪酬	
存货	750 000	非流动负债：	
……		长期借款	

续表

资产	金额	负债和所有者权益	金额
非流动资产：		应付债券	
债权投资		长期应付款	
其他债权投资		负债合计	550 000
长期股权投资		所有者权益：	
其他权益工具投资		实收资本	1 000 000
投资性房地产		资本公积	
固定资产	600 000	其他综合收益	
在建工程		盈余公积	
无形资产		未分配利润	
……		所有者权益合计	1 000 000
资产合计	1 550 000	负债和所有者权益合计	1 550 000

其次，资产负债表是反映企业在某一特定日期（季末、年末等）财务状况的报表。会计主体的财务状况可从两个方面加以反映：一是资金的来源渠道，二是资金的占用形态。当我们记录一家刚开业公司的情况时，要反映两个相互关联的问题。第一个问题是，办公司所需要的资源是谁给的？来源只有两个：一个是公司所有者自己投入的资本，会计上称这部分为"所有者权益"或"股东权益"；另一个就是向债权人借入的，对企业来说相应形成企业的负债。第二个问题是，这些资源用在哪里了？例如，刚开办时，资金存在银行户头里，但随后转变为其他形式，如机器设备、厂房、材料等，会计上称这些项目为"资产"。

因此，在金源公司资产负债表中，反映企业的财务状况的是资产、负债和所有者权益3个要素。由于财务状况是针对某一特定时点而言的，资产、负债和所有者权益也被称为静态要素。企业是一个不断运转的主体，其价值每时每刻都在变化，而资产负债表只是表明在某一个特定时点企业拥有什么，企业欠别人什么，两者相抵之后，企业为所有者留下什么。

在资产负债表中，不仅需要列示资产、负债及所有者权益的合计数，还需要按一定原则对这3个要素进行分类列示，以使会计信息使用者得到有利于了解企业财务状况的重要信息。由于企业资产、负债及所有者权益的具体类别是非常繁多的，因此我们必须对这些类别加以归类。

资产负债表项目的基本分类原则是：同一项目中的各构成部分在重要的方面应彼此相似，而在不同项目之间，在重要的方面必定存在显著的差异。例如，存货和固定资产。凡被归于"存货"的各项资产，如原材料、半成品及产成品，都是生产经营过程中的对象，而被归于"固定资产"的各项资产，如房屋、建筑物及设备等，都是生产经营过程中经久耐用的"工具"。就"存货"和"固定资产"的区别而言，重要的是该项资产在某一特定企业扮演什么角色。例如，同样是一辆卡车，对于生产或销售该种卡车的企业而言，它是产品或商品，属于"存货"；而对于其他企业来说，卡车则是运输工具，属于"固定资产"。

二、资产及其项目分类

（一）资产的定义及其确认

资产是指由过去的交易或事项形成的，由企业拥有或者控制的、预期会给企业带来经济利益的资源。

符合资产定义的资源，在同时满足以下两个条件时，确认为资产：①与该资源有关的经济利益很可能流入企业；②该资源的成本或者价值能够可靠计量。

（二）资产的特征

根据资产的定义，该要素具有以下特征。

（1）资产是过去的交易或事项形成的。这就是说，企业资产必须是现实的而不是预期的资产。它是企业过去已经发生的交易或事项所产生的结果，包括购置、生产、建造等行为或其他交易或事项。预期在未来发生的交易或事项不形成资产，如企业制订了一项计划，准备购买一批生产设备，但实际购买行为尚未发生。这种预期增加的设备不符合资产的这一特征，不能确认为企业的资产。

（2）资产是由企业拥有或控制的。企业拥有资产，从而就能够从资源中获得经济利益，如企业对用自用资金购入的设备就享有所有权。有些资产虽然不为企业所拥有，但企业有支配使用权，如企业借入的资金在银行账户里，所有权不归属于企业，但企业可以控制并使用这部分资源。

（3）资产预期能够给企业带来经济利益。例如，货币资金可以用于购买所需要的商品；客户欠公司的款项是一项资产，因为收回时可产生现金流入；制造的产品及其半成品是资产，因为预计未来可以销售出去；厂房机器、原材料等也是资产，因为它们可以用于生产经营过程。但是，因损坏或陈旧过时而卖不出去的产品不属于资产，虽然它们归企业所有，但是不能产生现金流入。

（三）资产的项目分类

在资产负债表中，资产按照流动性的不同分为流动资产和非流动资产。

1. 流动资产

流动资产是指在 1 年内或超过 1 年的一个营业周期内变现、出售或者耗用的资产，主要包括库存现金、银行存款、交易性金融资产、应收及预付款项、存货等。

库存现金是指企业持有的现款，也称现金。库存现金主要用于支付日常发生的小额、零星的费用或开支。

银行存款是指企业存入某一银行账户的款项。企业之间的结算主要通过银行进行转账结算，银行存款是企业货币资产的主要形式。

应收及预付款项是指在日常经营活动过程中发生的各种债权，包括应收票据、应收账款、其他应收款和预付账款等。

存货是指企业在日常经营活动过程中持有以备出售，或者准备生产耗用的各种产品、材料或物料，包括库存商品、半成品、在产品以及各类材料等。

🛠️ 知识链接

关于营业周期

营业周期是指企业从购买原材科到出售产品并收回现金为止的这段时间，它的长短取决于存货周转天数和应收账款周转天数。一般来说，大多数企业的营业周期短于一年，即一年内有若干轮次。与此同时，有些企业的营业周期却要超过一年，如房地产开发企业为出售而建造的房屋，某些白酒酿造企业生产的白酒等，这些产品的建造或生产时间往往要跨越一个年度甚至更长时间。

2. 非流动资产

非流动资产是指不能在 1 年内或超过 1 年的一个营业周期内变现、出售或者耗用的资产，主要包括债权投资、长期股权投资、固定资产、无形资产等。

债权投资是企业以收取本金和利息为资产管理业务模式的投资。

长期股权投资是企业的一种长期投资行为，指的是企业对外投资中能够取得被投资方控制权，或以产生重大影响为目的的权益性投资。

固定资产是指使用年限超过 1 年的房屋及建筑物、机器设备、运输设备、工具器具等。

无形资产是指企业拥有或控制的没有实物形态的可辨认非货币性资产，包括专利权、非专利技术、商标权、著作权、土地使用权等。

> **🔍 思考**
>
> 归纳上述资产的各种类别，可以认为企业的资产表现形态有以下几种：现金资产（现金、银行存款等）、实物资产（存货、固定资产等）、权利资产（包括债权，如应收账款；股权，如长期股权投资；专利权和商标权等）。除这几种之外，人力资源是不是企业的资产呢？人力资源能不能作为资产要素加以确认并出现在资产负债表上呢？

三、负债及其项目分类

（一）负债的定义及其确认

负债是指企业过去的交易或事项形成的、预期会导致经济利益流出企业的现时义务。

符合负债定义的义务，在同时满足以下两个条件时，确认为负债：①与该义务有关的经济利益很可能流出企业；②未来流出企业的经济利益的金额能够可靠地计量。

（二）负债的特征

（1）负债是由于过去的交易或事项形成的偿还义务。只有企业在过去的交易或事项形成的义务才能确认为其现时的负债。例如，银行借款是因为企业接受了银行贷款形成的，如果没有接受贷款就不会发生银行借款这项负债。应付账款是因为赊购商品或接受劳务形成的，在这种购买未发生之前，相应的应付账款并不存在。企业在未来发生的交易或事项中可能形成的义务则不构成其现时的负债。例如，企业计划从银行借入一笔新的借款，计划从供应商处再赊购一批产品，由于交易尚未发生，不能确认为企业的负债。潜在的义务，或预期在将来要发生的交易、事项可能产生债务，不能确认为负债。

（2）负债是现时义务。"现时义务"是指企业在现行条件下已承担的义务，包括企业通过某种形式取得资产后对债权人所承担的经济责任，如银行借款、赊购商品等；从事经济活动后由于法律的规定而产生的经济责任，如应缴纳的税金等。

（3）为了偿还债务，与该义务有关的经济利益很可能流出企业。一般来说，企业履行偿还义务时，会有经济利益的流出，如支付现金、提供劳务、转让其他财产等。

（三）负债的项目分类

负债按流动性质，即按照偿还期的长短，可以分为流动负债和非流动负债。

1. 流动负债

流动负债是偿还期限在 1 年或超过 1 年的一个营业周期以内的债务，包括短期借款、应付款项及合同负债等。

短期借款是企业从银行或其他金融机构借入的期限在 1 年以下的各种借款。

应付款项及合同负债是企业在日常生产经营过程中发生的各种债务，包括应付票据、应付账款、应付职工薪酬、应交税费、应付股利、其他应付款及合同负债等。

2. 非流动负债

非流动负债是指偿还期限在 1 年或超过 1 年的一个营业周期以上的债务，包括长期借款、应付债券、长期应付款等。

长期借款是企业从银行或其他金融机构借入的期限在 1 年以上的各种借款。企业借入长期借款主要是因为长期工程项目。

应付债券是企业为筹集长期资金而发行的长期债券。

长期应付款是指除长期借款和应付债券以外的其他长期应付款项。

四、所有者权益及其项目分类

（一）所有者权益的定义及其确认

所有者权益，是指资产扣除负债后由所有者享有的剩余权益，公司的所有者权益又称股东权益，其在数值上等于企业全部资产减去全部负债后的余额，因此所有者权益的确认主要依赖于资产、负债的确认，所有者权益金额的确定也主要取决于资产和负债的计量。

（二）所有者权益的特征

相对于负债，所有者权益具有如下特征：第一，所有者权益并不像负债那样需要偿还，除非企业发生减资、清算，否则企业不需要进行偿还；第二，在企业清算时，负债具有优先清偿权，而所有者只有在全部负债被清偿后才能得到返还；第三，所有者权益可参与企业的利润分配，而负债则不参与企业的利润分配，只能按照预先约定的条件取得利息。

（三）所有者权益的项目分类

所有者权益的来源包括所有者投入的资本、留存收益以及按规定直接记入所有者权益的利得和损失等，通常由实收资本（或股本）、资本公积（含资本溢价或股本溢价、其他资本公积）、盈余公积、未分配利润、其他综合收益构成。

1. 投入资本

投入资本既包括构成企业的注册资本或股本部分的金额，也包括投入资本超过注册资本或股本的金额，即资本溢价或者股本溢价，这部分被记入资本公积，在资产负债表中的资本公积项目下反映。

2. 留存收益

留存收益是企业历年实现的净利润留存于企业的部分，包括盈余公积和未分配利润。盈余公积是指企业从税后利润中提取的各种公积金，包括提取的法定盈余公积和任意盈余公积等。该部分公积金主要用于弥补亏损或转增资本。未分配利润是指企业历年利润分配（或亏损弥补）后，累积结存到本期期末尚未分配的或待下年度分配的利润。

3. 记入所有者权益的利得和损失

利得是指企业非日常经营活动所形成的、会导致所有者权益增加的、与所有者投入资本无关的经济利益的流入；损失是指企业非日常经营活动所形成的、会导致所有者权益减少的、与所有者分配利润无关的经济利益的流出。企业发生的利得和损失，最终都会导致所有者权益增加或减少，但其记入所有者权益的方式有所不同。按现行准则要求，一部分利得和损失记入当期损益，另外一部分记入所有者权益。后一部分即是现在所说的直接记入所有者权益的利得和损失。

五、静态会计等式

（一）资产负债表与静态会计等式

从表 2.1 金源公司简化版的资产负债表中可以看出，资产、负债和所有者权益之间存在着一种数量关系：资产=负债+所有者权益。我们可以从两个角度来理解这一会计等式。

1. 资金的形态与要求权

任何企业要从事生产经营，必须有一定数量的资金。一方面，这些资金在企业中会体现为一种资产，如银行存款、固定资产等；另一方面，这些资金都有其提供者，这些提供者将其所有的资金提供给企业使用，对这些资金就相应拥有了一种要求权，这种要求权在会计上称为权益。

可见，资产和权益是资金的两个不同侧面，两者相互依存，不可分割，没有无权益的资产，也没有无资产的权益。因此，资产和权益在数量上必然相等。资产和权益之间的这种关系用公式表示如下。

$$资产=权益$$

权益分为两种：一是以所有者身份向企业投入资产而形成的权益，我们称之为所有者权益；另一种是以债权人身份向企业提供资金而形成的权益，我们称之为债权人权益或负债。这样，上述等式又可以表达如下。

$$资产=负债+所有者权益$$

"资产=负债+所有者权益"是会计的基本等式，也称为恒等式。它反映了某一特定时点企业资产、负债和所有者权益三者的平衡关系，是编制资产负债表的基础，我们称之为静态会计等式。

🔍 **思考**

"资产 − 所有者权益 = 负债"能成立吗？为什么？

从资金的形态与要求权这一角度理解会计等式时，应该注意两点。

第一，权益和资产的具体项目并无一一对应的直接关系，而是在整体上与企业资产保持数量上的关系，是一种总量上的相等，不能机械地认为某一负债或所有者权益与资产的某一具体项目存在着等量的关系。

第二，从性质上看，债权人和所有者对企业的要求权是不同的。我们可以把静态会计等式转述为：资产 − 负债 = 所有者权益。这一等式一方面表明，负债的求偿能力高于所有者权益；另一方面表明，所有者权益是企业全部资产抵减全部负债后的剩余部分，因此，所有者权益也被称为"剩余权益"。这一术语，形象地说明了企业所有者对企业所享有的权益和风险：当企业不断实现利润时，剩余权益就增厚；反之如果企业不断出现亏损，剩余权益就会越来越少；当企业资不抵债时，剩余权益就为负数。

2. 资金的来源与运用

从资金的形态与要求权角度出发理解静态会计等式，侧重点在资金的要求权上，而从资金的来源与运用角度出发理解静态会计等式，侧重点在资金的运用上。

静态会计等式的右边反映资金的来源渠道：负债项目显示从银行、供货商及其他债权人那里获得资金的情况；所有者权益项目显示所有者提供资金的情况；左边则反映资金的运用方向，企业为了从事经营活动，必须将获得的资金投资于各类经济资源，即资产。

从量的方面讲，有一定数额的资产，必定有相等金额的资金来源（负债和所有者权益）；反之，有一定数额的资金来源，必定使用在相等金额的资产上。资产、负债和所有者权益之间必然存在数量相等的关系。

（二）经济业务对静态等式的影响

经济业务通常是指能引起会计要素发生增减变动的交易或事项。企业在生产经营过程中，发生的经济业务是多种多样的，既包括企业内部各部门之间的资源转移（事项），如生产车间领用原材料等，又包括企业与另一会计主体之间的价值转移（交易），如接受投资、购买固定资产、向银行借款等。

但无论经济业务多么复杂，引起会计要素发生怎样的变化，都不会破坏会计等式的平衡关系。下面以金源公司为例，说明经济业务对会计等式以及资产负债表的影响。

【例 2.1】甲、乙、丙 3 人共同投资，注册成立金源公司，其中，甲投入 500 000 元，乙投入 200 000 元，丙投入 300 000 元。

分析：这项经济业务的发生，一方面使金源公司拥有了 1 000 000 元的银行存款，即资产增加了 1 000 000 元；另一方面，甲、乙、丙作为所有者，拥有了对公司的要求权，即所有者权益增加了 1 000 000 元。

该项业务对会计等式的影响表示如下。

资产 = 负债 + 所有者权益

1 000 000 = 0 + 1 000 000

体现在资产负债表上，如表 2.2 所示。

表 2.2 资产负债表（简化） 单位：元

资产		负债和所有者权益	
货币资金	1 000 000	实收资本	1 000 000
合计	1 000 000	合计	1 000 000

【例 2.2】金源公司从福坤公司购置 750 000 元商品一批，货款暂欠。

分析：这项经济业务的发生，一方面使公司的库存商品增加 750 000 元，另一方面使公司的应付账款增加 750 000 元。库存商品属于资产类项目，应付账款属于负债类项目，两者以相等金额同时增加，不破坏会计等式的平衡。

该项业务对会计等式的影响表示如下。

资产 = 负债 + 所有者权益

1 000 000 + 750 000 = 0 + 750 000 + 1 000 000

体现在资产负债表上，如表 2.3 所示。

表2.3		资产负债表（简化）		单位：元
资产		负债和所有者权益		
货币资金	1 000 000	应付账款	+750 000	
存货	+750 000	实收资本	1 000 000	
合计	1 750 000	合计	1 750 000	

【例2.3】金源公司以银行存款200 000元偿还欠福坤公司的部分货款。

分析：这项经济业务的发生，一方面使公司的银行存款减少200 000元，另一方面使公司的应付账款减少200 000元。银行存款属于资产类项目，应付账款属于负债类项目，两者以相等金额同时减少，不改变等式两边的平衡关系。

该项业务对会计等式的影响表示如下。

资产 ＝ 负债 ＋ 所有者权益

1 750 000 － 200 000 ＝ 750 000 － 200 000 ＋ 1 000 000

体现在资产负债表上，如表2.4所示。

表2.4		资产负债表（简化）		单位：元
资产		负债和所有者权益		
货币资金	1 000 000 － 200 000	应付账款	750 000 － 200 000	
存货	750 000	实收资本	1 000 000	
合计	1 550 000	合计	1 550 000	

【例2.4】金源公司以银行存款购买设备一台，价值600 000元。

分析：这项经济业务的发生，一方面使公司银行存款减少600 000元，另一方面使公司固定资产增加600 000元。银行存款和固定资产同属于资产类项目，两者以相等金额一增一减，资产总额不变，同时该业务不涉及负债、所有者权益，不引起其各自总额发生变化。因此，不会破坏会计等式的平衡关系。

该项业务对会计等式的影响表示如下。

资产 ＝ 负债 ＋ 所有者权益

1 550 000 － 600 000 ＋ 600 000 ＝ 550 000 ＋ 1 000 000

体现在资产负债表上，如表2.5所示。

表2.5		资产负债表（简化）		单位：元
资产		负债和所有者权益		
货币资金	800 000 － 600 000	应付账款	550 000	
存货	750 000	实收资本	1 000 000	
固定资产	+600 000			
合计	1 550 000	合计	1 550 000	

【例2.5】金源公司向银行申请为期半年的借款440 000元，偿还欠福坤公司的部分货款。

分析：这项经济业务的发生，一方面使公司应付账款减少440 000元，另一方面使公司短期借款增加440 000元。应付账款和短期借款同属于负债类项目，两者以相等金额一增一减，负债总额不变，同时该业务不涉及资产、所有者权益，不引起其各自总额发生变化。因此，不会破坏会计等式的平衡关系。

该项业务对会计等式的影响表示如下。

资产 = 负债 + 所有者权益

1 550 000 = 550 000 - 440 000 + 440 000 + 1 000 000

体现在资产负债表上，如表2.6所示。

表2.6   资产负债表（简化）   单位：元

资产		负债和所有者权益	
货币资金	200 000	短期借款	+440 000
存货	750 000	应付账款	550 000 - 440 000
固定资产	600 000	实收资本	1 000 000
合计	1 550 000	合计	1 550 000

从上述例题可以看出，各项经济业务的发生必然会引起资产、负债、所有者权益相关项目发生增减变化，但不论经济业务多么复杂，从会计等式的左右两方来观察，都可以将其归纳为以下4种类型。

（1）会计等式左右两方（资产和权益）同时等额增加。

（2）会计等式左右两方（资产和权益）同时等额减少。

（3）会计等式左方的资产类项目以相等金额此增彼减。

（4）会计等式右方的权益类项目以相等金额此增彼减。

由此可见，经济业务对会计等式的影响如图2.1所示。

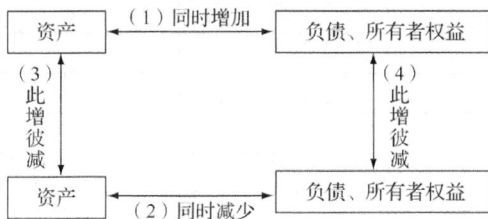

图2.1 经济业务对会计等式的影响

由于企业权益由负债和所有者权益两部分组成，上述4种类型在会计实务中的表现有9种形式，如表2.7所示。

表2.7   经济业务对会计等式的影响

经济业务类型		资产 = 负债 + 所有者权益		
类型（1）	①	增加		增加
	②	增加	增加	
类型（2）	③	减少	减少	
	④	减少		减少
类型（3）	⑤	增加，减少		
类型（4）	⑥		增加，减少	
	⑦			增加，减少
	⑧		增加	减少
	⑨		减少	增加

可见，企业发生的任何经济业务，都会引起资产、负债和所有者权益中至少两个项目发生增减变动。凡是只涉及资产或权益内部增减的经济业务，不会影响会计等式两边的总额；凡是引起资产和权益同增同减的经济业务，会使得会计等式两边的总额发生等额同向的变动，变动后，等式仍然成立。因此，任何一项经济业务的发生，都不会破坏会计等式的左右平衡关系。资产、负债和所有者权益之间的平衡关系是企业会计工作中设置账户、复式记账、编制资产负债表的理论依据。

第三节 利润表及其要素

一、利润表与动态要素

利润表是反映企业在一定时期（季度、年度）的经营成果的报表。因此，它是反映企业财务成果的动态报表。表 2.8 所示为金源公司简化版的利润表，表中只列出了基本项目，以说明其结构及内容，暂不填写相关数字。

表 2.8　　　　　　　　　利润表（报表名称）

会企 02 表

编制单位：金源公司　　　　　　202×年（会计期间）　　　　　　单位：元

项目	本期金额（略）	上期金额（略）
一、营业收入		
减：营业成本		
税金及附加		
销售费用		
管理费用		
研发费用		
财务费用		
加：其他收益		
投资收益（损失以"－"号填列）		
公允价值变动收益（损失以"－"号填列）		
信用减值损失（损失以"－"号填列）		
资产减值损失（损失以"－"号填列）		
资产处置收益（损失以"－"号填列）		
二、营业利润（亏损以"－"号填列）		
加：营业外收入		
减：营业外支出		
三、利润总额（亏损总额以"－"号填列）		
减：所得税费用		
四、净利润（净亏损以"－"号填列）		
（一）持续经营净利润（净亏损以"－"号填列）		
（二）终止经营净利润（净亏损以"－"号填列）		

项目	本期金额（略）	上期金额（略）
五、其他综合收益的税后净额		
（一）不能重分类进损益的其他综合收益		
（二）将重分类进损益的其他综合收益		
六、综合收益总额		
七、每股收益		
（一）基本每股收益		
（二）稀释每股收益		

这里列示的利润表采用的是多步式，将相关的收入与费用相互联系地列示，分步计算利润形成的过程，从而分别反映营业利润、利润总额、净利润的来源结构。与之相对的是单步式，将所有收入列于利润表的上方，所有费用列于利润表的下方，一次计算出收入与费用的差额，即净利润。但不管是多步式还是单步式，在利润表中我们都可以看到收入、费用和利润3个会计要素。由于3个要素是用来反映企业一段时期的经营成果的，所以被称为动态三要素。

二、收入及其项目分类

（一）收入的定义及其确认

收入是指企业在日常活动中形成的，会导致所有者权益增加的、与所有者投入资本无关的经济利益的总流入。

收入只有在经济利益很可能流入，而且经济利益的流入金额能够可靠计量时才能予以确认。

（二）收入的特征

根据定义，收入具有以下特征。

（1）收入由企业日常活动形成。日常活动是指企业为完成其经营目标所从事的经常性活动及与之相关的活动。例如，工业企业销售产品，流通企业销售商品，服务企业提供劳务，金融企业的贷款活动等，与之相关的活动包括制造企业出售不需要的原材料等。而偶发的交易或事项带来的经济利益流入是"利得"，不是"收入"。例如，企业取得了与日常活动无关的政府补助，这部分收益不作为收入确认，而是作为利得处理，记入营业外收入。需要注意的是，这里讲的收入是狭义概念，是企业会计准则中对收入的界定。与之对应的广义收入概念，涵盖了上述讲的"利得"。

（2）收入可能表现为企业资产的增加，也可能表现为负债的减少，或者两者兼而有之。例如，企业销售产品取得银行存款，表现为资产增加；企业销售已预收货款的商品，表现为负债减少；企业销售商品，部分货款抵偿债务，余款收回现金，表现为资产增加和负债减少。

（3）收入能引起所有者权益的增加。收入不论是增加资产还是减少负债，根据"资产－负债＝所有者权益"，都会使得所有者权益增加。

🔍 **思考**

银行代客户扣缴的水电费，属于银行的收入吗？为什么？

（三）收入的项目分类

按企业经营业务的主次划分，收入可分为主营业务收入和其他业务收入。在利润表中合并体现为营业收入。

（1）主营业务收入是指企业在销售商品、提供劳务及让渡资产使用权等日常活动中产生的收入。不同行业的主营业务收入所包含的内容各不相同：制造业企业是产品销售收入，商品流通企业是销售商品收入，建筑企业是建造合同收入，餐饮企业则是餐饮收入等。

（2）其他业务收入是指企业在主营业务活动之外的其他经营活动获得的收入，如制造业企业销售原材料、出租包装物、出租固定资产等业务所取得的收入。

三、费用及其项目分类

（一）费用的定义及其确认

费用是指企业在日常活动中形成的，会导致所有者权益减少的、与向所有者分配利润无关的经济利益的总流出。

费用只有在经济利益很可能流出，而且经济利益的流出金额能够可靠计量时才能予以确认。

（二）费用的特征

作为会计要素之一，费用具有以下特征。

（1）费用产生于企业的日常活动，如制造企业支付的行政人员或销售人员的工资，商品流通企业销售商品时支付的运输费用等。偶发交易或事项中发生的经济利益流出是"损失"，不是"费用"，如自然灾害损失、公益性捐赠支出、生产设备毁损报废损失等。需要注意的是，这里讲的费用是狭义概念，是企业会计准则中对费用的界定。与之对应的广义费用概念，涵盖了上述讲的"损失"。

（2）费用可能表现为资产的减少，也可能表现为负债的增加，或者两者兼而有之。例如，管理部门耗用办公用品，表现为资产减少；期末应付未付的职工薪酬，表现为负债的增加；支付部分房租，表现为资产减少和负债增加。

（3）费用能引起所有者权益的减少。费用不论是减少资产还是增加负债，根据"资产－负债＝所有者权益"，都会使得所有者权益减少。

（三）费用的项目分类

费用主要包括营业成本、税金及附加、期间费用等。

（1）营业成本是指销售商品或提供劳务的成本。营业成本应当与销售商品或者提供劳务而取得的收入进行配比。营业成本又分为主营业务成本和其他业务成本，它们分别与主营业务收入和其他业务收入相配比。

（2）税金及附加是指企业从事主营业务活动按照规定应当负担的各种税费，如消费税、城市维护建设税、教育费附加及房产税、土地使用税、车船使用税、印花税等相关税费。税金及附加不包括所得税和增值税。需要注意的是，所得税在利润表底部出现，增值税不体现在利润表中。

（3）期间费用是指企业在日常经营过程中发生的，与产品的生产没有直接关系的费用，包括销售费用、管理费用和财务费用。

销售费用是指企业在销售商品、提供劳务过程中发生的费用，包括在销售商品过程中发生的保险费、包装费、展览费和广告费、商品维修费、运输费、装卸费及为销售本企业商品而专设的销售机构（含销售网点、售后服务网点等）的职工薪酬、业务费、折旧费等。

管理费用是指企业为组织和管理企业生产经营所发生的各种费用，包括行政管理部门职工工资及福利费、行政管理部门使用的固定资产折旧、工会经费、董事会费、聘请中介机构费、咨询费、诉讼费、业务招待费、日常办公费等。

财务费用是指企业为筹集生产经营所需资金而发生的费用，包括利息支出（减利息收入）、汇兑损益及相关的手续费、企业发生的现金折扣等。

四、利润及其项目分类

（一）利润的定义及其确认

利润是企业在一定会计期间的经营成果。利润包括收入减去费用后的净额、直接记入当期利润的利得和损失等。

（二）利润的特征

作为会计要素之一，利润具有如下特征。

（1）利润不是一个独立的要素。这表现在利润的确认和计量需要依赖于收入、费用、直接记入当期利润的利得和损失的确认与计量上。

（2）利润最终导致所有者权益的变动。税后利润带来的收益或亏损由所有者享有或承担。债权人只能按照预先约定的条件取得固定的利息收入，也不承担企业的亏损。

（三）利润的项目分类

利润是一个较为综合性的指标，从整体上划分为营业利润与非营业利润。

1. 营业利润

营业利润是指营业收入减去营业成本、税金及附加和期间费用等后的余额。

2. 非营业利润

非营业利润指的是企业非日常活动产生的利得和损失。利得是指由企业非日常活动形成的，会导致所有者权益增加、与所有者投入资本无关的经济利益的流入，如与企业日常活动无关的政府补助、盘盈利得、捐赠利得等。损失是指由企业非日常活动形成的，会导致所有者权益减少、与向所有者分配利润无关的经济利益的流出，如公益性捐赠支出、非常损失、盘亏损失、非流动资产毁损报废损失等。

3. 利润总额

利润总额为营业利润与非营业利润之和。

4. 净利润

净利润是企业利润总额减去所得税费用后的差额。所得税费用是指当期可以从利润中扣除的所得税，包括当期所得税费用和递延所得税费用（后续学习内容）。

需要说明的是，按照目前我国财务报告的列报要求，实际上利润表的项目较为繁杂，如投资活动产生的投资收益及公允价值变动损益、接受政府补助形成的其他收益、企业进行资产处置获得的资产处置损益、资产贬值形成的资产减值损失等也列入了营业利润层面。

五、会计基础

在第一节介绍的会计假设中，会计分期假设作为持续经营假设的必要补充，进一步确定了会计核算的时间范围，并由此产生了具有期间特点的收入、费用和利润要素，一定程度上解决了会计信息及时性的问题。但它同时增加了会计核算的难度，如本期和非本期的区别，收入、费用确认时点，跨期处理等问题。

例如，某企业采用赊销的方式销售了一批标价为 100 万元的产品，即企业于当年年底交货，次年收款。由于会计分期核算，那么这笔 100 万元的销售收入应该确认为当年的收入还是第二年的收入呢？对于费用的确认，尤其是暂未支付的费用，也有类似的问题。

在会计分期的前提下，由于企业经济业务的发生和现金的收付不是完全一致的，即现金流动和经济活动相分离，就产生了两种确认收入和费用的标准：一种以款项的实际收取、支付作为标准，称为收付实现制；另一种以收款权利的形成、付款责任的发生作为标准，称为权责发生制。

具体来说，按照权责发生制，凡是当期已经获得的收入和已经发生或应负担的费用，不论款项是否收付，都应当作为当期的收入和费用；凡是不属于当期的收入和费用，即使款项已经在当期收付，也不应当作为当期的收入和费用。收付实现制则反之，是指以收到或支付现金的时间为准来确认收入与费用的一种会计基础。凡是本期实际收到的款项和付出的款项，不论其款项是否归属于本期，都作为本期的收入和费用处理。

权责发生制

下面举例说明这两种确认基础的差异。

【例 2.6】某公司 202×年 12 月发生下列经济业务。

① 1 日，销售产品 A 一批，货款 50 000 元，已收到。

② 10 日，支付该月广告费 10 000 元，款项已支付。

③ 15 日，销售 B 产品一批，货款 100 000 元，款项未收。

④ 17 日，收到上月销售货款 20 000 元。

⑤ 18 日，预付下年保险费 10 000 元。

⑥ 25 日，收到客户交来的预付货款 8 000 元，该商品下个月交货。

权责发生制和收付实现制两种业务处理方法的比较如表 2.9 所示。

表 2.9　　　　　　　　　权责发生制和收付实现制两种业务处理方法比较　　　　　　　　单位：元

业务序号	权责发生制		收付实现制	
	收入	费用	收入	费用
1	50 000		50 000	
2		10 000		10 000
3	100 000			
4			20 000	
5				10 000
6			8 000	
本月利润	140 000		58 000	

可见，两种不同的处理方法，将影响各个期间收入、费用和盈亏的确认。由于权责发生制的会计结果能够比较恰当地反映企业一定期间经营努力的成果，从而既有助于业绩评价，也有助于分析预测。因此，我国企业会计准则规定，企业应当以权责发生制为基础进行会计确认、计量和报告。

六、动态会计等式

（一）利润表与动态会计等式

企业经营的目的是盈利。企业要取得利润，就应运用所有者和债权人提供的资产，经过生产经营获得收入，但同时必然要发生相应的费用。将一定会计期间的收入和费用进行对比，就可确定企业的盈亏：如果收入大于费用，则企业为盈利；如果收入小于费用，则企业为亏损。因此，企业一定时期的收入、费用和利润的关系，可用公式表示如下。

$$利润 = 收入 - 费用$$

根据前面对利润的介绍，利润 = 收入 - 费用 + 直接记入当期利润的利得 - 直接记入当期利润的损失。动态等式"利润 = 收入 - 费用"，实际上使用了广义的收入和费用的概念，既包括日常活动产生的经济利益，也包括非日常活动产生的经济利益，即收入概念包括了直接记入当期利润的利得，费用概念包括了直接记入当期利润的损失。

（二）经济业务对动态等式的影响

下面以金源公司为例，说明一定会计期间经营成果的形成过程，以及在这个过程中经济业务对利润表的影响。

【例 2.7】202×年 12 月，金源公司售出成本为 500 000 元的产品，收到部分货款 450 000 元，其余货款 200 000 元暂欠。

分析：这项经济业务的发生，一方面使企业的主营业务收入增加 650 000 元，另一方面使主营业务成本增加 500 000 元，因此，利润增加 150 000 元。

该项业务对动态会计等式的影响表示如下。

利润 = 收入 - 费用

150 000 = 650 000 - 500 000

体现在利润表上，如表 2.10 所示。

表 2.10　　　　　　　　　　　　　　　　利润表（简化）　　　　　　　　　　　　　　单位：元

项目	本月数
一、营业收入	650 000
减：营业成本	500 000
二、营业利润	150 000

【例 2.8】金源公司以现金购买办公用品，共计 5 000 元。

分析：购买办公用品属于管理费用，因此，这项经济业务使企业的管理费用增加 5 000 元，而利润减少 5 000 元。

该项业务对动态会计等式的影响表示如下。

利润 = 收入 - 费用

150 000 - 5 000 = 650 000 - （500 000 + 5 000）

体现在利润表上，如表 2.11 所示。

表 2.11　　　　　　　　　　　　　　　　利润表（简化）　　　　　　　　　　　　　　单位：元

项目	本月数
一、营业收入	650 000
减：营业成本	500 000
管理费用	5 000
二、营业利润	145 000

【例2.9】金源公司向灾区捐款20 000元。

分析：向灾区捐款属于损失，因此，这项经济业务使企业的营业外支出增加20 000元，而利润减少20 000元。

该项业务对动态会计等式的影响表示如下。

利润 = 收入 − 费用

145 000 − 20 000 = 650 000 − （505 000 + 20 000）

体现在利润表上，如表2.12所示。

表2.12　　　　　　　　　　　　　　　利润表（简化）　　　　　　　　　　　　　　单位：元

项目	本月数
一、营业收入	650 000
减：营业成本	500 000
管理费用	5 000
二、营业利润	145 000
减：营业外支出	20 000
三、利润总额	125 000

【例2.10】金源公司本年应缴纳所得税31 250元，尚未缴纳。

分析：缴纳所得税属于所得税费用，因此，这项经济业务使企业的所得税费用增加31 250元，而利润减少31 250元。

该项业务对动态会计等式的影响表示如下。

利润 = 收入 − 费用

125 000 − 31 250 = 650 000 − （525 000 + 31 250）

体现在利润表上，如表2.13所示。

表2.13　　　　　　　　　　　　　　　利润表（简化）　　　　　　　　　　　　　　单位：元

项目	本月数
一、营业收入	650 000
减：营业成本	500 000
管理费用	5 000
二、营业利润	145 000
减：营业外支出	20 000
三、利润总额	125 000
减：所得税费用	31 250
四、净利润	93 750

第四节　综合会计等式

一、综合会计等式

资产负债表是反映企业在某一特定时点财务状况的报表，主要包括资产、负债和所有者权益 3 个静态要素，而利润表是反映企业在一定期间经营成果的报表，主要包括收入、费用和利润 3 个动态要素。这两张基本财务报表之间存在怎样的关系呢？动态会计等式又会如何影响静态会计等式呢？

企业创办之初或者一个会计期间期初存在"资产 = 负债 + 所有者权益"的关系。

任何人投资办企业的目的都是通过生产经营活动来赚钱（获取利润），而在这个过程中必然要取得各种收入，同时也支付相应的费用。从前面收入的定义和确认条件可知，收入是经济利益的流入。这种流入表现为资产增加或负债减少，但与所有者投入资本无关。因此，收入带来的经济利益必定引起资产的等量增加（如销售商品收到全部现款），或负债的等量减少（如销售商品抵销预收的货款），或资产负债合计的等量变化（如销售商品部分抵销预收货款，部分收回现款）。

而费用则相反。费用是一种经济利益的流出。这种流出会导致资产减少或负债增加，但与向所有者分配利润无关。因此，费用带来的经济利益流出必定引起资产的等量减少（如管理部门耗用办公用品），或负债的等量增加（如期末应付未付的职工薪酬），或资产负债合计的等量变动。

于是有了如下关系。

$$资产 = 负债 + 所有者权益 + 收入 - 费用$$

这样一个会计等式反映的是收入、费用发生后会计要素之间的平衡关系，表明了在经营期财务状况与经营成果之间的相互关系。企业的财务状况是存量，而经营成果是增量，因此该等式是静态会计等式和动态会计等式的结合，称为综合会计等式或扩展会计等式。

期中，生产经营活动带来的经济利益的流入、流出分别记入收入和费用两大动态会计要素，同时期末收入、费用抵减，抵减差额记入本期利润。因此，综合会计等式变为如下形式。

$$资产 = 负债 + 所有者权益 + 利润$$

期末，企业将一部分利润分配给投资者，退出企业（减少利润的同时会等量增加企业的负债，即应付股利），剩余部分形成企业的留存收益（盈余公积和未分配利润），归入所有者权益项目，则综合会计等式恢复如下形式。

$$资产 = 负债 + 所有者权益$$

图 2.2 展示了利润数字进入资产负债表的过程。

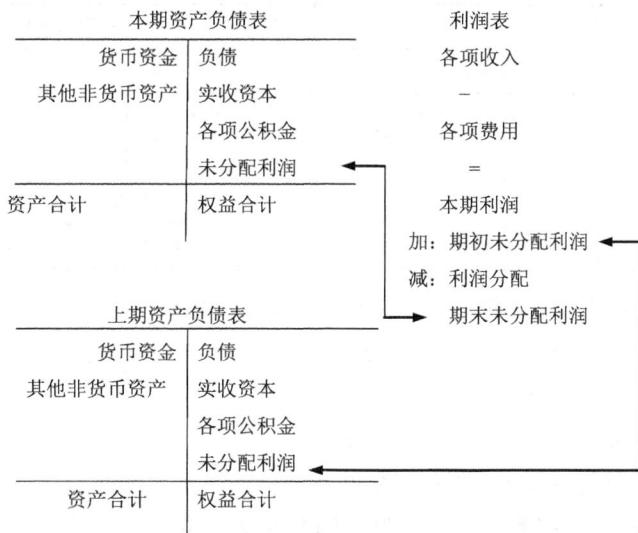

图 2.2 资产负债表与利润表之间的关系

二、经济业务对综合会计等式的影响

下面再以金源公司的前述业务为例，说明影响收入、费用、利润的经济业务对综合会计等式和资产负债表的影响。金源公司 12 月初的资产负债情况如表 2.14 所示。

表 2.14 资产负债表（简化） 单位：元

资产		负债和所有者权益	
货币资金	200 000	短期借款	440 000
存货	750 000	应付账款	110 000
固定资产	600 000	实收资本	1 000 000
合计	1 550 000	合计	1 550 000

202×年 12 月，金源公司发生如下经济业务。

【例 2.11】金源公司售出成本为 500 000 元的产品，其中，收到部分货款 450 000 元，其余货款 200 000 元暂欠。

分析：这项经济业务的发生，一方面使该公司的主营业务收入增加 650 000 元，同时银行存款增加了 450 000 元，应收账款增加 200 000 元。因此，收入增加，资产增加。

该项业务对综合会计等式的影响表示如下。

资产＝负债＋所有者权益＋（收入－费用）

$$1\ 550\ 000 + 450\ 000 + 200\ 000 = 550\ 000 + 1\ 000\ 000 + (650\ 000 - 0)$$

另一方面使主营业务成本增加 500 000 元，同时库存商品减少 500 000 元。因此，费用增加，资产减少。

该项业务对综合会计等式的影响表示如下。

资产＝负债＋所有者权益＋（收入－费用）

$$1\ 550\ 000 + 450\ 000 + 200\ 000 - 500\ 000 = 550\ 000 + 1\ 000\ 000 + (650\ 000 - 500\ 000)$$

体现在资产负债表上，如表 2.15 所示。

表 2.15 资产负债表（简化） 单位：元

资产		负债和所有者权益	
货币资金	200 000+450 000	短期借款	440 000
应收账款	+200 000	应付账款	110 000
存货	750 000－500 000	实收资本	1 000 000
固定资产	600 000	收入－费用	+150 000
合计	1 700 000	合计	1 700 000

【例 2.12】金源公司以现金购买办公用品，共计 5 000 元。

分析：这项经济业务的发生，使企业的管理费用增加 5 000 元，同时库存现金减少了 5 000 元，因此，费用增加，资产减少。

该项业务对综合会计等式的影响表示如下。

资产＝负债＋所有者权益＋（收入－费用）

$$1\ 700\ 000 - 5\ 000 = 550\ 000 + 1\ 000\ 000 + (150\ 000 - 5\ 000)$$

体现在资产负债表上，如表 2.16 所示。

表 2.16	资产负债表（简化）		单位：元
资产		负债和所有者权益	
货币资金	650 000 - 5 000	短期借款	440 000
应收账款	200 000	应付账款	110 000
存货	250 000	实收资本	1 000 000
固定资产	600 000	收入 - 费用	150 000 - 5 000
合计	1 695 000	合计	1 695 000

【例 2.13】金源公司向灾区捐款 20 000 元。

分析：这项经济业务的发生，使企业的营业外支出增加 20 000 元，同时货币资金减少了 20 000 元，因此，费用增加，资产减少。

该项业务对综合会计等式的影响表示如下。

资产 = 负债 + 所有者权益 + （收入 - 费用）

1 695 000 - 20 000 = 550 000 + 1 000 000 + （145 000 - 20 000）

体现在资产负债表上，如表 2.17 所示。

表 2.17	资产负债表（简化）		单位：元
资产		负债和所有者权益	
货币资金	645 000 - 20 000	短期借款	440 000
应收账款	200 000	应付账款	110 000
存货	250 000	实收资本	1 000 000
固定资产	600 000	收入-费用	145 000 - 20 000
合计	1 675 000	合计	1 675 000

【例 2.14】金源公司本期应缴纳所得税 31 250 元，尚未缴纳。

分析：这项经济业务使企业的所得税费用增加 31 250 元，同时应缴所得税增加 31 250 元，因此，费用增加，负债增加。

该项业务对综合会计等式的影响可表示如下。

资产 = 负债 + 所有者权益 + （收入 - 费用）

1 675 000 = （550 000 + 31 250）+ 1 000 000 + （125 000 - 31 250）

体现在资产负债表上，如表 2.18 所示。

表 2.18	资产负债表（简化）		单位：元
资产		负债和所有者权益	
货币资金	625 000	短期借款	440 000
应收账款	200 000	应付账款	110 000
存货	250 000	应交税费	+31 250
固定资产	600 000	实收资本	1 000 000
		收入 - 费用	125 000 - 31 250
合计	1 675 000	合计	1 675 000

【例 2.15】金源公司将收入、费用转入利润，并宣布向投资者分配 30 000 元股利。

分析：根据【例 2.11】至【例 2.14】发生的业务，金源公司 12 月的收入为 650 000 元，费用为 556 250 元，因此本期利润为 93 750 元。

资产 = 负债 + 所有者权益 + 利润

1 675 000 = 581 250 + 1 000 000 + 93 750

若不向投资者分配股利，本期利润将使所有者权益增加 93 750 元，但由于公司宣布向投资者分配 30 000 元股利，因此，负债增加 30 000 元，而所有者权益将减少 30 000 元，最终体现在资产负债表中的所有者权益未分配利润为 63 750（93 750 - 30 000）元。期末，综合会计等式进行如下还原。

资产 = 负债 + 所有者权益

1 675 000 =（581 250 + 30 000）+ 1 000 000 + 93 750 - 30 000

体现在资产负债表上，如表 2.19 所示。

表 2.19 资产负债表（简化） 单位：元

资产		负债和所有者权益	
货币资金	625 000	短期借款	440 000
应收账款	200 000	应付账款	110 000
存货	250 000	应付股利	+30 000
固定资产	600 000	应交税费	31 250
		实收资本	1 000 000
		未分配利润	93 750 - 30 000
合计	1 675 000	合计	1 675 000

从上述例题可以看出，企业在生产经营过程中发生的经济业务会引起资产、负债、所有者权益、收入、费用、利润这 6 个会计要素的增减变动。不论是哪类经济业务，都不会破坏会计基本等式的平衡关系，"资产 = 负债 + 所有者权益"始终成立。因此，该等式也被形象地称为"会计恒等式"。

第五节　会计要素的确认与计量

一、会计要素确认

会计要素确认也称会计确认，是指将企业发生的交易或事项与资产、负债、所有者权益、收入、费用和利润等会计要素联系起来加以认定的过程。具体来说，会计人员要对企业经济活动及其产生的经济数据进行分析、识别和判断，以明确它们是否对会计要素产生影响以及影响哪些会计要素。从信息系统的角度来看，就是确认某经济业务或事项能否、何时进入会计信息系统，以及列入什么会计信息的过程，即是否记录、何时记录、当作哪一项会计要素来记录；是否记入财务报表、何时记入、当作哪一项会计要素来报告。会计确认的目的在于排除不属于会计核算的经济信息，确定会计的核算内容。

如第二节介绍的资产要素。一项资源要被确认为企业的资产，除了符合资产的定义，还应同时满足两个条件。一是与该资源有关的经济利益很可能流入企业。能够给企业带来经济利益是资产的一个本质特征，但由于受到各种因素的影响，与资源有关的经济利益能否流入企业，或能够流入多少具有很大的不确定性。因此，对资产的确认还应与对经济利益流入确定性程度的判断相结合。如果与资源有关的经济利益很可能流入企业，可将其作为企业的资产予以确认；反之，则不能确认为企业的资产。例如，企业为了推销产品将产品销售业务交给了暂时根本没有付款能力的企业，货款收回的可能性很小。在这种情况下，即使已经将产品提供给了购买方，企业也不能将货款确认为企业的资产（应收账款）。二是该资源的成本或价值能够可靠计量。在实务中，企业取得的许多资产都发生相应的支出，即这些支出构成这些资产的成本。例如，购买原材料、购置房屋和设备等，只要实际发生的支出能够可靠计量，就可视为符合资产的可计量条件。如果某资源的成本或价值不能可靠计量，则不能将其确认为企业的资产。

再如，一项义务要被确认为企业的负债，除了应符合负债的定义，还应同时满足两个条件。一是与该义务有关的经济利益很可能流出企业。预期会导致经济利益流出企业是负债的一个本质特征，但对负债的确认还应与对经济利益流出确定性程度的判断相结合考虑。当企业履行法定义务时，如归还银行借款、缴纳税费等，经济利益流出企业是确定无疑的。但如果导致经济利益流出企业的可能性已不复存在，即不会导致经济利益流出企业，则不应将相关金额确认为负债。例如，经过企业和债权人的协商，债权人同意将其原来借给企业的款项转为对企业的投资，这部分负债就不会再导致经济利益流出企业，也就不再符合负债的确认条件。二是未来流出企业的经济利益的金额能够可靠计量。对于法定义务有关的经济利益流出，企业通常可以根据合同或法律规定的金额予以确定。对于推定义务有关的经济利益流出，如企业预期为售出商品提供保修服务可能产生的负债等，企业应当根据履行相关义务需要支出的最佳估计数进行推定。

同样，若企业将一项经济利益流入确认为企业的收入，则该项经济利益流入除了应符合收入的定义外，还应同时满足收入的确认条件，即企业应当在履行了合同中的履约义务，即在客户取得相关商品控制权时确认收入。取得相关商品控制权，是指能够主导该商品的使用并从中获得几乎全部的经济利益。费用要素的确认也应当满足与费用相关的经济利益很可能流出企业、流出金额能够可靠计量这两个条件。

所有者权益体现的是所有者在企业中的剩余权益，因此，所有者权益的确认主要依赖于其他会计要素，尤其是资产和负债的确认；所有者权益金额的确定也主要取决于资产和负债的计量。例如，企业接受投资者投入的资产，在该资产符合企业资产确认条件时，就相应地符合了所有者权益的确认条件；当该资产的价值能够可靠计量时，所有者权益的金额也就可以确定。

类似道理，利润反映的是收入减去费用、利得减去损失后的净额的概念，因此，利润的确认主要依赖于收入和费用以及利得和损失的确认，其金额的确定也主要取决于收入、费用、利得和损失的计量。

二、会计要素计量

会计要素计量也称会计计量，是指将符合确认条件的会计要素登记入账并列报于会计报表及其附注时，应当按规定的会计计量属性进行计量，确定其金额。计量属性是指所计量的某一要素的特性方面，如桌子的长度、铁矿的重量、楼房的高度等。从会计角度来看，计量属性反映的是会计要素金额的确定基础，主要包括历史成本、重置成本、可变现净值、现值和公允价值等。例如，某企业支付 100 万元购买了一间厂房，这项资产以 100 万元入账，一年以后，这间厂房能够以 200 万元卖出。在这种情况下，资产的账面价值是否应随着实际价值的变化而做出调整，如果调整，又应该以怎样的价值标准取代历史成本？这就涉及计量属性的问题。

（一）历史成本

在历史成本计量下，资产按照购置时支付的现金或者现金等价物的金额，或者按照购置资产时所付出的对价的公允价值计量。负债按照因承担现时义务而实际收到的款项或者资金的金额，或者承担现时义务的合同金额，或者按照日常活动中为偿还负债预期需要支付的现金或者现金等价物的金额计量。

（二）重置成本

在重置成本计量下，资产按照现在购买相同或者相似资产所需支付的现金或者现金等价物的金额计量。负债按照现在偿付该项债务所需支付的现金或者现金等价物的金额计量。

（三）可变现净值

在可变现净值计量下，资产按照其正常对外销售所能收到的现金或者现金等价物的金额扣减该资产至完工时估计将要发生的成本、估计的销售费用及相关税费后的金额计量。

（四）现值

在现值计量下，资产按照预计从其持续使用和最终处置中所产生的未来净现金流入量的折现金额计量。负债按照预计期限内需要偿还的未来净现金流出量的折现金额计量。

（五）公允价值

公允价值是指市场参与者在计量日发生的有序交易中，出售一项资产所能收到或者转移一项负债所需支付的价格。

在各会计要素计量属性中，历史成本通常反映的是资产或者负债过去的价值，而重置成本、可变现净值、现值以及公允价值通常反映的是资产或者负债的现时成本或者现时价值，是与历史成本相对应的计量属性。当然这种关系也并不是绝对的。例如，资产或者负债的历史成本许多就是根据交易时有关资产或者负债的公允价值确定的。再如，在应用公允价值时，当相关资产或者负债不存在活跃市场的报价或者不存在同类或者类似资产的活跃市场报价时，需要采用估值技术来确定相关资产或者负债的公允价值，而在采用估值技术估计相关资产或者负债的公允价值时，现值往往是普遍采用的一种估值方法。在这种情况下，公允价值就是以现值为基础确定的。另外，公允价值相对于历史成本而言，具有很强的时间概念，也就是说，当前环境下某项资产或负债的历史成本可能是过去环境下该项资产或负债的公允价值，而当前环境下某项资产或负债的公允价值也许就是未来环境下该项资产或负债的历史成本。

根据我国企业会计准则，企业在对会计要素进行计量时，一般应当采用历史成本，采用重置成本、可变现净值、现值、公允价值计量的，应当保证所确定的会计要素的金额能够取得并可靠计量。

思考与练习

一、选择题

1. [单选]同时引起资产、负债减少 10 000 元的业务可能是（　　）。

　　A. 以银行存款支付 10 000 元购买固定资产

　　B. 成本为 10 000 元的存货被火灾烧毁

　　C. 以银行存款归还 10 000 元银行借款

　　D. 收到客户所欠的 10 000 元货款

2. [单选]在会计要素中,用来反映企业的财务状况的要素是(　　　)。

    A. 所有者权益   B. 收入   C. 费用   D. 利润

3. [单选]关于会计主体的概念,下列各项说法中不正确的是(　　　)。

    A. 可以是独立法人,也可以是非法人

    B. 可以是一个企业,也可以是企业内部的某一个单位

    C. 可以是一个单一的企业,也可以是由几个企业组成的企业集团

    D. 会计主体所核算的生产经营活动也包括其他企业或投资者个人的其他生产经营活动

4. [多选]下列有关资产负债表项目的表述正确的有(　　　)。

    A. 资产负债表列示的是企业某个会计期间现金的使用情况

    B. 资产负债表是基本会计等式的具体展开

    C. 资产负债表是反映财务状况的报表

    D. 如果利润表和现金流量表都具备,则资产负债表不一定要编制

5. [多选]属于只引起资产内部发生增减变动的经济业务的有(　　　)。

    A. 购买材料 800 元,货款暂欠   B. 从银行提取现金 500 元

    C. 购买机器设备一台,以银行存款支付 D. 接受某单位投资 200 万元,存入银行

6. [多选]下列各项中,应确认为资产的有(　　　)。

    A. 购入的商标权   B. 已霉烂变质无使用价值的存货

    C. 融资租入的固定资产   D. 计划下个月购入的材料

二、业务题

1. 某企业 202× 年 12 月 31 日的资产、负债和所有者权益的状况如表 2.20 所示。

表 2.20　　　　　　　　　　资产、负债和所有者权益状况　　　　　　　　　单位:元

资产	金额	负债及所有者权益	金额
库存现金	1 000	短期借款	10 000
银行存款	27 000	应付账款	32 000
应收账款	35 000	应交税费	9 000
原材料	52 000	长期借款	B
长期股权投资	A	实收资本	240 000
固定资产	200 000	资本公积	23 000
合计	375 000	合计	C

根据表 2.20 完成以下题目。

(1)写出表 2.20 中的 A、B、C 的金额。

(2)计算企业的流动资产总额。

(3)计算企业的负债总额。

(4)计算企业的净资产总额。

2. 华福公司 202× 年 7 月发生下列经济业务。

(1)8 日,将上月已预收货款的产品发出,价款 50 000 元。

(2)12 日,销售产品 200 000 元,其中 160 000 元于 7 月 15 日收到存入银行,余下 40 000 元将于 9 月收回。

（3）16日，收到6月提供劳务的款项10 000元。

（4）19日，预收A公司购货款60 000元，下月交货。

（5）21日，用银行存款支付第二季度（4月至6月）房租45 000元。

（6）23日，公司修理设备，修理费10 000元，8月3日支付给修理单位。

（7）25日，用银行存款支付上月借款利息1 000元。

（8）28日，用银行存款支付下半年的房租60 000元。

（9）30日，用银行存款支付当月水电费40 000元。

（10）31日，分摊年初已付款的保险费，全年保险费2 400元。

要求：分别按收付实现制和权责发生制计算华福公司7月的收入、费用和利润，将计算结果填入表2.21中。

表2.21　　　　　　　　　　收付实现制与权责发生制的比较　　　　　　　　单位：元

交易序号	收付实现制		权责发生制	
	收入	费用	收入	费用
（1）				
（2）				
（3）				
（4）				
（5）				
（6）				
（7）				
（8）				
（9）				
（10）				
合计				
利润				

三、思考题

1. 为什么要划分会计要素？我国企业会计准则对会计要素是如何划分的？

2. 会计假设有哪几个？基本含义是什么？有何现实意义？

3. 我国企业会计准则规定的会计信息质量特征有哪些？会计信息质量特征与会计目标之间有何联系？

4. 资产负债表要素有哪些？各个要素的特征是什么，各自所包含的具体内容有哪些？

5. 利润表要素有哪些？各个要素的特征是什么，各自所包含的具体内容有哪些？

设置账户 | 第三章

学习目标

1. 了解会计循环的基本程序。
2. 理解设置会计科目的原则。
3. 掌握账户的基本结构和分类方法。

引导案例

王某经营一间理发店，开业的第一个月发生了如下业务。（1）王某支付定金 5 000 元，计划购进一款新型烫发设备，按约定，设备将于月底送达。（2）某顾客会员卡充值 1 000 元。（3）为顾客提供染发服务，费用为 300 元，结账时顾客发现未带现金，商量下次理发时再付。（4）王某为顾客提供剪发服务，结账时从会员卡中扣减 60 元。（5）烫发设备送达并安装完毕，王某承诺尾款 5 000 元于下月初以银行转账支付。（6）计算当月员工工资为 10 000 元，计划于下月 10 号以现金支付。

在第二章我们介绍了资产负债表、利润表两张基本的财务报表，请你思考一下上述几项业务应该如何呈现在报表中？这仅仅是理发店其中的一小部分业务，当一家企业每天发生的业务是以上业务的几倍、几十倍、上百倍时，你还能及时编制出报表吗？对经济业务的捕捉和记录需要专门的技术和方法，从本章开始我们就要"由表及里"去探究一下财务报表编制的过程和方法。

第一节 | 会计循环与会计核算方法

一、会计循环的含义

随着企业生产经营活动的不断进行，会计要能从无数的经济数据中辨认出含有会计信息的数据，使之能够进入会计信息系统，并通过加工处理，转换成有助于决策和与之相关的其他信息，再输送给财务信息的使用者。会计循环就是将会计主体发生的经济业务转换为会计信息的过程。这个过程要通过一定的程序和方法来完成。具体来说，会计循环包括会计要素的确认、计量、记录和报告，在会计信息加工过程中需要运用设置账户、复式记账、填制凭证、登记账簿、成本计算、财产清查、编制报告等会计核算方法。

二、会计循环的基本程序

会计人员一开始接触的是大量的、零散的经济业务信息，若要在财务报告中反映企业的经济业务活动，需要对这些原始的经济业务信息进行分类、加工、汇总等，即进行信息处理。各单位在规模、业务繁简程度等诸多方面存在差异，在组织会计核算工作时也就呈现不同的特点，但信息处理的基本程序是一致的。

（1）获取原始凭证。企业等单位的经济业务发生完成后，会计人员首先要填制或取得原始凭证，并审核其合法性、合理性。

（2）编制记账凭证。会计人员对发生的经济业务进行初次的确认和计量，根据审核无误的原始凭证，采用复式记账原理，编制记账凭证。

（3）根据记账凭证登记账簿。会计人员根据记账凭证确定的会计分录，将信息进行分类整理，在有关账簿中进行登记。

（4）账项调整并据以登记有关账户。会计人员根据权责发生制的要求，按照收入、费用的归属期，对账簿记录进行必要的调整。

（5）对账和结账。在会计期间终了会计人员进行对账，包括账证核对、账账核对和账实核对。结清收入、费用类账户，以确定当期损益，结出资产、负债、所有者权益类账户余额，结转至下期连续记录。

（6）编制财务报告。根据账簿中有关账户的发生额和各账户的期末余额，按照相关要求和一定格式编制资产负债表、利润表、现金流量表等报表，以及披露其他应当包含在财务报告中的有关信息，帮助相关使用者做出经济决策。

三、会计核算方法

第二章提到的会计要素的确认与计量只是解决了企业发生的交易或事项能否、何时及如何进入会计信息系统的问题，而会计要素确认和计量的结果必须以适当的方式在会计信息系统中加以记录，形成系统、连续、全面会计核算数据资料，并通过会计再确认程序，将这些信息列入财务报告。所以，在对企业发生的交易或事项进行会计确认和计量后，还应采用专门方法和一定的载体记录下来。会计核算方法就是对单位已经发生的经济活动进行连续、系统、完整的反映和监督所应用的方法。它主要包括设置账户、复式记账、填制和审核凭证、登记账簿、成本计算、财产清查、编制财务报告7种专门的方法。

（一）设置账户

设置账户是对会计对象的具体内容进行分类反映和监督的一种方法。会计对象的内容是复杂多样的，为了对它们进行系统的反映和监督，就必须根据会计对象的具体内容和企业管理的要求，对其进行科学的分类，事先将其划分为若干分类反映的项目，即会计科目，并在账簿中为每个会计科目开设具有一定结构和格式的账户，以便通过账户分门别类地登记经济业务，取得所需要的各种不同性质的核算指标。账户的设置是会计核算制度设计的一项重要内容。设置账户对于正确运用填制和审核凭证、登记账簿、编制财务报告等核算方法都具有重要的意义。

（二）复式记账

复式记账是记录经济业务的一种记账方法。复式记账就是对每项经济业务，都以相等的金额同时在相互联系的两个或两个以上的账户中进行登记的一种专门方法。例如，以银行存款上交应交的税金20 000元，一方面引起应交税费减少20 000元，另一方面引起银行存款减少20 000元。该项经济业务需要在"应交税费"账户记减少20 000元，同时又要在"银行存款"账户记减少20 000元。通过账户的对应关系及金额相等的平衡关系，可以完整地反映每项经济业务的来龙去脉，检查有关经济业务的账户记录是否正确。

（三）填制和审核凭证

填制和审核凭证是为了审查经济业务是否合法、合理，保证登记账簿的会计记录正确、完整而应用的一种专门方法。会计凭证是记录经济业务、明确经济责任的书面证明，是登记账簿的重要依据。对于已经发生或完成的经济业务，都要由经办人员或有关单位填制凭证，并签名盖章。所有凭证都要经过会计部门和有关部门的审核，只有经过审核并认为正确无误的凭证，才能作为记账的依据。通过填制和审核凭证，可以保证会计记录有根有据，保证会计反映建立在正确、可靠的基础上，并明确经济责任，借以监督经济业务的合法性和合理性。

（四）登记账簿

账簿是用来连续、系统、完整地记录各项经济业务的簿籍，是账户的集合，是记录和存储会计信息的数据库，是保存会计数据资料的重要工具。账簿所提供的各种数据资料，是编制会计报表的主要依据。登记账簿是根据审核无误的会计凭证，在有关账簿上连续、系统、完整地记录经济业务的一种专门方法。通过填制会计凭证，使经济业务全部记入会计凭证，只是取得了一个记账的依据，但会计凭证是大量的、分散的，只有按经济业务的性质分类记入在账簿中设置的有关账户中，才能提供比较系统、完整的会计信息。登记账簿使大量分散的会计凭证归类、加工成系统、完整的数据资料，可以使会计信息更好地满足各方面的需要。

（五）成本计算

成本计算是按照一定的成本计算对象来归集发生的各项费用，计算各对象的总成本和单位成本的一种专门方法。凡是独立核算的企业都必须进行成本计算。制造业企业需要计算材料的采购成本、产品的生产成本和销售成本；商品流通企业需要计算商品进价成本和销售成本。例如，制造业企业在产品生产的过程中，要耗用材料、支付薪酬、发生制造费用。这些耗费以产品品种为对象来加以归集，并与生产产品的品种、数量联系起来，计算每种产品的总成本和单位数量产品应负担的费用，即单位成本。成本计算要在有关的账簿中进行，同时会计凭证的填制和传递也要满足成本计算的要求。通过成本计算，可以反映和监督生产经营过程中所发生的各项费用是否符合节约原则和经济核算要求，与目标成本相比是节约还是超支。这对于促进企业采取措施，提高经济效益具有非常重要的意义。同时，正确地选择成本计算方法，准确地计算成本，也是企业正确计算利润的前提条件之一。

（六）财产清查

财产清查是通过盘点实物、核对账目来查明各项财产物资的实有数，以保证账簿记录真实、可靠的一种专门方法。在会计核算工作中，由于某些主观或客观的原因，往往会造成账面记录与实际结存不符。为了加强会计记录的准确性，保证账实相符，必须定期或不定期地对各项财产物资和往来款项进行清查、盘点和核对。在清查中如果发现某些财产物资的实有数额同账面结存额不一致，应分析原因，明确经济责任，并调整账面记录，使账存数额与实存数额保持一致，从而保证会计核算资料的真实性。通过财产清查还可以发现财产物资保管和债权、债务管理中的问题，以便对积压、毁损、短缺的财产物资和逾期未能收回的款项，及时采取措施，加强财产管理，从而保护财产物资的安全、完整，挖掘财产物资的潜力，以利于加速资金周转，节约费用开支。总之，财产清查对于保证会计核算资料的正确性、监督财产的安全与合理使用都具有重要的作用。

（七）编制财务报告

财务报告是企业对外提供的反映企业某一特定日期财务状况和某一会计期间经营成果、现金流量的文件。财务报告是对日常会计核算资料的总结，是对账簿记录定期加以分类、整理和汇总，可形成会计信息使用者所需要的各种指标，报送给会计信息使用者后可使其据此做出决策。财务报告所提供的一系列核算指标是考核和分析财务计划和预算执行情况，以及编制下期财务计划和预算的重要依据。编制财务报告，就意味着这一期间会计核算工作的结束。

会计核算的各种专门方法是相互联系、密切配合的，构成一个完整的方法体系。企业在会计核算工作中，必须正确地运用这些方法：对于日常发生的经济业务要按规定的手续填制和审核会计凭证；根据审核无误的会计凭证，按照事先设置的账户采用复式记账的方法在各种账簿中进行登记；对于生产经营过程中所发生的各项耗费进行成本计算；对于账簿记录，要通过财产清查加以核实；在保证账实相符的基础上，根据账簿记录，定期编制各种财务报表。

第二节 会计科目

一、会计科目的概念

任何一笔经济业务的发生都会引起相关会计要素的增减变动。然而，企业的经济活动多种多样，会计等式所涉及的会计要素不能全面地反映各种不同类型的经济活动。例如，收到上期应收货款和从银行提取现金，都表现为一项资产增加，另一项资产减少，虽然这两笔是完全不同的经济业务，但会计等式无法反映两者的不同。因此，为了全面、系统地反映和监督企业单位所发生的经济活动，分门别类地为经济管理提供会计核算资料，就需要按经济业务的内容和经营管理的要求对各个会计要素做进一步的分类，也就是要设置会计科目。

会计科目（简称"科目"）是对会计对象的具体内容，在按照会计要素分类的基础上做进一步分类的项目。例如，货币资金、机器厂房设备都是企业生产经营必备的资产，但它们具有不同的特点，在生产经营过程中起着不同的作用。因此，在会计上需要分别加以核算和监督。对货币资金根据其存放地点及方式的不同设置"库存现金""银行存款"和"其他货币资金"科目；对机器厂房设备，因其实物形态相对不变，使用时间较长，单位价值较大，设置"固定资产"科目。为了反映和监督各项负债的增减变动，设置了"短期借款""长期借款""应付账款""应付职工薪酬""应交税费"等科目；为了反映和监督各项所有者权益的增减变动，设置了"实收资本""资本公积""盈余公积""利润分配"等科目；为了反映和监督收入、费用的增减变动，设置了"主营业务收入""主营业务成本""管理费用""销售费用""财务费用"等科目。

二、会计科目的设置原则

设置会计科目时，企业应充分考虑会计信息、会计工作的要求，具体体现为以下几个原则。

（一）统一性与灵活性相结合

会计科目一方面要按照企业会计准则所规定的会计科目名称及其涵盖的范围和内容来设置，以保证不同企业的口径是一致的。另一方面，在保证提供统一核算指标的前提下，企业可以根据自己的具体情况和经济管理要求自行增设、分拆、合并会计科目。对企业不存在的交易和事项，可不设置相关的会计科目。例如，材料按实际成本计价的企业，可不设"材料采购"和"材料成本差异"科目，而在"在途物资"科目核算。贯彻统一性与灵活性相结合的原则实际上是保证会计信息的有用性。同时，企业还要防止两种倾向：一是要防止会计科目设置过于简单，过于简单就不能满足经济管理的需要；二是要防止会计科目的设置过于烦琐，过于烦琐会加大会计核算的工作量。

（二）全面性和互斥性原则

会计科目作为对会计要素具体内容的进一步分类，其设置应能够全面、系统地反映会计对象的全部内容，不能有任何遗漏。同时，各科目之间在核算范围和内容上要互相排斥。各科目核算的内容必须严格、明确地加以界定，每一个科目原则上只反映一项经济内容，各科目之间不互相混淆。

（三）既要适应经济业务发展的需要，又要保持相对的稳定

会计科目的设置要适应经济环境的变化和企业业务发展的需要。例如，随着商业信用的发展，委托代销业务出现了，为了加强这部分业务的核算，增设了"委托代销商品"和"受托代销商品"等科目。又如，随着我国房地产价格的上升，有些企业除了自用房地产外，也会将房屋或土地使用权出租出去以赚取租金，这些企业应增设"投资性房地产"科目进行核算。同时，为了便于分析对比不同时期会计核算指标，会计科目的设置应保持相对的稳定，不宜经常变动。

（四）既要符合对外报告的要求，又要满足内部经济管理的需要

会计科目的设置要兼顾对外报告信息和对内经营管理的要求。既要满足国家宏观经济管理的要求和有关各方了解企业财务状况和经营成果的需要，又要结合本企业经营活动特点，满足企业内部经营管理的需要。根据所需会计信息详略程度的不同，分设总分类科目和明细分类科目。总分类科目提供总括性信息，满足对外报告的需要；明细分类科目提供更详细具体的信息，满足内部经营管理的需要。

（五）简明清晰原则

会计科目的名称应与其核算的经济业务内容相一致，简单明确，通俗易懂。简单明确是指根据经济业务的特点尽可能简洁地规定科目名称。通俗易懂是指尽量采用经济生活中习惯使用的名称，避免使用生僻难懂的文字，以便于人们的正确理解。

三、会计科目的分类

（一）按经济内容分类

按照反映的经济内容（会计要素）分类，会计科目可以分为资产类、负债类、共同类（会计学基础里不作要求）、所有者权益类、损益类和成本类 6 大类。

为什么会计科目的划分和会计要素不完全一致？这是由于费用按与产品成本关系的不同，分为记入产品成本的费用和不记入产品成本的费用，其中，资产要素中的一部分科目（如生产成本、制造费用等科目）记入产品成本的部分独立出来设立成本类科目，以便于生产企业进行产品成本的计算。不记入产品成本的费用（如主营业务成本、其他业务成本、税金及附加等科目）与各期间收入（如主营业务收入、其他业务收入等科目）进行配比计算利润，因此不记入产品成本的费用和收入类科目合并为损益类科目。而利润科目（如本年利润、利润分配）最终会增加所有者权益，因此可以将其归入所有者权益类。会计科目的这种分类方法与会计要素之间的关系如图 3.1 所示。

（二）会计科目按级次分类

按级次，也就是按照所提供信息的详细程度不同，会计科目可以分为总分类科目和明细分类科目。

总分类科目又称一级科目，是对各会计要素的进一步分类，并提供总括性会计信息的会计

科目。总分类科目一般由国家财政部统一规定。例如，"库存现金"和"银行存款"科目，"原材料"和"库存商品"科目，以及"应收账款"等科目，都是对资产要素进行基本分类以后形成的科目。我国《企业会计准则——应用指南》中规定的会计科目都属于总分类科目。

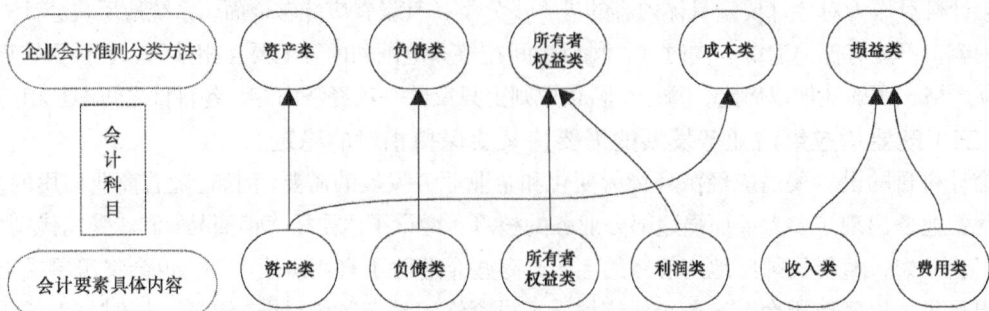

图 3.1 企业会计准则中会计科目分类方法与会计要素的关系

明细分类科目简称明细科目，是对各总分类科目所含内容进一步分类，并提供更详细、更具体会计信息的会计科目。明细分类科目按其提供信息的详细程度，又可分为二级科目和三级科目。二级科目也称子目，是指在一级科目的基础上，对一级科目所反映的经济内容进行较为详细分类的会计科目。二级科目有些是由国家统一规定的，如"应交税费"一级科目下设置的"应交增值税""应交消费税""应交城市维护建设税"等二级科目；有些是由企业根据经营管理需要自行设置的，如"原材料"一级科目下设置的"原料及主要材料""辅助材料"等二级科目。再如，为了具体反映应收账款的明细情况，提供应收账款的详细信息，企业会对所有的应收账款按欠款单位做进一步分类，在"应收账款"总分类科目下，按照债务人的名称设置相应的明细分类科目。三级科目也称细目，是指在二级科目的基础上，对二级科目所反映的经济内容进一步详细分类的会计科目。会计科目按提供指标的详细程度分类如表 3.1 所示。

表 3.1 会计科目按提供指标的详细程度分类

总账科目 （一级科目）	明细分类科目	
	二级科目（子目）	三级科目（明细科目、细目）
固定资产	房屋及建筑物	甲房屋 乙房屋 ……
	机器设备	甲设备 乙设备 ……
	运输设备	甲车辆 乙车辆 ……
管理费用	办公费	日常办公用品 印刷费 ……
	研究开发费	工资 培训费 ……
	……	……

（三）常用会计科目

企业常用的会计科目如表 3.2 所示。

表 3.2　　　　　　　　　　　　　　　企业常用会计科目

序号	编号	会计科目名称	序号	编号	会计科目名称
		一、资产类			二、负债类
1	1001	库存现金	35	2001	短期借款
2	1002	银行存款	36	2201	应付票据
3	1012	其他货币资金	37	2202	应付账款
4	1101	交易性金融资产	38	2211	应付职工薪酬
5	1121	应收票据	39	2221	应交税费
6	1122	应收账款	40	2231	应付利息
7	1123	预付账款	41	2232	应付股利
8	1131	应收股利	42	2241	其他应付款
9	1132	应收利息	43	2501	长期借款
10	1221	其他应收款	44	2502	应付债券
11	1231	坏账准备			三、所有者权益类
12	1401	材料采购	45	4001	实收资本
13	1402	在途物资	46	4002	资本公积
14	1403	原材料	47	4101	盈余公积
15	1404	材料成本差异	48	4103	本年利润
16	1405	库存商品	49	4104	利润分配
17	1406	发出商品			四、成本类
18	1408	委托加工物资	50	5001	生产成本
19	1471	存货跌价准备	51	5101	制造费用
20	1511	长期股权投资			五、损益类
21	1512	长期股权投资减值准备	52	6001	主营业务收入
22	1521	投资性房地产	53	6051	其他业务收入
23	1531	长期应收款	54	6101	公允价值变动损益
24	1601	固定资产	55	6111	投资收益
25	1602	累计折旧	56	6301	营业外收入
26	1603	固定资产减值准备	57	6401	主营业务成本
27	1604	在建工程	58	6402	其他业务成本
28	1605	工程物资	59	6403	税金及附加
29	1606	固定资产清理	60	6601	销售费用
30	1701	无形资产	61	6602	管理费用
31	1702	累计摊销	62	6603	财务费用
32	1703	无形资产减值准备	63	6701	资产减值损失
33	1801	长期待摊费用	64	6711	营业外支出
34	1901	待处理财产损溢	65	6801	所得税费用

需要说明的是：企业会计科目的相关规定分散在企业会计准则及应用指南中。随着会计准则的变化，有的新增科目有规定的科目代码，有的则没有规定的科目代码，没有规定科目代码的会计科目可以根据性质插入相关科目之间。

第三节 设置账户

一、账户的概念

在会计实务中，为了连续、系统地反映由于经济业务的发生而引起的会计要素的增减变动，仅仅有会计科目是不够的，还需要设置账户。账户是根据会计科目设置的，具有一定的结构和格式，用来连续、系统、全面地记录交易或事项，反映会计要素增减变动情况及其结果的一种工具。设置会计账户是会计核算的一种专门方法。

账户和会计科目是两个既有区别又有联系的概念。两者的联系表现在：账户是根据会计科目开设的，会计科目是账户的名称，账户与会计科目反映共同的经济内容。两者的区别表现在：会计科目只是一个名称，只表示某类经济业务的内容，而账户既有名称又有结构，可以记录和反映某类经济业务的发生情况及其结果。例如，"库存现金"科目只表示企业财务部门保管的库存现金这一类资产项目，而"库存现金"账户则能够将企业库存现金的增减变动情况和结余情况完整地记录下来。

综上所述，会计科目主要用来满足对会计对象进行分类的需要，而账户主要用来满足对各项经济业务进行记录的需要。由于账户按会计科目命名，所以在实际工作中，会计人员往往不加区别地把会计科目与账户作为同义语。

二、账户的基本结构

账户要用来记录经济业务、反映会计要素变化情况和结果，因而必须具有一定的结构。账户的基本结构是由会计要素的数量变化情况决定的，而经济业务引起的会计要素的变动，从数量上说，只有增加和减少两种情况。因此，账户的结构也相应地分为两个基本部分，一方用来登记增加额，另一方用来登记减少额。至于哪一方登记增加，哪一方登记减少，取决于所采用的记账方法和账户的性质。但是，不论采用哪一种记账方法，属于何种性质的账户，其增加额和减少额都应按相反的方向进行记录。

本会计期间增加额的合计，称为本期增加发生额；本会计期间减少额的合计，称为本期减少发生额；余额按表示时间的不同，分为期初余额和期末余额。本期期末余额转入下期，便是下期的期初余额。这4项金额的关系可以用下列等式表示。

期末余额 = 期初余额 + 本期增加发生额 − 本期减少发生额

账户简要格式如图3.2所示。

图3.2所示的账户格式一般用于教学中，由于其形象类似英文字母"T"，或中文的"丁"字，所以一般称为"T"形账户或"丁"字账户。但是在实际工作中，账户的格式并非如此简单，一个完整的账户除了必须有反映经济业务数量增减变动的左右两栏外，还应包括其他栏目，

记录和反映其他相关内容。如表 3.3 所示，完整的账户一般包括下列内容：①账户名称（会计科目）；②日期（记录经济业务的日期）；③凭证编号（账户记录的依据）；④摘要（概括说明经济业务的内容）；⑤ 金额（增加额、减少额和余额）。

左方　　　　　　　　账户名称（会计科目）　　　　　　　　右方

图 3.2　账户简要格式

表 3.3　　　　　　　　　　　　　　账户的常用结构

账户名称（会计科目）

年		凭证号	摘要	增加金额	减少金额	余额
月	日					

三、账户的分类

每一个账户只能记录企业经济活动的某一个方面，不可能对企业的全部经济业务加以记录。而会计信息使用者需要了解的是企业经济活动的全貌。这就需要在账簿中开设一个相互联系的账户体系。账户的分类就是研究这个账户体系中各账户之间存在的共性，寻求其规律，明确每一个账户在账户体系中的地位和作用，以便加深对账户的认识，正确地设置和运用账户，更好地反映企业的经济业务情况。按不同的标准对账户分类，可以从不同的角度认识账户。账户的分类标准一般有按反映的经济内容分类、按提供指标的详细程度分类等。

（一）按反映的经济内容分类

账户反映的经济内容是指账户所体现的会计要素的经济性质。在这种分类方法下，账户分为资产类、负债类、所有者权益类、收入类、费用类和利润类 6 类。这种分类方法使每一个账户都有了特定的经济性质，即该账户所反映的会计要素的经济性质。账户是根据会计科目设置的，按照《企业会计准则——应用指南》中会计科目的分类方法，也可以分为 5 类，与第一节会计科目按经济内容分类的 5 个类别相对应，分别为资产类、负债类、成本类、所有者权益类和损益类。

（二）按提供指标的详细程度分类

在会计核算工作中，为了适应经营管理上的需要，对于一切经济业务都要在有关账户中进行登记，既要提供一些总括的指标，又要提供详细的核算指标。账户按提供指标的详细程度来划分，可分为总分类账户和明细分类账户。

1．总分类账户

总分类账户又称总账账户，是按照总分类会计科目分别开设的。总分类账户是对企业经济活动的具体内容进行总括核算的账户，因而它只用货币计量单位进行金额核算。

通过总分类账户提供的各种核算资料，可以概括地了解一个会计主体各项资产、负债及所有者权益等会计要素增减变动的情况和结果。但是，总分类账户并不能提供关于各项会计要素增减变动过程及其结果的详细资料，也就难以满足企业内部经济管理上的具体需要。因此，各会计主体在设置总分类账户的同时，还应根据实际需要，在某些总分类账户的统驭下分别设置若干明细分类账户。

2. 明细分类账户

明细分类账户又称明细账户，它是对某一个总分类账户的核算内容，根据实际需要，按照详细的分类来分别设置，用来提供详细核算资料的账户。

在实际工作中，除少数总分类账户，如"库存现金""累计折旧"等，不必设置明细分类账户外，大多数总分类账户都必须设置明细分类账户。例如，为了具体了解各种材料的收发、结存情况，就有必要在"原材料"总分类账户下，按照材料的品种分别设置明细分类账户。又如，为了具体掌握企业与各往来单位之间的货款结算情况，企业就应在"应付账款"总分类账户下，按各债权单位的名称分别设置明细分类账户。在明细分类账户中，除了以货币计量单位进行金额核算外，企业在必要时还要运用实物计量单位进行数量核算，以便通过提供数量方面的资料，对总分类账户进行必要的补充。

思考与练习

一、选择题

1. [单选]下列会计科目中，属于损益类科目的是（　　　）。
   A. 生产成本　　　　B. 银行存款　　　　C. 管理费用　　　　D. 固定资产
2. [单选]下列可以作为总账账户的是（　　　）。
   A. 钢材　　　　B. 库存商品　　　　C. 办公桌　　　　D. 煤炭
3. [多选]关于会计科目的设置，下列说法不正确的有（　　　）。
   A. 企业必须遵守相关法规的规定设置科目，不得增减、合并或分拆
   B. 企业可以完全自行设置总分类科目及明细分类科目
   C. 企业会计科目的设置只要满足对外报告的要求即可
   D. 明细分类科目的设置应符合单位自身特点，满足单位实际需要

二、业务题

判断表 3.4 中的项目属于哪一类会计要素，以及应归属哪一个会计科目。

表3.4　　　　　　　　　　　　会计要素及会计科目

项目	所属会计要素			所属会计科目
	资产	负债	所有者权益	
出纳保管的现金				
机器设备				
应付给供应商的货款				
客户拖欠的货款				
企业正在生产的产品				

续表

项目	所属会计要素			所属会计科目
	资产	负债	所有者权益	
从银行借入的半年期借款				
应收回的本单位职工的借款				
以前年度实现但未分配的利润				
企业应缴纳但没有实际缴纳的税金				

三、思考题

1．会计科目的设置意义是什么？会计科目的设置原则是什么？

2．会计科目按反映的经济内容分为几类？按反映的详略程度分为几级？

3．简述会计科目与账户的区别与联系。

第四章 借贷记账法及其应用

学习目标

1. 理解复式记账法的基本原理。
2. 掌握借贷记账法下的账户结构、记账规则和试算平衡的内容。
3. 掌握资金筹集业务的核算内容、账户设置方法及账户对应关系。
4. 掌握供应业务的核算内容、账户设置方法及账户对应关系。
5. 掌握生产业务的核算内容、账户设置方法及账户对应关系。
6. 掌握销售业务的核算内容、账户设置方法及账户对应关系。
7. 掌握财务成果形成与分配业务的核算内容、账户设置方法及账户对应关系。

引导案例

借贷记账法在清朝末年传入，但由于各种原因，一直未得到广泛传播。1905 年（清光绪三十一年），由长期驻外使节蔡锡勇所著，系统介绍西式簿记原理的《连环账谱》一书由湖北书局正式出版，为专门出版中国会计学术著作的先河。1908 年（清光绪三十四年），大清银行第一次使用借贷记账法。1930 年，中华民国实业部召开工商会议，决定推广使用借贷记账法。这是我国官方有关统一使用借贷记账法的第一项规定。

中华人民共和国成立后，借贷记账法于 1950 年得到推广和广泛使用。1966—1976 年，借贷记账法被停止使用，转而改用"增减记账法"。1978 年，葛家澍教授一篇题为"必须替'借贷记账法'恢复名誉"的文章，"打响了会计界拨乱反正的第一枪"。由此而引发了新一轮关于记账方法的讨论，讨论的结果是为借贷记账法恢复了名誉。1981 年、1986 年、1987 年、1990 年依次在国营工交企业、国营商业企业、国营农业企业推行实施。1993 年 7 月 1 日起，我国企业即全面实行借贷记账法；1998 年 1 月 1 日实施的《事业单位会计制度》要求事业单位全面实行借贷记账法以替代其早前一直使用的资金收付记账法。至此，我国才形成了统一使用借贷记账法的局面。（**资料来源：**许家林. 会计学原理[M]. 北京：科学出版社，2010.）

如果把财务会计看作是一门语言，自然离不开这种语言表达所要使用的单词和语法。会计科目和账户便是财务会计语言的单词，而借贷记账法则是这门语言的语法。本章我们将开始对借贷记账法的学习，而且要在掌握了单词和语法的基础上对企业典型的资金运动进行账务处理。

第一节 借贷记账法

一、复式记账法

账户是专门记录经济业务的工具，而记账方法则是在账户中记录经济业务的方法。会计上采用的记账方法最初是单式记账法，随着社会经济的发展，人们逐渐对记账方法加以改进，从而演变为复式记账法。

单式记账法是指对发生的经济业务，只在一个账户中进行记录的记账方法，且记录的业务是有关债权债务以及现金、银行存款的。例如，用银行存款购买原材料的业务发生后，只在账户中记录银行存款的支出，而对原材料的增加不予以记录。再如，企业赊购了一台设备，对固定资产的增加不予以登记，只记录企业应付款项的增加。由于没有一套完整的账户体系，账户之间不能形成相互对应的关系，所以，单式记账法记账规则比较简单，但由于不能全面地、系统地反映经济业务的来龙去脉，也不便于检查账户记录的正确性。

复式记账法是指对发生的经济业务，以相等的金额，在相互关联的两个或两个以上账户中进行记录的记账方法。例如，上述用银行存款购买原材料业务，按照复式记账法，应一方面在"银行存款"账户中记录银行存款的支出；另一方面，在"原材料"账户中记录材料的增加，同时两个账户中记录的金额要相等。这样银行存款账户和原材料账户之间就形成了一种对应关系。在复式记账法下，会计科目设置完整，账户记录之间存在着相互联系，可以全面地、系统地反映经济业务的来龙去脉，并且由于复式记账法以相等的金额在有关账户中进行记录，便于用试算平衡的原理来检查账户处理和账簿记录的正确性。因此，复式记账法被广泛采用。

二、借贷记账法

借贷记账法是一种以"借""贷"作为记账符号，以"有借必有贷，借贷必相等"为记账原则，对每项经济业务都在两个或两个以上有关账户中相互联系地进行记录的一种复式记账方法。借贷记账法起源于 13 世纪前后的意大利，流传数百年而不衰，是目前世界各国普遍采用的一种复式记账方法。借贷记账法的基本内容包括记账符号、账户结构、记账规则和试算平衡。

（一）记账符号

借贷记账法以"借""贷"为记账符号，其中账户左方称作"借"，账户右方称作"贷"。"借""贷"两字最初是有含义的。在 13 世纪前后的意大利，借贷资本盛行，借贷资本家以经营货币资金的借入和贷出为主要业务，对于借进的款项，记在贷主名下，表示自身的债务增加；对于贷出的款项，则记在借主名下，表示自身的债权增加。这样，"借""贷"二字分别表示债权、债务的变化。

随着经济活动的内容日趋复杂化，记录的经济业务也不再仅限于货币资金的借贷业务，而逐渐扩展到财产物资、经营损益和经营资本等增减变化。这时，为了求得记账的一致，对于非货币资金借贷业务，也利用"借""贷"二字说明经济业务的变化情况。因此，"借""贷"二字逐渐失去了原来的字面含义，转化为纯粹的记账符号，变成了会计上的专门术语。账户左方为借方，账户右方为贷方，至于哪一方记增加，哪一方记减少，要根据账户的性质来定。也就是说，"借"和"贷"本身不表示增和减，只有与具体的账户结合后才可以表示增和减。

（二）账户结构

在借贷记账法下，所有账户的左方为"借"方，右方为"贷"方，并用一方登记增加数，一方登记减少数。究竟用哪一方登记金额的增加，哪一方登记金额的减少，期初或期末余额又在哪一方，应根据账户所反映的经济内容及其性质来决定。账户按其反映的经济内容分为资产类、负债类、所有者权益类、收入类、费用类和利润类。下面分别说明各类账户的基本结构。

1. 资产、负债和所有者权益类账户的结构

三类账户中，资产账户的结构与其他两类账户是不同的。

资产类账户的结构为：增加记借方，减少记贷方，余额在借方。在一定时期内资产的借方增加额合计称为借方发生额，贷方减少额合计称为贷方发生额，因此，资产类账户期末余额的计算公式如下。

期末借方余额 = 期初借方余额 + 本期借方发生额 − 本期贷方发生额

资产类账户的结构如图 4.1 所示。

借	资产类账户	贷
期初余额		
发生额（增加额）	发生额（减少额）	
本期发生额（增加额合计）	本期发生额（减少额合计）	
期末余额		

图 4.1　资产类账户的结构

负债和所有者权益类账户的结构为：增加记贷方，减少记借方，余额在贷方。同样，在一定时期内负债和所有者权益的贷方增加额合计称为贷方发生额，借方减少额合计称为借方发生额，因此，负债、所有者权益类账户期末余额的计算公式如下。

期末贷方余额 = 期初贷方余额 + 本期贷方发生额 − 本期借方发生额

负债、所有者权益类账户的结构如图 4.2 所示。

借	负债及所有者权益类账户	贷
	期初余额	
发生额（减少额）	发生额（增加额）	
本期发生额（减少额合计）	本期发生额（增加额合计）	
	期末余额	

图 4.2　负债、所有者权益类账户的结构

🔍 **记忆小窍门**

某类账户记录增加额的方向同该类会计要素在等式中的位置保持一致。以资产类账户为例，资产类账户记录增加额的方向同资产要素在等式中的位置是一致的，资产要素在等式的左方，所以资产类账户记录增加额的方向就在借方。负债和所有者权益在等式的右方，所以负债和所有者权益类账户记录增加额的方向就在贷方。根据该规律对下面介绍的收入、费用、利润类账户的结构做验证吧！

---

2. 收入、费用、利润类账户的结构

这三类账户与所有者权益类账户相关。

收入使企业利润增加，导致所有者权益增加，其账户结构也与所有者权益类账户的结构相同：贷方记增加，借方记减少，期末将账户的贷方与借方的差额转入利润账户。结转后，期末无余额。

费用使企业利润减少，导致所有者权益减少，其账户结构与所有者权益类账户相反：借方记增加，贷方记减少，期末将账户的借方与贷方的差额转入利润账户。结转后，期末无余额。

利润账户是反映企业在一定期间内盈利或亏损情况的账户。企业实现的利润最终归所有者拥有，盈利使企业的所有者权益增加，亏损使企业的所有者权益减少，因此，会计上利润账户的结构与所有者权益账户的结构类似，增加记贷方，减少记借方，其中，由收入类账户转来的本期收入转入额增加利润，记入贷方；由费用类账户转来的本期费用转入额减少利润，记入借方。如果收入大于费用，即贷方大于借方，利润账户的余额就在贷方，表示企业实现的盈利；如果费用大于收入，即借方大于贷方，利润账户的余额就在借方，表示企业发生的亏损。但在年末，其期末余额需要转入所有者权益类账户（未分配利润）。结转后，期末无余额。

收入类、费用类、利润类账户的结构如图 4.3 所示。

借	收入类账户	贷
发生额（减少额）或转销额	发生额（增加额）	
本期发生额（减少额合计）	本期发生额（增加额合计）	

借	费用类账户	贷
发生额（增加额）	发生额（减少额）或转销额	
本期发生额（增加额合计）	本期发生额（减少额合计）	

借	利润类账户	贷
本期费用转入额	本期收入转入额	
	期末余额（转入未分配利润）	

图 4.3　收入类、费用类、利润类账户的结构

为了便于掌握和使用不同的账户，将上述各类账户的结构用图 4.4 概括如下。

借	资产类账户+费用类账户	贷	借	负债类+所有者权益（含利润类账户）类账户+收入类账户	贷
增加额		减少额	减少额		增加额

图 4.4　各类账户的结构

在综合会计等式"资产＋费用＝负债＋所有者权益＋收入"中，资产类、费用类账户的借方记增加，贷方记减少，负债类、所有者权益类、收入类账户的贷方记增加，借方记减少（利润类账户与所有者权益类账户一样，贷方记增加，借方记减少）。

资产类账户的余额一般在借方，负债类、所有者权益类账户的余额一般在贷方；收入类、费用类账户期末无余额；利润类账户的余额可能在贷方（表示盈利），也可能在借方（表示亏损），但在年末转入所有者权益以后，无余额。

> **小规律**
>
> 规律 1：账户的借贷两方按相反的方向加以记录。
>
> 规律 2：账户的余额一般与记录增加额的方向保持一致。
>
> 规律 3：某类账户记录增加额的方向同该类会计要素在等式中的位置保持一致。

（三）记账要求

1. 记账规则

借贷记账法的记账规则为"有借必有贷，借贷必相等"。

根据第二章会计等式的分析，各项经济业务的发生必然会引起资产、负债、所有者权益相关项目发生增减变化，但无论经济业务多么复杂，从"资产=负债+所有者权益"的左右两方来观察，都可以将其归纳为 4 种类型：资产权益同时等额增加；资产权益同时等额减少；资产以相等金额此增彼减；权益以相等金额此增彼减。

在复式记账法下，对每一笔经济业务都要在两个或两个以上相互联系的账户中以相等金额进行记录。因此，上述 4 种类型的经济业务在借贷记账法下对资产、权益账户的影响如表 4.1 所示。

从表 4.1 中可以看出，首先，在两个或两个以上的账户中相互联系地记录时，记入一个或几个账户的借方，必然同时记入一个或几个账户的贷方，不能全部记入借方或全部记入贷方，即"有借必有贷"。其次，记入借方账户的金额与记入贷方账户的金额必须相等，即"借贷必相等"。

表 4.1 业务类型对账户的影响

业务类型		资产	权益
类型 1	资产等额增加	借方	
	权益等额增加		贷方
类型 2	资产等额减少	贷方	
	权益等额减少		借方
类型 3	资产等额增加	借方	
	资产等额减少	贷方	
类型 4	权益等额增加		贷方
	权益等额减少		借方

下面以华夏公司 202×年 5 月发生的四种类型 9 种形式的业务为例，说明"有借必有贷，借贷必相等"的记账规则。

【例 4.1】 202×年 5 月 1 日，收到投资者丙投入的货币资金 400 000 元，手续已办妥，款项转入华夏公司存款户头。

分析：这笔经济业务涉及"银行存款"和"实收资本"两个账户，其中，"银行存款"为资产类账户，增加 400 000 元，"实收资本"为所有者权益类账户，也增加 400 000 元。根据资产类账户增加记借方、所有者权益类增加记贷方的原则，该经济业务应记入"银行存款"的借方和"实收资本"的贷方。该项经济业务属于资产与所有者权益同时等额增加的类型,如图4.5所示。

借	实收资本	贷	借	银行存款	贷
	400 000		400 000		

图4.5 资产与所有者权益同时等额增加类型

【例4.2】202×年5月5日,华夏公司从富昌公司购置一批650 000元的材料,货款暂欠。

分析:这笔经济业务涉及"原材料"和"应付账款"两个账户,其中,"原材料"为资产类账户,增加650 000元,"应付账款"为负债类账户,也增加650 000元。根据资产类账户增加记借方,负债类账户增加记贷方的原则,该经济业务应记入"原材料"的借方650 000元和"应付账款"的贷方650 000元。该项经济业务属于资产与负债同时等额增加的类型,如图4.6所示。

借	应付账款	贷	借	原材料	贷
	650 000		650 000		

图4.6 资产与负债同时等额增加类型

【例4.3】202×年5月10日,华夏公司以银行存款200 000元偿还欠富昌公司的部分货款。

分析:这笔经济业务涉及"银行存款"和"应付账款"两个账户,其中,"银行存款"为资产类账户,减少200 000元,"应付账款"为负债类账户,也减少200 000元。根据资产类账户减少记贷方,负债类账户减少记借方的原则,该经济业务应记入"银行存款"的贷方200 000元和"应付账款"的借方200 000元。该项经济业务属于资产与负债同时等额减少的类型,如图4.7所示。

借	银行存款	贷	借	应付账款	贷
		200 000	200 000		

图4.7 资产与负债同时等额减少类型

【例4.4】202×年5月15日,甲决定抽回投资100 000元,华夏公司以银行存款支付。这里暂不考虑股东撤资的相关规定,仅为说明记账规则。

分析:这笔经济业务涉及"银行存款"和"实收资本"两个账户,其中,"银行存款"为资产类账户,减少100 000元,"实收资本"为所有者权益类账户,也减少100 000元。根据资产类账户减少记贷方,所有者权益类账户减少记借方的原则,该经济业务应记入"银行存款"的贷方100 000元和"实收资本"的借方100 000元。该项经济业务属于资产、所有者权益同时等额减少的类型。如图4.8所示。

借	银行存款	贷		借	实收资本	贷
	100 000				100 000	

图 4.8　资产与所有者权益同时等额减少类型

【例 4.5】 202×年 5 月 20 日，华夏公司以银行存款购买设备一台，价值 600 000 元。

分析：该笔经济业务涉及"银行存款"和"固定资产"两个账户，其中，"银行存款"和"固定资产"均为资产类账户，银行存款减少 600 000 元，固定资产增加 600 000 元。根据资产类账户增加记借方、减少记贷方的原则，该经济业务应记入"银行存款"贷方 600 000 元和"固定资产"借方 600 000 元。该项经济业务属于资产类账户以相等金额此增彼减的类型，如图 4.9 所示。

借	银行存款	贷		借	固定资产	贷
		600 000			600 000	

图 4.9　资产类账户以相等金额此增彼减类型

【例 4.6】 202×年 5 月 22 日，华夏公司向银行申请为期半年的借款 350 000 元，偿还欠富昌公司的部分货款。

分析：这笔经济业务涉及"短期借款"和"应付账款"两个账户，其中，"短期借款"和"应付账款"均为负债类账户，"短期借款"增加 350 000 元，"应付账款"减少 350 000 元。根据负债类账户增加记贷方、减少记借方的原则，该经济业务应记入"短期借款"的贷方 350 000 元和"应付账款"的借方 350 000 元。该项经济业务属于负债类账户以相等的金额此增彼减的类型，如图 4.10 所示。

借	短期借款	贷		借	应付账款	贷
		350 000			350 000	

图 4.10　负债类账户以相等金额此增彼减类型

【例 4.7】 202×年 5 月 25 日，华夏公司所欠富昌公司 100 000 元应付账款，经双方协商，转作对华夏公司的投资额。

分析：这笔经济业务涉及"应付账款""实收资本"账户，其中，"应付账款"为负债类账户，减少 100 000 元，"实收资本"为所有者权益类账户，增加 100 000 元。根据负债类、所有者权益类账户增加记贷方、减少记借方的原则，该经济业务应记入"应付账款"的借方 100 000 元和"实收资本"的贷方 100 000 元。该项经济业务属于负债类、所有者权益类账户之间以相等金额此增彼减的类型，如图 4.11 所示。

借	实收资本	贷	借	应付账款	贷
	100 000	100 000		

图 4.11　负债类、所有者权益类账户之间以相等金额此增彼减类型

【例 4.8】202×年 5 月 25 日，甲继续抽回投资 10 000 元，华夏公司暂欠。这里不考虑股东撤资的相关规定，仅为说明记账规则。

分析：这笔经济业务涉及"其他应付款"和"实收资本"两个账户，其中，"其他应付款"为负债类账户，增加 10 000 元，"实收资本"为所有者权益类账户，减少 10 000 元。根据负债、所有者权益增加记贷方、减少记借方的原则，该经济业务应记入"其他应付款"的贷方 10 000 元和"实收资本"的借方 10 000 元。该项经济业务属于负债类、所有者权益类账户之间以相等的金额此增彼减的类型，如图 4.12 所示。

借	其他应付款	贷	借	实收资本	贷
	10 000	10 000		

图 4.12　负债类、所有者权益类账户之间以相等金额此增彼减类型

【例 4.9】202×年 5 月 30 日，华夏公司将资本公积 10 000 元转增资本。

分析：这笔经济业务涉及"实收资本"和"资本公积"两个账户，"实收资本"和"资本公积"均为所有者权益类账户，"实收资本"增加 10 000 元，"资本公积"减少 10 000 元。根据所有者权益类账户增加记贷方、减少记借方的原则，该经济业务应记入"实收资本"的贷方 10 000 元和"资本公积"的借方 10 000 元。该项经济业务属于所有者权益类账户以相等金额此增彼减的类型，如图 4.13 所示。

借	实收资本	贷	借	资本公积	贷
	10 000	10 000		

图 4.13　所有者权益类账户以相等金额此增彼减类型

由上述例题可以看到，无论哪种类型的经济业务，都以相等金额同时记入有关账户的借方和其他账户的贷方，都体现了"有借必有贷，借贷必相等"的记账规则。

2. 账户的对应关系

在复式记账法下，经济业务是在相互关联的两个或两个以上账户中进行记录的，由此在账户之间形成的借贷的相互关系，叫作账户的对应关系。存在对应关系的账户，叫作对应账户。例如，收到 400 000 元的投资款，就要在"银行存款"的借方和"实收资本"的贷方进行记录。这样，"银行存款"和"实收资本"账户就发生了对应关系，这两个账户就成了对应账户。

借贷记账法下，账户对应的关系有以下 4 种形式：一个账户的借方与另一个账户的贷方相对应，即"一借一贷"；一个账户的借方与多个账户的贷方相对应，即"一借多贷"；一个账户的贷方与多个账户的借方相对应，即"一贷多借"；多个账户的借方与多个账户的贷方相对应，即"多借多贷"。第 4 种账户对应关系"多借多贷"比较复杂，不能清楚地反映经济业务的来龙去脉，在会计实务中应尽量避免。

3. 会计分录

由于同一笔经济业务的内容分别记录在两个或两个以上的账户中，业务繁多时容易发生漏记、重记、错记等错误，事后检查也很不方便。因此，为了保证账户记录的正确性，经济业务发生后并不直接记入有关账户，而是根据经济业务的内容确定相关账户及其应借应贷的金额，先编制会计分录，然后再根据会计分录记入有关账户。

会计分录的编制步骤如下：第一，分析经济业务涉及的账户并判定其性质；第二，确定账户金额并分析相关账户的金额是增加还是减少；第三，根据账户性质及其增减变化情况，分析记入账户的借方或贷方；第四，根据会计分录的格式要求编制，并检查借方金额和贷方金额是否相等。

例如，华夏公司收到丙投入的 400 000 元存入银行。针对这笔经济业务，华夏公司应编制的会计分录如下。

借：银行存款　　　　　　　　　　　　　　　　　　　400 000
　　贷：实收资本　　　　　　　　　　　　　　　　　400 000

再如，华夏公司从富昌公司购置一批 650 000 元的商品，其中，以银行存款支付 600 000 元，其余货款暂欠。针对这笔经济业务，华夏公司编制的会计分录如下。

借：原材料　　　　　　　　　　　　　　　　　　　　650 000
　　贷：银行存款　　　　　　　　　　　　　　　　　600 000
　　　　应付账款　　　　　　　　　　　　　　　　　50 000

上述两种分录，分别为简单分录和复合分录。简单分录是指只涉及两个账户的会计分录，即一借一贷的会计分录；复合分录是指涉及两个以上账户的会计分录，即一借多贷、一贷多借或多借多贷的会计分录。

复合分录可以分解为几个简单分录，如第二个分录可分解为如下两个简单分录。

借：原材料　　　　　　　　　　　　　　　　　　　　600 000
　　贷：银行存款　　　　　　　　　　　　　　　　　600 000
借：原材料　　　　　　　　　　　　　　　　　　　　50 000
　　贷：应付账款　　　　　　　　　　　　　　　　　50 000

为了全面反映经济业务的来龙去脉，对于涉及两个以上账户的一项同类的经济业务，一般应编制复合会计分录。但为了保持清晰的账户对应关系，一般不宜把不同类型的经济业务合并在一起，编制多借多贷的会计分录，除非是出于经济业务的需要。

（四）试算平衡

试算平衡就是根据"资产=负债+所有者权益"的平衡原理，按照"有借必有贷、借贷必相等"记账规则的要求，对本期账户记录进行汇总和比较，以检查账户记录正确性的一种方法。具体方法有发生额试算平衡法和余额试算平衡法两种。

1. 发生额试算平衡

由于对任何经济业务都是按照"有借必有贷、借贷必相等"的记账规则记入各有关账户的，所以不仅每一笔会计分录借贷发生额相等，某一会计期间的全部经济业务都记入相关账户以后，所有账户的借方发生额合计数必然等于贷方发生额合计数。用公式表示如下。

全部账户本期借方发生额合计 = 全部账户本期贷方发生额合计

2. 余额试算平衡

根据会计等式"资产=负债+所有者权益"，期末所有资产账户余额的合计数必然等于期末所有权益账户（负债和所有者权益账户）余额的合计数。在借贷记账法下，资产类账户的期末余额在借方，权益类账户的期末余额在贷方。因此，所有账户的借方余额合计数必然等于所有账户的贷方余额合计数。用公式表示如下。

全部账户借方余额合计=全部账户贷方余额合计

试算平衡工作，通常是在会计期末结出各个账户的本期发生额和期末余额后，通过编制总分类账户发生额试算平衡表和总分类账户余额试算平衡表来进行的。在实际工作中，为了方便，可将总分类账户发生额试算平衡表和总分类账户余额试算平衡表合并在一起，并结合各账户的期初余额数，编制总分类账户发生额及余额试算平衡表，如表 4.2 所示。这样，在一张表上既可以进行总分类账户发生额平衡的试算，又能进行总分类账户余额平衡的试算。现将华夏公司以上的 9 笔经济业务记入有关总分类账户，结出各账户本期发生额和期末余额，编制的总分类账户发生额及余额试算平衡表如表 4.2 所示。

表 4.2　　　　　　　　　　　总分类账户发生额及余额试算平衡表　　　　　　　　　单位：元

账户名称	期初余额		本期发生额		期末余额	
	借方	贷方	借方	贷方	借方	贷方
银行存款	1 000 000		400 000	900 000	500 000	
原材料	200 000		650 000		850 000	
固定资产	800 000		600 000		1 400 000	
短期借款		100 000		350 000		450 000
应付账款		200 000	650 000	650 000		200 000
其他应付款		0	0	10 000		10 000
实收资本		1 500 000	110 000	510 000		1 900 000
资本公积		200 000	10 000			190 000
合计	2 000 000	2 000 000	2 420 000	2 420 000	2 750 000	2 750 000

需要注意的是，试算平衡只是通过借贷金额是否平衡来检查账户记录是否正确。如果试算不平衡，即借贷金额不相等，那么账户的记录或计算肯定有误，这时应查明原因并予以更正。如果试算平衡，即借贷金额相等，可能出现两种情况：一是账户记录正确；二是账户记录有误，但借贷两方的金额相等。例如，金额有误，但不影响借贷平衡，包括漏记、重记、借方金额和贷方金额发生相同的错误、借方或贷方的错误金额恰好抵销等情况；或者金额无误，但借贷方向颠倒，账户使用有误等情况。因此，需要对所有的会计记录进行日常或定期的复核，以保证账户记录的正确性。

知识链接

借贷记账法的由来

意大利是现代会计的发源地。复式记账法起源于佛罗伦萨的钱商。

佛罗伦萨，在意大利语中的意思是鲜花盛开的地方，相传由恺撒大帝建立，是中世纪时期欧洲众多国家通往罗马的必经之路。1925 年诗人徐志摩客居佛罗伦萨，给了她一个更为华贵的名字——"翡冷翠"。

银钱业是佛罗伦萨的支柱产业。15 世纪后半期，佛罗伦萨人开的钱庄遍布欧洲，就连罗马教廷征收的税款、贡赋也存放其中。

目前，保存的意大利最古老的会计账簿是记载于 1211 年的佛罗伦萨钱商的两套会计账簿，账簿材质系羊皮纸，28cm×43cm，现珍藏于佛罗伦萨的梅迪奇·劳伦齐阿纳图书馆。账簿中的账户就是人名账户。"人名"是钱商的客户的名字。

例如，经营羊毛的商人巴乔，1 月在钱商那儿存款 1 000 元，4 月又向钱商借款 3 000 元，钱商就开设"巴乔"这个人名账户。人名账户上栏为借主，下栏为贷主。

巴乔
借主
4 月：彼应给我 3 000 元
贷主
1 月：我应给彼 1 000 元

"借主"记载钱商应收巴乔的债权。

"贷主"记载钱商对巴乔的债务。

钱商的人名账户的记载还有文字叙述，说明款项发生的情况。如果一个会计期间内，账户的：借主发生额大于贷主发生额，说明钱商新增了对巴乔的净债权；借主发生额小于贷主发生额，则钱商新增了对巴乔的净债务。

会计期间借主发生额和贷主发生额相抵后的差额为账户余额。"巴乔"账户是借主余额 2 000 元，表明会计期末钱商对巴乔有 2 000 元的净债权，或者说巴乔欠钱商 2 000 元。

当钱商业务从存贷业务扩展到代客户转账结算业务后，人名账户就开始了复式记载。例如，12 月，胡椒商人胡安委托钱商代为支付胡椒运费 40 元给保罗。钱商对每一笔转账结算业务都同时记载两个人名账户。

胡安		保罗
借主		借主
12 月：彼应给我 40 元		
贷主		贷主
		12 月：我应给彼 40 元

记付款人账户的借主，表明钱商代付款后，钱商应向付款人收回的债权为 40 元，记收款人账户的贷主，表明钱商应付 40 元给收款人。

这就是复式记账规则："一借一贷，借贷相等"。这可能就是复式记账的开端。

复式记账是较单式记账的巨大进步：你不会记错账，即使记错账户和金额也能通过另一个关联账户找到错误。19 世纪的英国数学家，矩阵论的创立者阿瑟·凯莱曾说："复式记账原理像欧几里德比例理论一样，是绝对完善的。"

（**资料来源**：尹美群. 会计学基础[M]. 北京：中国财政经济出版社，2012.）

第二节 资金筹集业务的核算

一、资金筹集业务核算的主要内容

资金筹集业务是企业的主要经济业务之一，每家企业都必须拥有一定数量的经营资金作为企业从事经营活动的物质基础。企业资金筹集，是指企业根据其生产经营、对外投资和调整资金结构等需要，通过资金市场和筹资渠道，运用筹资方式，经济、有效地筹集资金的过程。企业资金的来源主要有两大渠道：一是企业所有者投入，二是向债权人借入。前者形成企业所有者权益的主要部分，构成企业的实收资本或股本，后者形成企业的负债。

我国有关法律规定，投资者设立企业首先要投入资本。投资者可以以货币、实物资产、无形资产等方式向企业投资。它是保证企业正常经营的必要条件，也是企业承担经营风险的基础保证。企业为保持合理的资本结构或应付资金周转的临时需要，需要以负债的方式借入资金。企业借入的资金主要来源于银行或者商业信用。

二、设置和应用的主要账户

为了正确核算和监督企业的资金筹集业务，需要设置和应用"实收资本""资本公积""短期借款""财务费用"等账户。

（一）"实收资本"账户

"实收资本"账户是用来总括地核算和监督企业投资者投入企业的资本情况的账户。一般情况下，实收资本无须偿还，可供企业长期使用，因此是企业长期资金的重要来源。实收资本在不同投资者之间的构成比例是确定投资者参与企业经营决策的基础，也是企业进行利润分配和企业清算分配的依据。

该账户属于所有者权益类账户，股份有限公司将该科目改为"股本"。企业收到投资者投入的资本记入"实收资本"账户的贷方；按照有关规定减少的资本记入"实收资本"账户的借方；期末余额在贷方，表示企业期末实收资本的实有数额。"实收资本"账户的结构如图 4.14 所示。

借方	实收资本	贷方
实收资本的减少额	实收资本的增加额	
	期末余额：实收资本的实有数额	

图 4.14　"实收资本"账户

> **注意**
>
> 区分注册资本与实收资本
>
> 注册资本与实收资本是两个不同的概念。注册资本是所有者在工商行政管理机关登记的认缴出资额；实收资本是指企业已经收缴入账的资本，如果按照公司章程注册资本可以分次缴足，则注册资本在缴足前就不等于实收资本。
>
> 目前我国实行的是注册资本认缴制。
>
> 注册资本认缴制

（二）"资本公积"账户

资本公积是指企业收到投资者出资超出其在注册资本（或股本）中所占份额的投资，以及直接记入所有者权益的利得和损失等。资本公积包括资本溢价（或股本溢价）和其他资本公积。

资本溢价（或股本溢价）是指企业收到投资者交付的超出其在注册资本（或股本）中所占份额的投资。形成资本溢价（或股本溢价）的原因主要有溢价发行股票，投资者超额缴入资本等。资本公积的主要用途是转增资本，即在办理增资手续后将资本公积转增实收资本。

"资本公积"账户是反映资本公积增减变动及其结余情况的账户。该账户属于所有者权益类账户，一般设置"资本溢价（或股本溢价）""其他资本公积"明细账户核算，其贷方记录从不同渠道取得的资本公积，即资本公积的增加，借方记录企业将资本公积转作实收资本的数额，即资本公积的减少，期末余额在贷方，表示资本公积结余数。"资本公积"账户的结构如图4.15所示。

借方	资本公积	贷方
资本公积的减少	资本公积的增加	
	期末余额：资本公积的结余数	

图4.15 "资本公积"账户

（三）"短期借款"账户

"短期借款"账户是用来总括地核算和监督企业向银行或其他金融机构等借入的期限在1年以下（含1年）的各种借款情况的账户。该账户属于负债类账户，企业取得借款时记入"短期借款"账户的贷方；归还借款时记入"短期借款"账户的借方；期末余额在贷方，表示期末尚未归还的短期借款。该账户应按债权人设置明细账，进行明细分类核算。"短期借款"账户的结构如图4.16所示。

借方	短期借款	贷方
归还的短期借款	企业借入的短期借款	
	期末余额：尚未归还的短期借款	

图4.16 "短期借款"账户

（四）"财务费用"账户

"财务费用"账户用来核算企业为筹集生产经营所需资金等而发生的筹资费用，包括利息支出（减利息收入）、汇兑损益及相关的手续费、企业发生的现金折扣或收到的现金折扣等。该账户为费用类账户，借方登记本期发生的财务费用，贷方登记期末转入"本年利润"账户的财务费用，结转后该账户无余额。该账户应按费用项目设置明细账，进行明细核算。"财务费用"账户的结构如图 4.17 所示。

借方	财务费用	贷方
本期发生的财务费用	期末转入"本年利润"账户的财务费用	
期末余额为零		

图 4.17 "财务费用"账户

（五）"应付利息"账户

"应付利息"账户核算企业按照合同约定应支付的利息，如短期借款利息、分期付息长期借款的利息等。该账户为负债类账户，按合同利率计算确定的应付未付的利息，记入该账户的贷方；实际支付利息时，记入账户的借方；期末贷方余额反映企业预提但尚未支付的利息。"应付利息"账户的结构如图 4.18 所示。

借方	应付利息	贷方
本期实际支付的利息	按照合同规定应付未付的利息	
	期末余额：预提但尚未支付的利息	

图 4.18 "应付利息"账户

（六）"长期借款"账户

"长期借款"账户是用来核算企业向银行或其他金融机构借入的期限在 1 年以上（不含 1 年）的各项借款（含本金及计提的借款利息）的账户。企业举借长期借款主要是在扩大经营规模时满足购建各种固定资产的需求。

长期借款所发生的利息费用，特别是利用长期借款所进行的工程项目，在符合一定条件下，可以记入工程成本，从而资本化。在不符合资本化条件下，在利息发生的当期直接记入当期的财务费用。企业借入长期借款及计提付息期限在 1 年以上发生的利息金额时，贷记本科目；归还长期借款本金及利息时，借记本科目；本科目期末贷方余额，反映企业尚未偿还的长期借款本金及利息的余额。企业还应当按照贷款单位进行明细核算。"长期借款"账户的结构如图 4.19 所示。

借方	长期借款	贷方
归还的长期借款的本金和利息	取得长期借款的本金和到期一次还本付息的长期借款的利息	
	期末余额：尚未偿还的长期借款本金及利息	

图 4.19 "长期借款"账户

三、核算举例

【例4.10】金源公司收到盛和集团投资的 3 000 000 元，款项存入银行。

分析：这项经济业务的发生，一方面使企业的实收资本增加 3 000 000 元，另一方面使企业的银行存款增加 3 000 000 元。实收资本属于所有者权益，增加应记入"实收资本"账户的贷方；银行存款属于资产，增加应记入"银行存款"账户的借方。金源公司编制的会计分录如下。

借：银行存款　　　　　　　　　　　　　　　　　　　3 000 000
　　贷：实收资本　　　　　　　　　　　　　　　　　　3 000 000

【例4.11】金源公司收到天城公司投入的新设备一台，双方确定的价值为 800 000 元（假定该设备不涉及增值税）。

分析：这项经济业务的发生，一方面使企业的实收资本增加 800 000 元，另一方面使企业的固定资产增加 800 000 元。实收资本属于所有者权益，增加应记入"实收资本"账户的贷方；固定资产属于资产，增加应记入"固定资产"账户的借方。金源公司编制的会计分录如下。

借：固定资产　　　　　　　　　　　　　　　　　　　800 000
　　贷：实收资本　　　　　　　　　　　　　　　　　　800 000

【例4.12】金源公司经过五年的经营走上正轨。这时又有任达公司有意参加该企业，并愿意出资 500 000 元，其中 400 000 元作为实收资本，另 100 000 元作为资本公积，资金存入银行。

分析：这项经济业务的发生，一方面涉及资产的增加，另一方面涉及所有者权益的增加。属于法定份额的部分记入实收资本，超过的部分记入资本公积。金源公司编制的会计分录如下。

借：银行存款　　　　　　　　　　　　　　　　　　　500 000
　　贷：实收资本　　　　　　　　　　　　　　　　　　400 000
　　　　资本公积——资本溢价　　　　　　　　　　　　100 000

【例4.13】金源公司从银行取得期限为六个月的借款 200 000 元，款项已经划入金源公司的账户。

分析：这项经济业务的发生，一方面使企业的银行存款增加 200 000 元，另一方面使企业的短期借款增加 200 000 元。银行存款属于资产，增加应记入"银行存款"账户的借方；短期借款属于负债，增加应记入"短期借款"账户的贷方。金源公司编制的会计分录如下。

借：银行存款　　　　　　　　　　　　　　　　　　　200 000
　　贷：短期借款　　　　　　　　　　　　　　　　　　200 000

【例4.14】金源公司从银行借入三年期分期付息的借款 2 000 000 元，款项已存入银行。该借款约定年利率为 6%，利息每年年末归还。

（1）取得借款时：

借：银行存款　　　　　　　　　　　　　　　　　　　2 000 000
　　贷：长期借款　　　　　　　　　　　　　　　　　　2 000 000

（2）每月月末企业计算借款利息时：

借：财务费用　　　　　　　　　　　　　　　10 000（2 000 000 × 6% ÷ 12）
　　贷：应付利息　　　　　　　　　　　　　　　　　　10 000

（3）每年年末支付利息时：

借：应付利息   120 000

  贷：银行存款   120 000

（4）到期归还长期借款的本金 2 000 000 元时：

借：长期借款   2 000 000

  贷：银行存款   2 000 000

如果双方约定该项借款为三年到期一次性还本付息，那么会计分录该如何编写呢？

补充问题答案

第三节 供应过程业务的核算

一、供应过程业务核算的主要内容

企业要生产产品，就必须拥有一定的生产资料，包括劳动资料和劳动对象。前者有厂房、设备等固定资产，后者有各种材料。通过筹资业务，企业取得生产经营所需的资金，再利用这些资金购买生产设备和各种资料，为生产经营做准备，供应过程就是生产经营的准备过程。

企业的固定资产往往决定了今后的经营规模和生产能力，并影响着原材料和人工的投入量，无形资产也对企业经营、产品生产和销售起着举足轻重的作用。

材料是制造业企业在生产经营过程中为耗用而储备的流动资产，其特点是：经过加工而改变其原有实物形态，并构成产品的实体，或被消耗而有助于生产的进行、产品的形成，与此同时，其价值也转移到了产品的成本中。

企业储备的各种材料，通常都是从外单位采购而来的。在材料采购过程中，一方面，企业从供应单位购进各种材料，计算购进材料的采购成本，采购成本包括材料的买价和采购费用，其中，采购费用主要有运费、装卸费、途中保险费、途中合理损耗和入库前的挑选整理费用等，购进的材料运抵企业以后还要验收和保管。另一方面，企业要按经济合同和约定的结算办法结算有关款项。同时，在供应环节还涉及增值税的计算和处理。

采购业务流程图

二、设置和应用的主要账户

（一）"固定资产"账户

固定资产是制造业企业进行产品生产不可缺少的各种资料，包括房屋建筑物、机器设备、运输车辆以及工具、器具等。从经济用途来看，固定资产是用于生产经营活动而不是为了出售。这也是区别于产品的重要特征。在使用过程中，固定资产往往保持原有的实物形态，其价值通过折旧的形式，随着固定资产的磨损程度逐渐分批转移记入成本费用中。"固定资产"账户按照历史成本来反映固定资产的增减变动和结存情况。而固定资产的磨损价值称为固定资产折旧，其损耗情况需要通过一个专门的账户——"累计折旧"账户来反映。"固定资产"账户和"累计折旧"两个账户相比较可以反映企业固定资产的净值。

"固定资产"账户是用来核算和监督企业固定资产的增减变动情况的账户。该账户属于资产类账户。固定资产取得时按其原价记入"固定资产"账户的借方；固定资产减少时按其原价记入"固定资产"账户的贷方；期末余额在借方，表示企业结存固定资产的原始价值。该账户应按固定资产的种类设置明细账，进行明细分类核算。"固定资产"账户的结构如图 4.20 所示。

固定资产的取得方式

借方　　　　　　　　　　固定资产　　　　　　　　　　贷方	
增加固定资产的原始价值	减少固定资产的原始价值
期末余额：结存固定资产的原始价值	

图 4.20　"固定资产"账户

企业取得固定资产的方式有很多，想了解更多内容请扫描二维码。

（二）"在建工程"账户

当固定资产需要建造或在购买之后需要安装时，应先在"在建工程"账户中反映。为了归集企业处于建造、安装过程中，尚未达到预定可使用状态的各种固定资产的成本，企业应设置"在建工程"账户：借方反映建造或安装工程中的各项支出，贷方反映工程完工转入"固定资产"账户的成本，期末余额在借方，表示尚未完工的工程支出。企业应按照工程类别和单项工程进行明细核算。"在建工程"账户的结构如图 4.21 所示。

借方　　　　　　　　　　在建工程　　　　　　　　　　贷方	
建造、安装工程的各项支出	工程完工结入"固定资产"账户的成本
期末余额：尚未完工的工程支出	

图 4.21　"在建工程"账户

（三）"无形资产"账户

无形资产是指企业拥有或控制的没有实物形态的可辨认的非货币性资产。无形资产具有以下特征：无形资产不具有实物形态；无形资产具有可辨认性；无形资产属于非货币性资产。无形资产通常表现为某种权利、技术或超额获利能力，但其往往不具有实物形态，如商标权、专利权、土地使用权等。要作为无形资产进行核算，资产还必须能区别于其他资产可单独辨认。这就使得与企业整体价值相联系、无法单独辨认的商誉不能作为无形资产核算。

"无形资产"账户属于资产类账户，其借方登记无形资产的增加，贷方登记无形资产的减少，期末余额在借方，表示企业期末无形资产的价值。该账户按无形资产类别设置明细账，进行明细核算。"无形资产"账户的结构如图 4.22 所示。

借方　　　　　　　　　　无形资产　　　　　　　　　　贷方	
无形资产价值增加	无形资产减少
期末余额：期末无形资产的价值	

图 4.22　"无形资产"账户

（四）"在途物资"账户

"在途物资"账户用来核算企业外购材料的买价和采购费用，据以计算确定在途物资的实际成本。材料采购成本由买价和采购费用两部分组成。

（1）买价。买价即由供应商开具的增值税专用发票上所开列的购买材料本身的价格，根据所购买的材料的单价和数量计算确定，不包括增值税发票上的增值税税额。

（2）采购费用。材料的采购费用是指企业在将购入材料运达企业，并将材料验收入库的过程中发生的有关费用，包括运输费、装卸费、包装费、保险费、运输途中的合理损耗，以及入库前的挑选和整理费用等。

该账户的借方反映购入材料的实际采购成本，贷方反映入库材料的实际采购成本，期末余额在借方，反映已经收到发票账单，但材料尚未到达或已到达但尚未验收入库的在途材料的实际成本。该账户应按材料的种类、规格设置明细账，进行明细核算。"在途物资"账户的结构如图4.23所示。

借方	在途物资	贷方
购入材料的实际采购成本	入库材料的实际采购成本	
期末余额：在途材料的实际成本		

图 4.23 "在途物资"账户

（五）"原材料"账户

"原材料"账户是用来总括地核算和监督企业库存材料的收入、发出和结存情况的账户。该账户属于资产类账户。材料验收入库时，按照入库材料的实际采购成本记入"原材料"账户的借方；领用或发出材料，按照发出材料的实际成本记入"原材料"账户的贷方；期末余额在借方，表示结存材料的实际成本。该账户按材料的保管地点、材料的类别、品种和规格设置明细账。"原材料"账户的结构如图4.24所示。

借方	原材料	贷方
入库材料的实际成本	发出材料的实际成本	
期末余额：结存材料的实际成本		

图 4.24 "原材料"账户

知识链接

按计划成本法核算

原材料按计划成本核算是指原材料的日常收发及结存，无论总分类核算还是明细分类核算，均按照计划成本进行的方法。

这种方法的特点是：收发凭证按材料的计划成本计价，原材料总分类账和明细分类账均按计划成本登记，原材料的实际成本与计划成本的差异，通过"材料成本差异"科目核算。月末通过分配材料成本差异，将发出原材料的计划成本调整为实际成本。

1. 账户设置

（1）"原材料"科目。本科目借方、贷方及余额均按照计划成本记账。

（2）"材料采购"科目。本科目借方登记采购材料的实际成本，贷方登记入库材料的计划成本，（对于同一笔业务）借方大于贷方表示超支，则将本科目贷方转入"材料成本差异"科目的借方；贷方大于借方表示节约，则将本科目借方转入"材料成本差异"科目的贷方；月末为借方余额，表示未入库材料的实际成本。

（3）"材料成本差异"科目。本科目反映已入库材料的实际成本与计划成本的差异，借方登记入库材料超支差异及发出材料节约差异，贷方登记入库材料节约差异及发出材料应负担的超支差异。期末如果是借方余额，表示库存材料的超支差异；如果是贷方余额，表示库存材料的节约差异。

2. 会计处理

（1）购入原材料的会计处理。

① 采购过程与实际成本法相同，只不过将实际成本的"在途物资"改为"材料采购"。

　　借：材料采购
　　　　应交税费——应交增值税（进项税额）
　　　　贷：银行存款（应付账款、应付票据等）

② 入库时，结转材料采购。

　　借：原材料（计划成本）
　　　　贷：材料采购（计划成本）

③ 结转差异：月末将本月采购的材料入库，同时要结转差异。

材料成本差异额（＝采购材料的实际成本－采购材料的计划成本）大于 0，为超支差异；小于 0，为节约差异。

超支差异会计分录：

　　借：材料成本差异（超支差异额）
　　　　贷：材料采购

节约差异会计分录：

　　借：材料采购
　　　　贷：材料成本差异（节约差异额）

总结：针对"材料成本差异"而言，入库材料，借记超支，贷记节约。与"材料成本差异"相对应的账户是"材料采购"。

（2）发出材料计划成本的结转。

① 月末，根据领料单等编制"发料凭证汇总表"，编制下述分录。

　　借：生产成本——基本生产成本
　　　　　　　　——辅助生产成本
　　　　制造费用
　　　　管理费用
　　　　销售费用等
　　　　贷：原材料（计划成本）

② 结转发出材料应负担的成本差异。上述发出材料的计划成本应通过材料成本差异的结转，

调整为实际成本。公式如下。

材料成本差异率 =（月初结存材料成本差异 + 本月收入材料成本差异）/（月初结存材料的计划成本 + 本月收入材料的计划成本）

发出材料应负担的材料成本差异 = 发出材料的计划成本 × 材料成本差异率

发出材料的实际成本 = 发出材料的计划成本 + 发出材料应负担的材料成本差异

= 发出材料的计划成本 + 发出材料计划成本 × 材料成本差异率

= 发出材料计划成本 ×（1 + 材料成本差异率）

结存材料的实际成本 = 结存材料的计划成本 + 结存材料应负担的材料成本差异

会计分录如下。

如果是超支差异，其会计分录如下。

借：生产成本——基本生产成本

——辅助生产成本

制造费用

管理费用

销售费用等

贷：材料成本差异

如果是节约差异，编制相反的会计分录。

（六）"应交税费"账户

"应交税费"账户是用来总括地核算和监督企业与税务机关之间有关税费的应缴和实缴情况的账户。该账户属于负债类账户：贷方登记应缴纳的各种税费，如增值税、消费税、城市维护建设税、教育费附加、企业所得税等；借方登记实际上缴的各种税费；期末贷方余额为未缴的税费，借方余额为多交的税费。该账户按应缴税费的种类设置明细账，进行明细分类核算。"应交税费"账户的结构如图 4.25 所示。

借方	应交税费	贷方
实际缴纳的各种税费	计算出的应缴而未缴的税费	
期末余额：多缴的税费	期末余额：未缴的税费	

图 4.25 "应交税费"账户

企业缴纳的各类税种中，增值税的核算较为特殊。在我国境内发生销售货物、服务、无形资产、不动产和金融商品等应税交易且销售额达到增值税起征点的单位和个人，以及进口货物的收货人，为增值税的纳税人。在计税原理上，增值税是对商品生产、商品流通、劳务服务等各个环节的新增价值或商品附加值征收的一种税，但是由于商品的新增价值或商品附加值在商品生产和流通过程中难以准确计算，不易操作，所以一般采用税额抵扣的办法，即根据货物或应税劳务的销售额，按照规定的税率，计算出销项税额，再从中扣除上一环节已纳增值税税款，其余额即为纳税人应缴纳的增值税税额，用公式表示如下。

当期应纳税额 = 当期销项税额 - 当期进项税额

其中，销项税额是指纳税人销售货物或提供劳务，按照销售额和规定的税率计算并向买方收取的增值税税额；进项税额是指纳税人购买货物或接受应税劳务时所支付或所负担的增值税税额。销项税额和进项税额是相对应的，销售方的销项税额就是购买方的进项税额。

在"应交税费——应交增值税"明细账中，一般应设置"进项税额""销项税额"等专栏进行核算。企业购买材料时缴纳的增值税进项税额记入该明细账的借方"进项税额"栏目，销售产品时向购买单位收取的销项税额记入该账户贷方的"销项税额"栏目。"应交税费——应交增值税"账户的结构如图 4.26 所示。

借方　　　应交税费——应交增值税　　　贷方	
进项税额	销项税额
期末余额：尚未抵扣的增值税	期末余额：未缴的增值税

图 4.26 "应交税费——应交增值税"账户

（七）"应付账款"账户

"应付账款"账户是用来总括地核算和监督企业因购买材料而与供应单位发生的结算债务增减变化和结果的账户。该账户属于负债类账户：发生应付供应单位款项时，按照实际应付款项，记入"应付账款"账户的贷方；归还供应单位款项时，按照实际归还款项记入"应付账款"账户的借方；期末余额一般在贷方，表示实际应付给供应单位的款项，若期末余额在借方，则表示实际支付给供应单位的款项大于应付的款项。该账户按供应单位名称设置明细账，进行明细分类核算。"应付账款"账户的结构如图 4.27 所示。

借方　　　　　应付账款　　　　　贷方	
偿付给供应单位的款项	应付供应单位款项的增加数
期末余额：支付给供应单位的款项大于应付的款项	期末余额：实际应付给供应单位的款项

图 4.27 "应付账款"账户

（八）"应付票据"账户

如果企业购入材料、商品或接受劳务时开出商业汇票来结算货款，则应设置"应付票据"账户。商业汇票是由出票人签发的，委托付款人在指定日期无条件支付确定金额给收款人或持票人的票据，包括商业承兑汇票和银行承兑汇票。在商业承兑汇票方式下，承兑人为付款人；在银行承兑汇票方式下，承兑人为付款人的开户银行，为收款人按期收回货款提供了可靠的信用保证。我国商业汇票的付款期限最长不超过 6 个月。

"应付票据"账户是负债类账户，出具商业汇票时记入贷方，表示负债的增加；支付款项收回票据时记入借方，表示负债的减少；期末贷方余额为企业应付未付的票据款。该账户按供应单位设置明细账，进行明细分类核算。"应付票据"账户的结构如图 4.28 所示。

借方	应付票据	贷方
偿付给供应单位的票据款	出具应付票据	
	期末余额：应付未付的票据款	

图 4.28　"应付票据"账户

（九）"预付账款"账户

"预付账款"账户是用来总括地核算和监督企业因购买材料预先支付货款情况的账户。该账户属于资产类账户：发生预付供应单位款项时，按照实际预付的款项记入"预付账款"账户的借方；收到供应单位提供的材料时，冲销预付供应单位款项，记入"预付账款"账户的贷方；期末如有余额一般在借方，表示尚未结算的预付货款，若期末余额在贷方，则表示应付供应单位的款项。该账户按供应单位名称设置明细账，进行明细分类核算。"预付账款"账户的结构如图 4.29 所示。

借方	预付账款	贷方
预付供应单位款项的增加	冲销预付供应单位的款项	
期末余额：尚未结算的预付货款	期末余额：应付供应单位的款项	

图 4.29　"预付账款"账户

三、核算举例

【例 4.15】金源公司购入一台不需要安装的设备，取得的增值税专用发票上注明设备价款为 20 万元，增值税税额为 2.6 万元，发生的运杂费为 2 万元（为便于初学者学习，本书例题中涉及的运杂费均不考虑增值税问题），款项全部以银行存款支付。

分析：这是一项购置不需安装的固定资产的业务，可直接记入"固定资产"账户。构成固定资产成本的包括买价和运杂费两部分，购进固定资产支付的增值税进项税额可以抵扣，不记入固定资产原始价值。会计分录如下。

借：固定资产　　　　　　　　　　　　　　　　　　　220 000
　　应交税费——应交增值税（进项税额）　　　　　　 26 000
　　贷：银行存款　　　　　　　　　　　　　　　　　　　 246 000

【例 4.16】金源公司购入一条需要安装的生产流水线，取得的增值税专用发票上注明设备价款为 10 万元，增值税税额为 1.3 万元，发生的运杂费为 1 万元。该设备由安装公司负责安装，金源公司共支付安装费用 1 万元，款项全部以银行存款支付。

分析：这是一项购置需要安装的固定资产的业务，安装时应将各种买价及安装费等各种支出记入"在建工程"账户，购进固定资产支付的增值税进项税额可以抵扣，不记入固定资产原始价值。安装完工后在建工程全部转入"固定资产"账户，作为该固定资产的原始价值。会计核算应分步进行。

（1）购买设备时，会计分录如下。

借：在建工程　　　　　　　　　　　　　　　　　　　110 000
　　应交税费——应交增值税（进项税额）　　　　　　 13 000
　　贷：银行存款　　　　　　　　　　　　　　　　　　　 123 000

（2）在安装过程中，支付安装费用时，会计分录如下。

借：在建工程   10 000

  贷：银行存款   10 000

（3）设备安装完成达到预定可使用状态，转入固定资产时，会计分录如下。

借：固定资产   120 000

  贷：在建工程   120 000

【例 4.17】金源公司将一项技术申请国家专利，申请时发生注册费、聘请律师费等共 52 000 元，款项全部以银行存款付讫。

分析：这是一项企业增加无形资产的业务，所有与此有关的支出均应记入无形资产的原始价值。会计分录如下。

借：无形资产   52 000

  贷：银行存款   52 000

供应过程的经济业务主要包括购货付款和材料入库两个环节。由于付款时间和付款方式的不同，与销售企业的结算有 3 种情况：购货后立即付款、购货后尚未付款和预付账款。核算中还会涉及采购费用在不同材料成本之间分配的问题。

【例 4.18】金源公司向瑞信公司购入 A 材料 12 500 千克，单价 4 元，价款为 50 000 元，专用发票上注明增值税税额为 6 500 元，款项以银行存款支付，货已验收入库。

分析：这是一笔购货后立即付款的业务，涉及资产类账户"原材料"的增加和"银行存款"的减少，在支付货款的同时一并支付增值税进项税额，在"应交税费——应交增值税（进项税额）"账户中核算。会计分录如下。

借：原材料——A 材料   50 000

  应交税费——应交增值税（进项税额）   6 500

  贷：银行存款   56 500

【例 4.19】金源公司向恒信公司购入 B 材料 30 000 千克，单价 4.4 元，价款共计 132 000 元，增值税专用发票上注明增值税税额为 17 160 元。对方代垫装卸费 3 000 元，款项未付，货已验收入库。

分析：这是一笔货到未付款的业务，材料入库应在"原材料"账户核算，未付款项是企业的负债，应在负债类账户"应付账款"中反映，对方代垫的装卸费属于采购费用，应记入原材料成本并作为"应付账款"的一部分，而增值税进项税额则以买价为基数进行计算。会计分录如下。

借：原材料——B 材料   135 000

  应交税费——应交增值税（进项税额）   17 160

  贷：应付账款——恒信公司   152 160

【例 4.20】金源公司向幸福公司购入 A 材料 30 000 千克，单价 4.8 元，价款为 144 000 元；B 材料 90 000 千克，单价 4.8 元，价款为 432 000 元；专用发票上注明增值税税额为 74 880 元，款项未付，开出一张 6 个月到期的商业汇票。运杂费共 24 000 元，以银行存款支付，材料尚未验收入库。

分析：这笔业务涉及采购费用的分配问题，采购费用发生时若能分清，应直接记入各种材料的采购成本；不能分清的，应按材料的买价或重量等比例，分配记入各种材料的采购成本，其分配步骤如下。

① 确定费用分配标准（按买价或重量）。

② 计算采购费用分配率：分配率=材料总运费／材料买价或重量之和。

③ 确定某种在途物资应担的采购费用，该费用＝该材料买价（或重量）×采购费用分配率。

本例中企业购入了两种材料，一共发生运费 24 000 元，应按照一定的方法分配记入两种材料的采购成本。假设企业以材料的重量为基础来分摊，则有如下计算。

每千克材料应分摊的运输费 = 24 000/（30 000 + 90 000）= 0.2（元/千克）

A 材料应负担的运杂费 = 0.2 × 30 000 = 6 000（元）

B 材料应负担的运杂费 = 0.2 × 90 000 = 18 000（元）

据此编制在途物资成本计算单，如表 4.3 所示。

表 4.3   在途物资成本计算单   单位：元

成本项目	A 材料			B 材料		
	单位成本（元/千克）	数量（千克）	总成本（元）	单位成本（元/千克）	数量（千克）	总成本（元）
买价 采购费用	4.8 0.2	30 000	144 000 6 000	4.8 0.2	90 000	432 000 18 000
采购成本	5	30 000	150 000	5	90 000	450 000

会计分录如下。

借：在途物资——A 材料   144 000

           ——B 材料   432 000

     应交税费——应交增值税（进项税额）   74 880

    贷：应付票据   650 880

借：在途物资——A 材料   6 000

           ——B 材料   18 000

    贷：银行存款   24 000

也可以把两笔分录合为一笔。

借：在途物资——A 材料   150 000

           ——B 材料   450 000

     应交税费——应交增值税（进项税额）   74 880

    贷：应付票据   650 880

       银行存款   24 000

【例 4.21】接【例 4.20】，金源公司收到仓库转来的 A、B 两种材料的收料凭证，结转其采购成本。

分析：这是一笔材料入库结转采购成本的业务，把"在途物资"账户中的全部成本转"原材料"账户即可。月末"在途物资"账户的借方余额表示尚未运达企业或尚未验收入库的材料成本。会计分录如下。

借：原材料——A 材料   150 000

          ——B 材料   450 000

    贷：在途物资——A 材料   150 000

               ——B 材料   450 000

【例4.22】金源公司以银行存款向紫金公司预付 50 000 元，作为购买 C 材料的价款。

分析：这是一笔支付预付账款的业务，只涉及两个资产类账户"预付账款"和"银行存款"之间的增减。会计分录如下。

```
借：预付账款——紫金公司                    50 000
    贷：银行存款                              50 000
```

【例4.23】接【例4.22】，金源公司收到向紫金公司购买的 C 材料 2 000 千克，单价 30 元，价款共计 60 000 元，增值税专用发票上注明的增值税税额为 7 800 元，不足款项尚未支付，材料已验收入库。

分析：这是一笔预付账款后收到材料的业务，按照材料的实际采购成本和增值税的进项税额，借记"原材料""应交税费——应交增值税（进项税额）"账户，按照应支付的金额贷记"预付账款"账户。会计分录如下。

```
借：原材料——C 材料                         60 000
    应交税费——应交增值税（进项税额）         7 800
    贷：预付账款——紫金公司                    67 800
```

【例4.24】接【例4.23】，金源公司以银行存款补付紫金公司付款 17 800 元。

通过这笔业务企业才和紫金公司结清货款，补付货款和预付时的分录相同。会计分录如下。

```
借：预付账款——紫金公司                     17 800
    贷：银行存款                              17 800
```

第四节 生产过程业务的核算

一、生产过程业务核算的主要内容

生产过程是从投入材料，到生产产品，到产品完工验收入库的过程，是紧接着采购过程而进行的。在这个过程中，劳动者借助于机器设备等劳动资料将劳动对象（原材料）加工成各种各样适销对路的产品，以满足社会的需要。生产过程既是产品的制造过程，又是物化劳动（劳动资料和劳动对象）和活劳动（生产工人和管理生产的人员）的消耗过程，即储备资金、固定资金、货币资金转化为生产资金，生产资金转化为产品资金的过程。

企业为生产产品，需要消耗各种原材料，支付生产工人和生产管理人员的薪酬，发生机器设备、厂房的磨损及支付水电费等其他为生产产品而发生的各种费用。这些耗费称为生产费用，要按一定的标准进行归集和分配，记入所生产产品的成本中。生产费用的发生、归集和分配，完工产品生产成本的计算及完工产品的入库等构成了生产过程核算的基本内容。

产品成本计算的一般步骤如下（在此只做简要概述，具体内容请见第七章）。

（一）合理确定成本计算对象

确定成本计算对象就是要解决什么是成本的问题，成本计算对象是成本的承担者。确定成本计算对象是设置产品成本明细账、分配生产费用和计算产品成本的前提。在生产过程中，生产一种产品，该种产品就是成本计算对象；生产两种产品，这两种产品就是成本计算对象。但在实际工作中，成本计算及其过程又不是这样简单，因为各企业对生产组织和工艺过程及成本管理的要求不同，所确定的成本计算对象不尽相同。确定成本计算对象是企业核算产品成本的主要步骤，生产过程发生的生产费用最终一定要落实到一定数量和一定种类的产品上去。

（二）恰当确定成本计算期

所谓成本计算期，就是多长时间计算一次成本。它主要取决于生产组织的特点和对成本计算的要求。从理论上说，产品成本计算期应该与产品的生产周期相一致。但这种情况只适合于企业的生产过程为一批（件）接一批（件），即第一批（件）完工了再生产第二批（件）的情况。而事实上现代企业的生产大都采用流水线的形式，不是一批接一批地生产，而是不断投产，不断完工，绵延不断，无法分清前后批次。在这种大量生产的情况下，按批计算成本显然是很困难的，这类企业一般以一个月作为一个成本计算期，以便确定产品利润。

（三）确定成本项目

成本项目是生产费用按其经济用途所做的分类，在会计上一般将其称为成本项目。各个产品的成本项目的具体构成内容如下：①直接材料，是指企业在生产产品和提供劳务的过程中所消耗的、直接用于产品生产、构成产品实体的各种原材料、外购半成品及有助于产品形成的辅助材料等；②直接人工，是指企业在生产产品和提供劳务的过程中，直接从事产品生产的工人工资、津贴、福利费等；③制造费用，是指企业在生产产品和提供劳务的过程中发生的各种间接费用，其构成内容比较复杂，包括车间管理人员的工资福利费、折旧费、办公费、水电费、机物料消耗等。

（四）正确归集和分配各种费用

在成本计算对象、成本计算期和成本项目确定之后，就要进行生产费用的归集和分配。按一定成本计算对象归集和分配费用的过程，就是成本计算过程。但是在归集和分配费用时，应遵循直接费用直接记入，间接费用分配记入的原则。如果期末有在产品，对归集到该种产品的生产费用还要在完工产品和在产品之间进行分配。

（五）开设并登记生产成本明细账户，编制成本计算表

按成本计算对象开设的账户称为生产成本明细账户。在成本计算单中计算出产品的总成本和单位成本。根据企业生产工艺流程和成本管理的需要，应该按产品类别和车间开设生产成本明细账。期末，根据各生产成本明细账编制成本计算表，以反映企业各种产品总成本和单位成本及产品成本的构成项目，为企业进行成本分析和评价提供信息和资料。

二、设置和应用的主要账户

（一）"生产成本"账户

"生产成本"账户是用来核算和监督企业为生产产品所发生的各项费用，归集生产成本的直接费用和间接费用，计算确定库存商品的实际生产成本的账户。该账户属于成本类账户。直接材料、直接人工和其他直接支出等直接费用直接记入"生产成本"账户的借方，属于应由产品负担但并不是直接费用的制造费用，经过归集分配之后间接记入"生产成本"账户的借方；对于已经验收入库的完工产品，在计算确定生产成本之后，按其实际成本从"生产成本"账户的贷方转入"库存商品"账户的借方，表示完工产品成本；期末余额在借方，表示生产过程中尚未完工产品的在产品的生产成本。该账户应按产品品种、类别等设置明细账，进行明细分类核算。"生产成本"账户的结构如图 4.30 所示。

借方	生产成本	贷方
为生产产品而发生的各种直接费用 分配记入产品成本的制造费用	完工入库产品的生产成本	
期末余额：在产品的生产成本		

图 4.30 "生产成本"账户

（二）"制造费用"账户

"制造费用"账户是用来核算和监督企业为生产产品而发生的各项间接费用，包括：生产部门管理人员薪酬，机器设备等生产用固定资产的折旧费，车间照明费、水电费、办公费等不能直接记入某种产品成本的间接生产费用。该账户属于成本类账户：企业发生的全部制造费用记入"制造费用"账户的借方；贷方登记期末转入"生产成本"账户的制造费用；本期发生的制造费用总额，期末应按一定的分配标准在各成本对象之间进行分配，一般情况下，该账户期末没有余额。"制造费用"账户的结构如图 4.31 所示。

借方	制造费用	贷方
归集车间范围内发生的各项间接费用	期末分配转入"生产成本"账户的制造费用	

图 4.31 "制造费用"账户

（三）"累计折旧"账户

企业在产品生产过程中，必须使用机器设备、厂房等劳动资料。这些劳动资料作为企业的固定资产，在使用过程中其价值会因有形损耗与无形损耗而逐渐减少。这种价值的减少称为固定资产折旧。因"固定资产"账户反映固定资产原值的增减变动和结存情况，故需设置专门的账户用来反映企业固定资产的折旧情况。"累计折旧"账户就是用来核算和监督企业固定资产累计损耗价值情况的账户。该账户属于资产类账户，且为固定资产的抵减账户：计提固定资产因损耗而减少的价值记入"累计折旧"账户的贷方；因固定资产处置或盘亏而注销的已提折旧额记入"累计折旧"账户的借方；期末余额在贷方，表示截至本期期末已提折旧的累计额。"累计折旧"账户的贷方余额抵减"固定资产"账户的借方余额即为固定资产的净值。"累计折旧"账户的结构如图 4.32 所示。

借方	累计折旧	贷方
固定资产折旧的注销	本期计提的固定资产折旧额	
	期末余额：累计已提的固定资产折旧额	

图 4.32 "累计折旧"账户

（四）"应付职工薪酬"账户

"应付职工薪酬"账户是用来核算和监督企业应付给职工的各种薪酬总额与实际发放情况的账户。职工薪酬包括工资、奖金、津贴、补贴、职工福利、社会保险、住房公积金、工会经费和职工教育经费等。该账户属于负债类账户：本月计算的应付职工薪酬总额，一方面按其经济用途分配记入有关成本、费用账户，另一方面记入"应付职工薪酬"账户的贷方；实际支付职工薪酬时记入"应付职工薪酬"账户的借方；期末余额在贷方，表示应付未付的职工薪酬。该账户应按职工薪酬的类别设置明细账，进行明细分类核算。"应付职工薪酬"账户的结构如图4.33所示。

借方	应付职工薪酬	贷方
实际支付的职工薪酬	本月计算的应付职工薪酬	
	期末余额：应付未付的职工薪酬	

图 4.33 "应付职工薪酬"账户

（五）"库存商品"账户

"库存商品"账户是用来核算和监督企业库存产成品实际成本的增减变动和结存情况的账户。该账户属于资产类账户。对于制造业来讲，库存商品主要是指企业已经完成全部生产过程并已验收入库（合乎标准规格和技术条件），可以作为商品对外销售的产品。制造业企业对生产完工验收入库的库存商品按实际成本记入"库存商品"账户的借方；产品出库时，将发出产品的实际成本记入"库存商品"账户的贷方；期末余额在借方，表示企业各种结存产成品的实际成本。该账户按库存商品的种类、品种和规格设置明细账，进行明细分类核算。"库存商品"账户的结构如图4.34所示。

借方	库存商品	贷方
完工入库产成品的实际成本	结转的已发出产成品的实际成本	
期末余额：结存产品的实际成本		

图 4.34 "库存商品"账户

三、核算举例

【例4.25】金源公司共从仓库领用 A 和 B 两种材料，材料的领用情况如表 4.4 所示。

领料业务流程

表 4.4　　　　　　　　　　　　　发料单

编号：　　　　　　　　　　202×年 1 月 26 日　　　　　　　　　　单位：元

材料用途	A 材料			B 材料		
	数量（千克）	单价（元/千克）	金额	数量（千克）	单价（元/千克）	金额
生产产品直接耗用			150 000			400 000
甲产品	12 500	4	50 000	30 000	4.5	135 000
甲产品	10 000	5	50 000	23 000	5	115 000
乙产品	10 000	5	50 000	30 000	5	150 000

材料用途	A 材料			B 材料		
	数量（千克）	单价（元/千克）	金额	数量（千克）	单价（元/千克）	金额
生产车间修理用				2 120	5	10 600
行政管理部门用				1 000	5	5 000
合计	32 500		150 000	86 120		415 600

分析：这是一笔领用原材料的业务，原材料减少的同时，成本或费用也相应增加。生产产品直接耗用的原材料应增加产品的生产成本，车间生产甲、乙两种产品，修理用原材料属于间接费用，应记入"制造费用"账户，行政管理部门用原材料属于期间费用，应记入"管理费用"账户。会计分录如下。

借：生产成本——甲产品　　　　　　　　　　　　　　　350 000

　　　　　　——乙产品　　　　　　　　　　　　　　　200 000

　　制造费用　　　　　　　　　　　　　　　　　　　　 10 600

　　管理费用　　　　　　　　　　　　　　　　　　　　　5 000

　　贷：原材料——A 材料　　　　　　　　　　　　　　150 000

　　　　　　——B 材料　　　　　　　　　　　　　　　415 600

【例 4.26】计算本月应分配的工资总额为 65 000 元，其中，生产甲产品的工人工资 20 000 元，生产乙产品的工人工资 30 000 元，车间管理人员工资 5 000 元，行政管理人员工资 10 000 元。

分析：这项经济业务的发生，一方面使企业对职工的流动性负债"应付职工薪酬"账户增加了 65 000 元，另一方面，企业的工资费用也增加了 65 000 元，应按照不同的部门记入不同的账户。生产工人的工资是直接成本，应记入"生产成本"账户；车间管理人员的工资属于间接成本，应记入"制造费用"账户；行政管理人员的工资是期间费用，应记入"管理费用"账户。会计分录如下。

借：生产成本——甲产品　　　　　　　　　　　　　　　20 000

　　　　　　——乙产品　　　　　　　　　　　　　　　30 000

　　制造费用　　　　　　　　　　　　　　　　　　　　 5 000

　　管理费用　　　　　　　　　　　　　　　　　　　　10 000

　　贷：应付职工薪酬　　　　　　　　　　　　　　　　65 000

发放工资时，借记"应付职工薪酬"账户，贷记"银行存款"账户。

【例 4.27】公司以银行存款支付职工福利费，其中，生产工人的福利费 7 000 元（甲产品生产工人 2 800 元，乙产品生产工人 4 200 元），车间管理人员的福利费 700 元，行政管理人员福利费 1 400 元。

分析：职工福利费是指企业向职工提供的生活困难补助、丧葬补助费、抚恤费、职工异地安家费、防暑降温费等职工福利支出。企业发生的职工福利费，应当在实际发生时根据实际发生额记入当期损益或相关资产成本。

（1）支付福利费

借：应付职工薪酬　　　　　　　　　　　　　　　　　　9 100

　　贷：银行存款　　　　　　　　　　　　　　　　　　9 100

（2）列支福利费

借：生产成本——甲产品 2 800
　　　　——乙产品 4 200
　　制造费用 700
　　管理费用 1 400
　　贷：应付职工薪酬 9 100

【例4.28】公司计提本月固定资产折旧，假定生产用固定资产每月计提折旧3 700元，企业管理部门用固定资产每月计提折旧5 000元。

分析：如前所述，固定资产价值是在使用过程中逐期转入成本和费用的。按照使用部门的不同，提取折旧时应分别记入不同的账户。生产使用的固定资产折旧在制造费用账户列支，管理部门使用的固定资产折旧在管理费用账户列支，同时增加累计折旧。会计分录如下。

借：制造费用 3 700
　　管理费用 5 000
　　贷：累计折旧 8 700

【例4.29】月末对无形资产进行摊销。假定金源公司仅有一项专利无形资产，价值72 000元，应在3年内摊销完毕，则本月应摊销的无形资产价值2 000元。

分析：无形资产属于企业的长期资产，其价值随着无形资产的使用过程逐期转入费用，摊销无形资产价值时，一方面增加管理费用，另一方面增加累计摊销。会计分录如下。

借：管理费用 2 000
　　贷：累计摊销 2 000

【例4.30】月末按照生产工人工资总额将制造费用分配记入产品成本。

分析：制造费用作为生产成本的一部分，最终应由产品成本负担，从而构成产品成本的一个重要部分。但是制造费用与其他构成产品成本的直接费用又不完全相同，原因在于，制造费用属于为生产产品而发生的间接费用，即在车间生产两种或两种以上产品时，为生产产品而发生的一些费用无法分清产品成本对象，发生时先在"制造费用"账户归集，期末时再按一定标准分配记入各种产品的生产成本。制造费用的分配标准有多种，一般可按照产品生产工时、生产工人工资总额或机器工作小时等进行分配，其分配步骤如下。

第一步，确定制造费用分配标准（按生产工人工资或产品生产工时）。

第二步，计算制造费用分配率：

制造费用分配率＝制造费用总和／生产工人工资总额（或产品生产工时）

第三步，确定某种产品生产成本应负担的制造费用：

某种产品生产成本应负担的制造费用＝该生产工人工资总额（或产品生产工时）×制造费用分配率

本题是按生产工人的工资总额进行分配的，计算如下。

本月制造费用发生额＝10 600＋5 000＋700＋3 700＝20 000（元）

分配率＝20 000/（20 000＋30 000）＝0.4

甲产品生产成本负担的制造费用＝20 000×0.4＝8 000（元）

乙产品生产成本负担的制造费用＝30 000×0.4＝12 000（元）

据此编制制造费用分配表，如表4.5所示。

表4.5 制造费用分配表

产品名称	分配标准（元） （生产工人工资）	分配率	分配金额（元）
甲产品	20 000	0.4	8 000
乙产品	30 000	0.4	12 000
合计	50 000		20 000

会计分录如下。

借：生产成本——甲产品　　　　　　　　　　　　　　　8 000

　　　　　　——乙产品　　　　　　　　　　　　　　12 000

　　贷：制造费用　　　　　　　　　　　　　　　　　　　　20 000

【例4.31】月末甲产品完工3 000件，乙产品完工2 000件，甲产品的完工产品成本占成本总额的60%；乙产品的完工产品成本占其成本总额的70%，结转完工产品的成本。假定期初没有在产品。

通过上述各项成本的归集和分配，本期"生产成本"账户的借方发生额并非完工产品的成本，而是本期发生的生产成本。要计算完工产品的成本，应将本月的生产成本加上期初在产品成本，减去月末在产品成本，以求得本期完工产品成本，其计算公式如下。

期初在产品成本+本期生产费用＝本期完工产品成本＋期末在产品成本

月末完工产品成本应结转至"库存商品"账户。如果月初有在产品，其成本在生产成本账户反映，与本月发生的生产成本合计为生产费用总额，应在月末在产品和完工产品之间按照一定的方法进行分配。本题结转成本的计算如下。

甲产品成本结转数额＝（350 000＋20 000＋2 800＋8 000）×60%＝228 480（元）

乙产品成本结转数额＝（200 000＋30 000＋4 200＋12 000）×70%＝172 340（元）

则甲、乙产品的单位成本如下。

甲产品单位成本=228 480÷3 000 =76.16（元/件）

乙产品单位成本=172 340÷2 000 =86.17（元/件）

会计分录如下。

借：库存商品——甲产品　　　　　　　　　　　　　228 480

　　　　　　　——乙产品　　　　　　　　　　　　　172 340

　　贷：生产成本——甲产品　　　　　　　　　　　　　　228 480

　　　　　　　　——乙产品　　　　　　　　　　　　　　172 340

第五节

销售过程业务的核算

一、销售业务核算的主要内容

企业经过产品生产过程，生产出符合要求、可供对外销售的产品，形成了商品存货，接下来就要进入销售过程。销售过程就是从生产过程制造完成的产品验收入库开始起，到销售给购买方为止的过程。通过销售过程，企业将生产出来的产品销售出去，实现产品的价值和使用价值。企业在销售产品过程中，一方面将所制造的产成品及时销售出去，按产品的销售价格向购买方办理结算，收回销货款，取得商品销售收入；另一方面必须付出相应数量的产品，因此还要结转产品的销售成本。此外，企业为了推销产品还要发生包装费、装卸费、运输费、广告费等必要销售费用，还应按国家税法规定的税率和实现的销售收入计算产品销售税费。企业销售商品取得的收入，扣除因销售商品而应结转的商品实际成本，推销商品所发生的销售费用以及应计算的各种税费，即为企业销售商品的财务成果（利润或亏损）。

销售业务流程

企业在销售过程中除了发生销售商品、自制半成品及提供工业性劳务等主营业务外，还可能发生一些其他业务，如销售材料、出租设备等，所以本节除了介绍主营业务收支外，还介绍其他业务收支的核算。

二、设置和应用的主要账户

（一）"主营业务收入"账户

"主营业务收入"账户是用来核算和监督企业在销售商品、提供劳务等日常活动中所产生的收入及收入结转情况的账户。该账户属于损益类账户。企业销售产品实现的主营业务收入记入"主营业务收入"账户的贷方，将增值税专用发票上注明的增值税税额记入"应交税费——应交增值税"账户的贷方；期末将"主营业务收入"账户的余额转入"本年利润"账户，结转后该账户无余额。该账户应按主营业务的种类设置明细账，进行明细分类核算。"主营业务收入"账户的结构如图 4.35 所示。

借方	主营业务收入	贷方
期末转入"本年利润"账户的主营业务收入	实现的主营业务收入	

图 4.35 "主营业务收入"账户

（二）"其他业务收入"账户

"其他业务收入"账户是用来核算和监督企业除主营业务活动以外的其他经营活动实现的收入及收入结转情况的账户，其他经营活动包括出租固定资产、出租无形资产、出租包装物和销售材料等活动。该账户属于损益类账户。企业实现的其他业务收入记入"其他业务收入"账户的贷方，将增值税专用发票上注明的增值税税额记入"应交税费——应交增值税"账户的贷方；期末将"其他业务收入"账户的余额转入"本年利润"账户，结转后该账户无余额。该账户应按其他业务的种类设置明细账，进行明细分类核算。"其他业务收入"账户的结构如图 4.36 所示。

（三）"主营业务成本"账户

"主营业务成本"账户是用来核算和监督企业因销售商品、提供劳务等日常活动而发生的实际成本及成本结转情况的账户。该账户属于损益类账户：企业将本月销售商品、提供劳务等的实际成本记入"主营业务成本"账户的借方；期末将"主营业务成本"账户的余额转入"本年利润"账户，结转后该账户无余额。该账户应按主营业务的种类设置明细账，进行明细分类核算。"主营业务成本"账户的结构如图 4.37 所示。

借方	其他业务收入	贷方
期末转入"本年利润"账户的其他业务收入	实现的其他业务收入	

图 4.36 "其他业务收入"账户

借方	主营业务成本	贷方
发生的主营业务成本	期末转入"本年利润"账户的主营业务成本	

图 4.37 "主营业务成本"账户

（四）"其他业务成本"账户

"其他业务成本"账户是用来核算和监督企业除主营业务以外的其他业务成本的发生及结转情况的账户。该账户属于损益类账户。企业在实现其他业务收入的同时，往往还要发生一些其他业务支出，即与其他业务收入有关的成本和费用，包括销售材料的成本、出租固定资产的折旧额、出租无形资产的摊销额、出租包装物的成本或摊销额等。企业发生的其他业务成本记入"其他业务成本"账户的借方；期末将"其他业务成本"账户的余额转入"本年利润"账户，结转后该账户无余额。该账户按其他业务的种类设置明细账，进行明细分类核算。"其他业务成本"账户的结构如图 4.38 所示。

借方	其他业务成本	贷方
发生的其他业务成本	期末转入"本年利润"账户的其他业务成本	

图 4.38 "其他业务成本"账户

（五）"税金及附加"账户

"税金及附加"账户是用来核算企业经营活动发生的消费税、城市维护建设税、资源税、教育费附加及房产税、土地使用税、车船使用税、印花税等相关税费的账户。该账户属于损益类账户。企业按照有关的计税依据计算出的各种税金及附加记入"税金及附加"账户的借方；期末将"税金及附加"账户的余额转入"本年利润"账户，结转后该账户无余额。"税金及附加"账户的结构如图 4.39 所示。

借方	税金及附加	贷方
应缴纳的税金及附加	期末转入"本年利润"账户的税金及附加	

图 4.39 "税金及附加"账户

（六）"销售费用"账户

"销售费用"账户是用来核算和监督企业销售商品和材料、提供劳务过程中所发生的费用及结转情况的账户。该账户属于损益类账户。销售费用主要包括销售过程中发生的运输费、包装费、保险费、展览费、广告费等费用，以及为销售本企业商品而专设的销售机构的职工薪酬、业务费、折旧费等经营费用。企业发生的各项销售费用记入"销售费用"账户的借方；期末将"销售费用"账户的余额转入"本年利润"账户，结转后该账户无余额。该账户应按销售费用项目设置明细账，进行明细分类核算。"销售费用"账户的结构如图 4.40 所示。

借方	销售费用	贷方
发生的各项销售费用	期末转入"本年利润"账户的数额	

图 4.40 "销售费用"账户

（七）"应收账款"账户

"应收账款"账户是用来核算和监督企业因销售商品、提供劳务等应向购货单位或接受劳务单位收取款项的结算情况的账户。该账户属于资产类账户。企业发生应收账款，以及代购货单位垫付包装费、运杂费等费用时记入"应收账款"账户的借方；实际收回应收账款时记入"应收账款"账户的贷方；期末余额一般在借方，表示企业尚未收回的应收账款；若期末余额在贷方，则表示预收的账款。该账户应按不同的购货单位和接受劳务单位设置明细账，进行明细分类核算。"应收账款"账户的结构如图 4.41 所示。

借方	应收账款	贷方
发生的应收账款	收回的应收账款	
期末余额：尚未收回的应收账款		

图 4.41 "应收账款"账户

（八）"合同负债"账户

"合同负债"是指企业因已收客户合同对价而应向客户转让商品的义务。该账户属于负债类账户。企业向购货单位预收订货款和购货单位补付货款时记入"合同负债"账户的贷方；企业向客户转让相关商品时，按实现的收入和应缴的增值税销项税额记入"合同负债"账户的借方；期末余额在贷方，反映企业在向客户转让商品之前，已经收到的合同对价或已经取得的无条件收取合同对价权利的金额，即预收款的告余。该账户应按购货单位设置明细账，进行明细分类核算。"合同负债"账户的结构如图 4.42 所示。

借方	合同负债	贷方
预收货款的减少	预收货款的增加	
	期末余额：预收款的结余	

图 4.42 "合同负债"账户

三、核算举例

【例 4.32】金源公司销售给千润公司甲产品 2 500 件，售价为每件 300 元，价款为 750 000 元，给对方开具的增值税专用发票上注明税额为 97 500 元，千润公司以银行存款支付了 47 500 元，剩余款项出具了一张 6 个月到期的银行承兑汇票。

分析：这是一项销售业务，商品已经发出，客户取得商品控制权，确认主营业务收入的同时，计算增值税销项税额。

金源公司向购货方收取的款项共计 847 500 元，包括销货款和增值税税款两部分。其中，47 500 元以银行存款形式收回，其余 800 000 元以商业汇票的方式结算，应记入"应收票据"账户。会计分录如下。

借：银行存款 47 500
　　应收票据 800 000
　贷：主营业务收入 750 000
　　　应交税费——应交增值税（销项税额） 97 500

【例 4.33】金源公司按照合同规定预收宏达公司购买乙产品的货款 320 000 元，存入银行。

分析：企业只有在客户取得相关商品控制权时才能确认收入，此时由于还没有向对方发出商品，销售没有真正实现，不能确认收入。因此，这是一项资产和负债同时增加的业务，会计分录如下。

借：银行存款 320 000
　贷：合同负债——宏达 320 000

【例 4.34】向宏达公司发出乙产品 800 件，单价为 500 元，并以银行存款代垫运费 32 000 元，增值税专用发票上注明增值税销项税额为 52 000 元。

分析：预收账业务只有企业在客户取得相关商品控制权时才能确认收入，计算销项税额，同时应向购货企业收回代垫的运费，三者合计数即为合同负债的借方发生额。会计分录如下。

借：合同负债——宏达 484 000
　贷：主营业务收入 400 000
　　　应交税费——应交增值税（销项税额） 52 000
　　　银行存款 32 000

【例4.35】收到宏达公司补付的账款 164 000 元。

分析：收到补付的账款时的会计分录和收到预付款时的会计分录是一样的，至此购销双方的债权债务已经结清。会计分录如下。

借：银行存款   164 000

  贷：合同负债——宏达   164 000

【例4.36】销售 C 材料 1 000 千克给绿泽公司，价款为 100 000 元，增值税专用发票上注明增值税税额为 13 000 元，款项未收。

分析：这是一项材料销售业务，购入的材料虽然没有被生产领用，但销售后也实现了增值，应当缴纳增值税。因此，在确认应收取的货款时，企业也要向对方收取增值税销项税额。会计分录如下。

借：应收账款——绿泽   113 000

  贷：其他业务收入   100 000

    应交税费——应交增值税（销项税额）   13 000

【例4.37】结转已销材料的成本 40 000 元。

分析：与其他业务收入相配比，应随之结转其成本费用。材料成本原在"原材料"账户核算，销售后应转入"其他业务成本"账户。会计分录如下。

借：其他业务成本   40 000

  贷：原材料——C 材料   40 000

【例4.38】以银行存款 60 000 元支付产品广告费。

分析：广告费用与产品销售有关，应记入"销售费用"账户。会计分录如下。

借：销售费用   60 000

  贷：银行存款   60 000

【例4.39】月末结转本月销售产品的成本。

分析：产品销售后已经不属于库存商品，其成本应从"库存商品"账户转出，记入"主营业务成本"账户的借方，表示和收入相配比的费用增加。从理论上讲，按照配比原则，主营业务成本应在收入确认的同时进行结转。但是在实际工作中，为了简化会计处理工作，对于已经售出的产品销售成本，往往于月末汇总，一次性结转。从前述业务处理可知（见【例4.31】），金源公司发出的库存商品中，甲产品的单位成本为 76.16 元，乙产品的单位成本为 86.17 元。本月销售甲、乙两种产品的成本计算如下。

主营业务成本=76.16×2 500+86.17×800=259 336（元）

会计分录如下。

借：主营业务成本   259 336

  贷：库存商品——甲产品   190 400

      ——乙产品   68 936

【例4.40】计提本月应交城市维护建设税和教育费附加，分别按增值税的 7%和 3%计算。

分析：城市维护建设税和教育费附加是以消费税和增值税之和为基数计算的，本企业不涉及消费税，因此，只以应交增值税为基数计算。企业应交的城市维护建设税及教育费附加应记入"税金及附加"账户，作为费用的增加，同时贷记"应交税费"账户。本月税金及附加的计算如下。

税金及附加=应交增值税（销项税额-进项税额）×（7%+3%）

                     =[（97 500+52 000+13 000）-（26 000+13 000+6 500+17 160+74 880+7 800）]×10%

                     =17 160×10%=1 716（元）

本月应交城市维护建设税=应交增值税×5%=17 160×7%=1 201.2（元）

本月应交的教育费附加=应交增值税额×3%=17 160×3%=514.8（元）

会计分录如下。

借：税金及附加   1 716

    贷：应交税费——应交城市维护建设税   1 201.2

              ——应交教育费附加   514.8

第六节 财务成果形成及分配业务的核算

一、财务成果形成的核算

（一）核算的主要内容

财务成果是指企业在一定会计期间所实现的最终经营成果，也就是企业所实现的利润或亏损。利润是企业在一定会计期间的经营成果，它是反映企业一定时期获利能力的综合性指标，表现为盈利或亏损。确认和计量利润，是以企业生产经营过程中所取得收入和所发生费用的确认和计量为基础的，同时还应将由于对外投资而产生的投资收益或投资损失，以及与生产经营活动没有直接关系的收益和支出等包括在内。利润包括营业利润、利润总额和利润净额3个层次。

1. 营业利润

营业利润的基本计算公式如下。

营业利润=营业收入-营业成本-税金及附加-销售费用-管理费用-财务费用

其中：

营业收入=主营业务收入+其他业务收入

营业成本=主营业务成本+其他业务成本

（1）管理费用，是指企业为组织和管理企业的经营活动而发生的各种费用，包括企业管理部门及管理人员薪酬方面的费用，如公司经费（企业管理人员薪酬、差旅费、办公费、折旧费、修理费、低值易耗品摊销等）、工会经费、职工教育经费等；用于企业直接管理之外的费用，如董事会费、咨询费、聘请中介机构费用、诉讼费、业务招待费等；提供生产技术条件的费用，如研究费用、无形资产摊销等。

（2）财务费用，是指在筹集生产经营活动所需资金和使用资金而发生的费用，包括生产经营期间发生的不应记入固定资产价值的利息支出（减利息收入）、金融机构手续费、汇兑损失（减汇兑收益）等。

2. 利润总额

利润总额的计算公式如下。

$$利润总额=营业利润+营业外收入-营业外支出$$

（1）营业外收入，是指企业取得的与经营活动没有直接关系的各种收入，主要包括与企业日常活动无关的政府补助、盘盈利得、捐赠利得等。营业外收入的取得并不需要耗费企业的经营资金，因此，与经营成本或费用之间并不存在配比关系。在会计处理上，应将营业外收入作为利润总额的组成部分，于实际发生时，直接增加利润总额。

（2）营业外支出，是指企业发生的与经营活动没有直接关系的各种支出，主要包括公益性捐赠支出、非常损失、盘亏损失、非流动资产毁损报废损失等。企业发生营业外支出时，没有获得与之相对应的收入。因此，发生营业外支出时，直接冲减企业的利润。

3．利润净额

利润净额的计算公式如下。

$$利润净额=利润总额-所得税费用$$

（1）所得税费用是指企业按照国家税法的有关规定，对企业某一经营年度实现的经营所得和其他所得，按照规定的所得税税率计算缴纳的一种税款。

（2）企业应纳所得税是根据应纳税所得额的一定比例计算的，应纳税所得额是在企业税前会计利润即利润总额的基础上调整确定的。

需要说明的是，企业在计算应缴纳的所得税时，要以税法规定的应纳税所得额为依据。税前会计利润是按照会计准则的规定将确认的收入和费用进行比较计算得出的利润总额，应纳税所得额是根据税法规定的收入和准予扣除的费用进行比较而计算得出的。由于会计准则和税法遵循的原则和方法不同，导致在确认收入和费用上存在一些差异，从而使税前会计利润与应纳税所得额可能不一致。当然，在绝大多数项目上，会计准则与税法是一致的。在学习会计学基础时，通常假定会计税前利润与应纳税所得额之间不存在差异。

（二）设置和应用的主要账户

1．"管理费用"账户

"管理费用"账户是用来核算和监督企业组织和管理经营活动而发生的费用及结转情况的账户。该账户属于损益类账户。企业发生各项管理费用时记入"管理费用"账户的借方；期末将"管理费用"账户的余额转入"本年利润"账户，结转后该账户无余额。该账户应按费用项目设置明细账，进行明细分类核算。"管理费用"账户的结构如图4.43所示。

借方	管理费用	贷方
发生的各项管理费用	期末转入"本年利润"账户的管理费用	

图4.43 "管理费用"账户

2．"投资收益"账户

企业除了从事生产经营活动以外，还会利用闲散资金或有计划地投资一些金融工具，如股票、债券等。"投资收益"账户是用来核算和监督企业对外投资所获得收益的实现或损失的发生及其结转情况的账户。该账户属于损益类账户。企业投资获得的收益记入"投资收益"账户的贷方；投资发生的损失记入"投资收益"账户的借方；期末将"投资收益"账户的余额转入"本年利润"账户，结转后该账户无余额。该账户应按投资的种类设置明细账，进行明细分类核算。"投资收益"账户的结构如图 4.44 所示。

借方	投资收益	贷方
发生的投资损失	实现的投资收益	
期末转入"本年利润"账户的投资净收益	期末转入"本年利润"账户的投资净损失	

图 4.44 "投资收益"账户

3. "营业外收入"账户

"营业外收入"账户是用来核算和监督企业发生的与生产经营活动无直接关系的各项利得的取得和结转情况的账户。该账户属于损益类账户。企业取得的营业外收入记入"营业外收入"账户的贷方；期末将"营业外收入"账户的余额转入"本年利润"账户，结转后该账户无余额。该账户应按利得项目设置明细账，进行明细分类核算。"营业外收入"账户的结构如图 4.45 所示。

借方	营业外收入	贷方
期末转入"本年利润"账户的营业外收入	发生的各项营业外收入	

图 4.45 "营业外收入"账户

4. "营业外支出"账户

"营业外支出"账户是用来核算和监督企业发生的与生产经营活动无直接关系的各项损失及结转情况的账户。该账户属于损益类账户。企业发生的营业外支出记入"营业外支出"账户的借方；期末将"营业外支出"账户的余额转入"本年利润"账户，结转后该账户无余额。该账户应按损失项目设置明细账，进行明细分类核算。"营业外支出"账户的结构如图 4.46 所示。

借方	营业外支出	贷方
发生的各项营业外支出	期末转入"本年利润"账户的营业外支出	

图 4.46 "营业外支出"账户

5. "所得税费用"账户

"所得税费用"账户是用来核算和监督企业按照有关规定应在当期损益中扣除的所得税费

用的计算及结转情况的账户。该账户属于损益类账户。按规定计算的所得税费用记入"所得税费用"账户的借方；期末将"所得税费用"账户的余额转入"本年利润"账户，结转后本账户无余额。"所得税费用"账户的结构如图 4.47 所示。

借方	所得税费用	贷方
计算出的所得税费用	期末转入"本年利润"账户的所得税费用	

图 4.47 "所得税费用"账户

6. "本年利润"账户

"本年利润"账户是用来核算和监督企业实现的利润净额（或发生的亏损）情况的账户。该账户属于所有者权益类账户。期末结转利润时，应将"主营业务收入""其他业务收入""投资收益""营业外收入"等账户的发生额转入"本年利润"账户的贷方；将"主营业务成本""其他业务成本""税金及附加""管理费用""销售费用""财务费用""营业外支出""所得税费用"等账户的发生额转入"本年利润"账户的借方。

年末将"本年利润"账户贷方的全年各项收入与借方的全年各项费用相抵后计算出本年实现的利润净额，并将本年实现的利润净额转入"利润分配"账户。结转时，借记"本年利润"账户，贷记"利润分配——未分配利润"账户；如果亏损，编制相反的会计分录，年末结转后"本年利润"账户无余额。"本年利润"账户的结构如图 4.48 所示。

借方	本年利润	贷方
从有关费用账户转入的： 　主营业务成本 　其他业务成本 　税金及附加 　销售费用 　管理费用 　财务费用 　营业外支出 　所得税费用	从有关收入账户转入的： 　主营业务收入 　其他业务收入 　投资收益 　营业外收入	
期末余额：累计发生的亏损	期末余额：累计实现的利润净额	

图 4.48 "本年利润"账户

7. "其他应收款"账户

"其他应收款"账户是用来核算和监督企业除应收票据、应收账款、预付账款等以外的其他各种应收、暂付款项情况的账户。该账户属于资产类账户，其核算内容主要包括不设置"备用金"科目的企业拨出的备用金、应收的各种赔款和罚款，应向职工收取的各种垫付款项等。企业发生的各种其他应收款记入"其他应收款"账户的借方；收回的其他应收款记入"其他应收款"账户的贷方；期末余额在借方，表示尚未收回的其他应收款。该账户应按其他应收款的项目分类，并按照不同的债务人设置明细账，进行明细分类核算。"其他应收款"账户的结构如图4.49所示。

借方	其他应收款	贷方
发生的各种其他应收款	收回的其他应收款	
期末余额：尚未收回的其他应收款		

图4.49　"其他应收款"账户

（三）核算举例

下面仍以金源公司的业务为例（延续本章【例 4.15】～【例 4.40】）进行相关业务的处理和经营成果的计算和分配。

【例 4.41】税务部门查账，查出不符合法规的票据，罚款 10 000 元，以现金支票支付。

分析：罚没支出与企业的经营无关，应记入"营业外支出"账户。会计分录如下。

借：营业外支出　　　　　　　　　　　　　　　　　　　　10 000
　　贷：银行存款　　　　　　　　　　　　　　　　　　　　　10 000

【例 4.42】将确实无法支付的应付账款 30 000 元按照规定处理。

分析：确实无法支付的应付账款，应记入"营业外收入"账户。会计分录如下。

借：应付账款　　　　　　　　　　　　　　　　　　　　　30 000
　　贷：营业外收入　　　　　　　　　　　　　　　　　　　　30 000

【例 4.43】月末结转所有损益类账户的收入项目。

分析：在月末计算利润时应将所有损益类账户的收入项目全部结转到"本年利润"账户的贷方。会计分录如下。

借：主营业务收入　　　　　　　　　　　　　　　　　　1 150 000
　　其他业务收入　　　　　　　　　　　　　　　　　　　 100 000
　　营业外收入　　　　　　　　　　　　　　　　　　　　 30 000
　　贷：本年利润　　　　　　　　　　　　　　　　　　　1 280 000

【例 4.44】月末结转所有损益类账户的费用项目。

分析：月末应把所有损益类账户的费用项目全部结转到"本年利润"的借方，在"本年利润"账户中，贷方发生额是由收入账户转来的，借方发生额是由费用账户转来的，借贷相抵后的差额即为本月的利润或亏损。若贷方发生额大于借方发生额，即为利润，反之则为亏损。企业每月都必须在"本年利润"账户确定本月实现的利润或发生的亏损，账户余额为本年年度累计盈利或累计亏损。本例题会计分录如下。

借：本年利润　　　　　　　　　　　　　　　　　　　　 394 452
　　贷：主营业务成本　　　　　　　　　　　　　　　　　 259 336
　　　　其他业务成本　　　　　　　　　　　　　　　　　　40 000

税金及附加	1 716
管理费用	23 400
销售费用	60 000
营业外支出	10 000

【例4.45】假定本月没有纳税调整事项，计提本月应交所得税，企业所得税税率为25%。

企业所得税是根据企业所得额征收的，包括销售货物所得、提供劳务所得、转让财产所得等。这里的所得是根据税收法规规定的收入和准予扣除的费用计算出来的企业纳税所得，与按照会计准则的要求计算出来的税前会计利润不完全一致。计算公式如下。

应纳税所得额＝税前会计利润＋纳税调整增加额－纳税调整减少额

纳税调整增加额主要包括税法规定允许扣除项目中，企业已经记入当期费用但超过税法规定扣除标准的金额（如超过税法规定标准的广告费支出、业务招待费支出），以及企业已记入当期损失，但税法规定不允许扣除项目的金额（如税收滞纳金、行政罚款等）。

纳税调整减少额主要包括按税法规定允许弥补的亏损和准予免税的项目，如五年内弥补完的亏损、国债利息收入等。由于纳税调整项目的内容繁多，在本书中为了简化处理，均假定没有纳税调整事项，所以会计利润就等于应纳税所得额。

本例计算所得税如下。

营业利润=1 150 000+100 000－259 336－40 000－1 716－23 400－60 000

　　　　　=865 548（元）

利润总额=865 548+30 000－10 000=885 548（元）

应交所得税税额=885 548×25%=221 387（元）

会计分录如下。

借：所得税费用　　　　　　　　　　　　　　　　　　　　221 387

　　贷：应交税费——应交所得税　　　　　　　　　　　　　221 387

"所得税费用"也属于损益类账户的费用项目，期末也应转到"本年利润"账户中，以计算税后利润。结转的会计分录如下。

借：本年利润　　　　　　　　　　　　　　　　　　　　　221 387

　　贷：所得税费用　　　　　　　　　　　　　　　　　　　221 387

二、财务成果分配的核算

（一）核算的主要内容

企业每年实现的利润净额，要按法律规定、公司章程及股东大会决议进行分配：一部分以盈余公积的形式留存企业，作为企业扩大生产经营的资金；一部分以利润的形式分配给投资者，作为投资者的投资回报；其余部分以未分配利润的形式保留在账面上，作为增强企业抵御风险能力的资金。

上市公司分红

企业当期实现的净利润，首先用于弥补以前年度亏损，然后按以下顺序进行分配。

（1）提取法定盈余公积。法定盈余公积应按照本年实现净利润的一定比例提取，《公司法》规定公司制企业按净利润的10%提取；其他企业也可按照超过10%的比例提取。企业提取的法定盈余公积累计超过注册资本的50%以上时，可以不再提取。

（2）提取任意盈余公积。任意盈余公积一般按照股东大会决议提取。

（3）向投资者分配利润或股利。本年净利润扣除上述项目后加上年初未分配利润和其他转入（盈余公积弥补亏损等），为可供投资者分配的利润，用于支付优先股股利、支付普通股股利等，剩余部分即可供投资者分配的利润减去优先股股利、普通股股利称为未分配利润。企业对于未分配利润的使用相较盈余公积、资本公积等拥有较大的自主权。

（二）设置和应用的主要账户

1. "利润分配"账户

"利润分配"账户是用来核算和监督企业一定时期内利润净额的分配（或亏损的弥补）以及历年结存的未分配利润（或未弥补亏损）情况的账户。该账户属于所有者权益类账户。本期利润的分配，包括按规定提取盈余公积、分配给投资者股利或利润等及年末从"本年利润"账户转入的全年累计亏损额记入"利润分配"账户的借方；企业亏损的弥补及年末从"本年利润"账户转入的全年累计实现的利润净额记入"利润分配"账户的贷方。年末余额如果在贷方，表示未分配利润额；如果余额在借方，表示未弥补亏损额。该账户按利润分配的具体项目，一般应设置"盈余公积补亏""提取法定盈余公积""提取任意盈余公积""应付利润""未分配利润"等明细科目，进行明细分类核算。年末，应将"利润分配"账户下其他明细账户的余额转入"未分配利润"明细账户，经过结转后，除"未分配利润"明细账户有余额外，"利润分配"的其他明细账户均无余额。"利润分配"账户的结构如图 4.50 所示。

借方	利润分配	贷方
实际分配的利润额（提取法定盈余公积等） 年末从"本年利润"账户转入的亏损	弥补的亏损数 年末从"本年利润"账户转入的全部净利润	
期末余额：未弥补亏损额	期末余额：未分配利润额	

图 4.50　"利润分配"账户

2. "盈余公积"账户

"盈余公积"账户是用来核算和监督企业从利润净额中提取的盈余公积的增减变动和结存情况的账户。该账户属于所有者权益类账户。年末提取的盈余公积记入"盈余公积"账户的贷方；因转增资本、弥补亏损等而使用的盈余公积记入"盈余公积"账户的借方；期末余额在贷方，表示结余的盈余公积。该账户应按盈余公积的种类设置明细账，进行明细分类核算。"盈余公积"账户的结构如图 4.51 所示。

借方	盈余公积	贷方
实际使用的盈余公积	年末提取的盈余公积	
	期末余额：结余的盈余公积	

图 4.51　"盈余公积"账户

3. "应付股利"账户

"应付股利"账户是用来核算和监督企业经董事会或股东大会确定分配的现金股利的增减变动及结余情况的账户。该账户属于负债类账户。企业计算出的应付投资者股利记入"应付股利"账户的贷方；实际支付的投资者股利记入"应付股利"账户的借方；期末余额在贷方，表示尚未支付给投资者的股利。"应付股利"账户的结构如图 4.52 所示。

借方	应付股利	贷方
实际支付的股利	计算出的应支付给投资者的股利	
	期末余额：尚未支付的股利	

图 4.52 "应付股利"账户

（三）核算举例

【例 4.46】经计算，金源公司"本年利润"账户的贷方余额（即净利润）为 664 161 元，年末结转"本年利润"账户。

分析：每年年末，企业都应将"本年利润"账户的余额全部结转到"利润分配——未分配利润"账户中进行利润分配或弥补亏损。"本年利润"若为贷方余额，应从借方结转；若为借方余额，则从贷方结转；结转后无余额。会计分录如下。

借：本年利润 664 161

贷：利润分配——未分配利润 664 161

【例 4.47】年末，金源公司召开董事会，决定对本年度利润进行分配。假定该月利润即为全年实现净利润，经计算净利润金额为 664 161 元，分配方案如下：按净利润的 10% 提取法定盈余公积，向投资者分配 20% 利润，剩余利润留待以后年度分配。

分析：提取法定盈余公积应增加企业"盈余公积"账户的余额，向投资者分配的利润形成对投资者的负债，在"应付股利"账户核算；企业对利润进行分配从"利润分配"明细账户的借方结转。会计分录如下。

借：利润分配——提取法定盈余公积 66 416.1

　　　　——应付现金股利 132 832.2

贷：盈余公积 66 416.1

应付股利 132 832.2

【例 4.48】结转利润分配明细账户。

分析：在分配完利润以后，企业应把"利润分配"其他明细账户的余额全部转入"未分配利润"明细账户，结转后只有"未分配利润"明细账户有余额。会计分录如下。

借：利润分配——未分配利润 199 248.3

贷：利润分配——提取法定盈余公积 66 416.1

　　　　——应付现金股利 132 832.2

思考与练习

一、选择题

1. [单选]某企业"短期借款"账户期初贷方余额为 10 000 元，本期贷方发生额为 8 000 元，本期借方发生额为 9 000 元，则该账户的期末余额为（　　　）。

    A. 11 000 元　　　　B. 9 000 元　　　　C. 27 000 元　　　　D. 7 000 元

2. [单选]下列经济业务会增加资产总额的是（　　　）。

    A. 购买原材料，款项未付　　　　　　B. 购买原材料，款项已付

    C. 从银行提取现金　　　　　　　　　D. 用银行存款偿还应付账款

3. [多选题]经济业务的发生不可能导致（　　　）。

    A. 一项资产增加，一项负债减少　　　B. 一项资产增加，一项所有者权益减少

    C. 一项负债增加，一项所有者权益增加　D. 一项负债增加，一项所有者权益减少

4. [多选题]在借贷记账法下，记账符号"借"表示增加的有（　　　）。

    A. 资产　　　　　B. 负债　　　　　C. 费用　　　　　D. 成本

5. [多选题]下列经济业务中，（　　　）会引起会计基本等式两边同时发生增减变动。

    A. 购进材料尚未付款　　　　　　　　B. 从银行提取现金

    C. 向银行借款并存入银行　　　　　　D. 投资者追加投资

二、业务题

1. 某公司 3 月部分账户资料如表 4.6 所示。

表 4.6　　　　　　　　　　　　　某公司 3 月部分账户资料

账户名称	期初余额	本期借方发生额	本期贷方发生额	期末余额
银行存款	100 000	150 000	110 000	
应收账款		5 000	23 000	14 000
应付账款	30 000	8 000		50 000
固定资产	3 000 000		500 000	3 300 000
预付账款	30 000		17 000	20 000
应付账款		200 000	130 000	80 000
实收资本	6 000 000	0		6 500 000

要求：根据各类账户的结构。计算并将表 4.6 填写完整。

2. 某公司 202×年 6 月初有关总分类账户的余额如表 4.7 所示。

表 4.7　　　　　　　　　　　　　总分类账户余额

账户名称	金额	账户名称	金额
库存现金	9 800	短期借款	255 000
银行存款	256 000	应付账款	116 900
交易性金融资产	50 000	应付职工薪酬	67 000

续表

账户名称	金额	账户名称	金额
应收账款	85 200	实收资本	400 000
原材料	189 000	本年利润	61 100
固定资产	480 000	未分配利润	170 000
合计	1 070 000	合计	1 070 000

该公司 6 月发生以下经济业务。

（1）从银行提取现金 67 000 元。

（2）收到客户上月的欠款 50 000 元，存入银行。

（3）赊购原材料一批，金额 35 000 元。

（4）用银行存款支付本月房租费 39 800 元。

（5）计提本月工人工资 65 000 元，尚未支付。

（6）购入设备一台，价值 50 000 元，用银行存款支付。

（7）为客户提供修理服务，共取得收入 165 000 元，尚未收到。

（8）计提本月短期借款利息 10 000 元。

（9）偿还短期借款 25 000 元。

（10）月末各种原材料尚结存 175 000 元，其余为本月生产产品耗用数。

要求完成以下各题。

（1）编制会计分录。

（2）登记有关总分类账户期初余额和当期发生额（即"T"形账户）。

（3）根据账户的登记结果编制"总分类账户发生额及余额试算表"。

3. 根据以下经济业务编制会计分录。

（1）收到某投资人以货币资金投入的资金 50 万元，设备作价 10 万元，全部作为注册资本。

（2）从振华工厂购入甲种原料 20 吨，每吨 5 000 元，增值税税率为 13%，对方代垫运杂费 3 500 元，款项尚未支付。

（3）根据领料单记录，本月生产领用甲种原料共计 27 000 元，其中，A 产品耗用 17 000 元，B 产品耗用 9 000 元，车间一般耗用 1 000 元。

（4）从银行借入期限为 6 个月的借款 50 000 元。

（5）本月共发生制造费用 9 400 元，其中，A 产品应负担 5 000 元，B 产品应负担 4 400 元。

（6）计提本月应负担的短期借款利息 1 200 元。

（7）A 产品完工，验收入库，结转成本 200 000 元。

（8）销售给伊达公司 A 产品 100 件，单价 600 元，计 60 000 元，增值税税额为 7 800 元，货款收到，存入银行。

（9）分摊本月应发工资 205 000 元，其中，生产工人工资 145 000 元（A 产品分担 70 000 元，B 产品分担 75 000 元），车间管理人员工资 20 000 元，行政管理人员工资 40 000 元。

（10）因为没有按时交货，以银行存款支付违约金 20 000 元。

（11）以现金购买办公用品 500 元。

（12）经计算，本月应交城市维护建设税 4 900 元，教育费附加 2 100 元。

（13）月末结转各项收入和费用，其中，主营业务收入 550 000 元，主营业务成本 300 000 元，税金及附加 7 000 元，销售费用 21 500 元，管理费用 15 000 元，财务费用 4 700 元，营业外支出 20 000 元。

（14）本期利润总额为 181 800 元，企业所得税税率为 25%，计提本月应交所得税，并结转到"本年利润"账户。

（15）年末结转"本年利润"账户贷方余额 136 350 元。

（16）按照 10% 提取法定盈余公积，宣告向股东分配 20% 的现金股利。

（17）结转"利润分配"账户所属的相关明细分类账户。

三、思考题

1. 借贷记账法的基本含义是什么？

2. 请说明试算平衡的意义有哪些？试算平衡的主要公式有哪些？其平衡的原理是什么？

3. 采购业务会涉及哪些账户？如何理解"在途物资"账户？

4. 产品生产业务核算为什么要分别设置"生产成本"和"制造费用"账户？

5. 销售业务会涉及哪些主要账户？

6. 利润构成的公式是如何表示的？

7. 利润分配涉及哪些业务？

8. 说明"本年利润"账户和"利润分配"账户的用途、登记方法及两个账户之间的关系。

学习目标

1. 了解会计凭证的概念及作用。
2. 了解会计凭证的基本分类。
3. 掌握原始凭证的基本内容和填制方法。
4. 掌握记账凭证的基本内容和填制方法。

引导案例

宏达公司总经理张达在工作时间交给出纳王红 8 000 元的餐费发票，说是前几天陪客户吃饭的发票，要她拿去帮着把票贴一下。该出纳拿到发票后，自己找了"票据报销单"贴好后，找财务经理孙明签字，并向财务经理说明这是今天总经理拿过来的，让她帮忙贴一下。财务经理也并不怀疑，就签字批准了。然后王红拿着报销单找总经理张达签批。之后，她从自己保管的保险柜中拿出 8 000 元直接给了总经理张达。

票 据 报 销 单
2020 年 10 月 12 日

内容	金额	单位负责人审批： 张达	附 件 9 张
餐费	8 000		
		部门负责人审批：	
合计	小写￥8 000		
	大写：捌仟元整		

财务主管：孙明　　　　出纳：王红　　　　报销人：**张达**　　　　领款人：**张达**

大约一年后，总经理离任，总公司做离任审计。离任审计中很重要的一项内容就是查清总经理在任期内报销的所有事项，包括金额、内容等。

审计人员最后列出一个清单，要总经理确认，总经理发现有一笔 8 000 元的餐费报销，却怎么也想不起来。审计人员立即就把那笔 8 000 元的报销单找出来。总经理仔细一看，马上就说："报销人和领款人虽然是我，但都不是我签的字。"审计人员也发现"批准人"一栏的字体明显和"报销人""领款人"的不同，又把财务经理叫过来，财务经理一看就说这是出纳的字体，把出纳王红叫过来，出纳一看就知道这笔单子是怎么回事，说："这是 2020 年 10 月 12 日总经理交给我的餐费发票，要我帮忙贴一下，我贴好领出钱来就给总经理了。"

但是，现在的问题是总经理怎么也想不起来了，他不承认领过这笔钱。总经理说是出纳自己把钱领走了，还要报案，说是出纳贪污公司财产；而目前的证据对出纳是很不利的，因为出纳并不能证明她将这笔钱交给总经理了，而"领款人"一栏又确实是她签的字。如果你是出纳王红，你会怎样做呢？

餐费发票和票据报销单都是会计凭证，那么会计凭证又有哪些作用呢？请结合以上案例学习会计凭证的相关知识。

第一节 会计凭证概述

为了保证会计信息的可靠性，保证企业各项经济业务信息能如实地反映到企业会计信息系统中，每一项经过会计确认而进入复式记账系统的经济业务所涉及的信息都必须有根有据。这就要求有书面文件来证明经济业务发生的时间、内容、数量和金额。这些书面文件就是会计凭证。

会计凭证是在会计工作中记录经济业务、明确经济责任的书面证明，是用来登记账簿的依据。在实际工作中，企业会发生各种经济活动，并取得会计凭证，如企业购买原材料时收到的由供货单位开出的发票，原材料入库时开具的材料入库单，企业员工出差取得的各种车票、餐饮发票等。填制和审核会计凭证是会计工作的第一步，是会计核算的基础环节。

虽然，目前大多数企业通过财务软件进行会计核算，而不采用传统的手工方式进行，但是手工方法和程序对于初学者而言更容易理解，而且手工方法和财务软件的会计核算原理是一致的。因此，本章主要介绍传统会计核算程序中的会计凭证。

一、会计凭证的意义

会计凭证是会计信息的载体之一，会计核算工作主要包括填制或审核会计凭证、登记会计账簿、编制财务报表。填制或审核会计凭证是会计核算工作的起点和基础，在会计核算中具有重要意义。

（一）记录经济业务，提供记账依据

任何企业、事业和行政单位在从事任何一项经济活动时，都必须办理会计凭证，也就是由有关人员根据相关规定和程序填制、取得会计凭证，对整个经济活动过程做出书面记录。例如，销售产品时，销售单位将销售产品的名称、数量、单价、金额、销售日期和购货单位名称等都填写在销售发票上，以便如实反映和提供销售业务情况。同时，有关部门和人员要在会计凭证上盖章签字，表示对会计凭证的真实性、正确性与合法性负责。会计人员必须对已取得的会计凭证进行严格的审核，只有准确无误的会计凭证才能作为登记各种账簿的凭据。根据会计凭证登记会计账簿，既表明经济业务发生的时间、内容和金额（或数量、金额），又将会计凭证所显示的有关信息按照会计科目的要求转移至另一种信息载体——会计账簿上，以备使用。

（二）监督经济活动，加强会计管理

经济业务发生时，会计主管人员或其他会计人员根据会计凭证的记录对经济业务进行会计监督，检查经济业务是否符合有关国家的方针、政策、制度和法律，防止不合理、不合法的经济业务发生。各组织通过对会计凭证的检查发现存在的问题，及时采取措施纠正，以便改进日常会计核算工作，加强会计管理。

（三）明确经济责任，强化内部控制

经济业务发生后，经办单位和个人都要填写会计凭证，并由经办人员和有关人员签名或盖章。经办人员和有关人员的签名或盖章表明其对该项经济业务所承担的经济责任，这样就可以促使经办人员和有关人员按照国家的方针、政策、计划、制度和法律办事，在分析考评过程中做到有据可查，奖罚分明。各组织通过会计凭证的填制和审核，强化企业的内部控制体系。

二、会计凭证的分类

企业发生的经济业务内容非常复杂丰富，用于记录、监督经济业务的会计凭证，也必然五花八门、名目繁多。为了具体地认识、掌握和运用会计凭证，首先要对会计凭证加以分类。按照会计凭证的填制程序和用途，会计凭证一般可以分为原始凭证和记账凭证两类。

（一）原始凭证及其分类

原始凭证是在经济业务发生或完成时取得或填制的，用于记录、证明经济业务已经发生或完成的原始证据，是进行会计核算的原始资料和主要依据。原始凭证记载着大量的经济信息，又是证明经济业务发生的初始文件，具有较强的法律效力，所以它是一种很重要的凭证。为了认识和使用原始凭证，需要对原始凭证进行分类。

（1）原始凭证按取得的途径和来源的不同分为自制原始凭证和外来原始凭证两种。

自制原始凭证也称内部原始凭证，是由本单位经办业务的部门和人员，在通知或执行、完成某项经济业务时所填写的凭证，如收料单、领料单、限额领料单、产品入库单、产品出库单、借款单、差旅费报销单、现金收据、折旧计算表、工资计算单等。不同经济业务自制原始凭证内容会有所不同。领料单的一般格式如图 5.1 所示。

自制原始凭证样例

领 料 单

领料单位：第一车间　　　　　　　　　　　　　　　　　　　　　　　　　　凭证编号：0010

用　　途：生产 A 产品　　　　　　　　202×年 2 月 3 日　　　　　　　　　仓　　库：2 号

材料类别	材料编号	材料名称	规格	计量单位	数量		单价 （元）	金额 （元）
					请领	实领		
型钢	0345	圆钢	25mm	千克	1 500	1 500	4.40	6 600
型钢	0348	圆钢	25mm	千克	1 000	1 000	4.40	4 400
合计					2 500	2 500	4.40	11 000

发料：姜同　　　　　　领料：王立　　　　　　领料单位负责人：刘宁　　　　　　记账：赵东

图 5.1　领料单

外来原始凭证，也称外部原始凭证，是指在经济业务发生或完成时，从外部单位或个人，直接取得的原始凭证，如企业因采购材料、办公用品等而收到的供货单位的增值税发票（见图 5.2 和图 5.3），销售产品收到的购货单位支付货款的银行结算凭证，对外单位支付款项时取得的收据，职工出差取得的飞机票、火车票等。

（2）原始凭证按其填制的手续及内容不同，可分为一次凭证、累计凭证、原始凭证汇总表等 3 种。

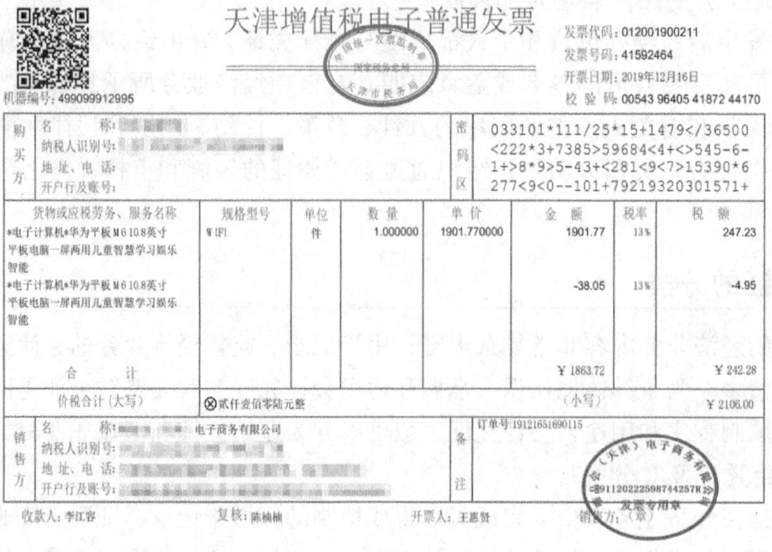

图 5.2　普通发票

图 5.3　增值税发票

一次凭证，是指一次填制完成、只记录一笔经济业务的原始凭证。一次凭证的特点是一张凭证一次填制完成，已填制的凭证不能再重复使用，如收据、发货票、领料单、收料单、借款单、银行结算凭证等。一次凭证是一次有效的凭证。外来原始凭证一般均属于一次凭证。

累计凭证，是指在一定时期内，连续在一张凭证上记载若干项同类经济业务，定期根据其累计数作为记账依据的凭证，其特点是一张凭证在一定时期内随着经济业务的发生而进行分次、重复填制。累计凭证是多次有效的原始凭证。具有代表性的累计凭证是限额领料单，其格式如图 5.4 所示。

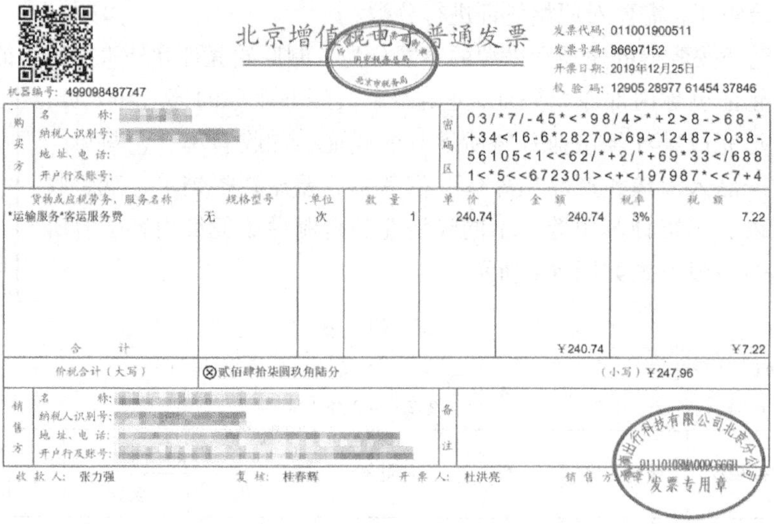

原始凭证汇总表，是指在会计核算工作中，为简化记账凭证的编制工作，将一定时期内若干份记录同类经济业务的原始凭证进行汇总，编制成一张汇总凭证，以集中反映某项经济业务总括发生情况的会计凭证，可以减少记账工作量，如收料凭证汇总表、发出材料汇总表等。发

出材料汇总表的一般格式如图5.5所示。

限 额 领 料 单

领料部门：生产车间　　　　　　　　　　　　　　　　　　　　　　　　　发料仓库：2号

用　　途：B产品生产　　　　　　　　　　202×年2月　　　　　　　　　　编　　号：008

材料类别	材料编号	材料名称及规格	计量单位	领料限额	实际领用	单价（元）	金额（元）	备注
型钢	0348	圆钢 Ø10mm	千克	500	480	4.40	2112	

日期	请领		实发			限额结余	退库	
	数量	签章	数量	发料人	领料人		数量	退库单
2.3	200		200	姜同	王立	300		
2.12	100		100	姜同	王立	200		
2.20	180		180	姜同	王立	20		
合计	480		480			20		

供应部门负责人：李微　　　　　　生产计划部门负责人：佟伟　　　　　　仓库负责人签章：刘俊

图 5.4　限额领料单

发出材料汇总表

202×年2月28日

会计科目（用途）	领料部门	原材料（元）	燃料	合计（元）
生产成本	A产品生产车间	6 600		6 600
	B产品生产车间	2 112		2 112
	小计	8 712		8 712
制造费用	车间一般耗用	220		220
管理费用	管理部门耗用	110		110
合计		9 042		9 042

会计主管：李鸣　　　　　　　　复核：张满　　　　　　　　　　制表：曲信

图 5.5　发出材料汇总表

（3）原始凭证按照格式分类，分为通用凭证和专用凭证。通用凭证是指由有关部门统一印制、在一定范围内使用的具有统一格式和使用方法的原始凭证。通用凭证的使用范围，因制作部门的不同而不同，可以在某一地区、某一行业，乃至全国通用。例如，某省（直辖市、自治区）印制的发票、收据等可以在该省（直辖市、自治区）通用；由中国人民银行制作的转账结算凭证全国通用。专用凭证是指由单位自行印制、仅在本单位内部使用的原始凭证，如领料单、收料凭证汇总表、产品入库单、工资计算单等。

（4）原始凭证按用途，分为通知凭证、执行凭证和计算凭证。通知凭证，也称命令凭证，是要求或指示完成某项经济业务的凭证，如录用或调出职工通知单、扣款通知单、货物运单、产品订货单等。这种凭证由有关部门签字发出，通知有关部门执行。它不能证明某项经济业务已经完成。执行凭证是某项经济业务已经完成的凭证，如固定资产调拨单、固定资产报废单、领料单、产品入库单、收据等。计算凭证是根据已完成经济业务的资料，通过一定计算而填制的凭证，如工资计算单、产品成本计算单、制造费用分配表等。制造费用分配表如图5.6所示。

制造费用分配表
202×年 2 月

会计科目		生产工时	分配率	分配金额（元）
生产成本	甲产品	2 000	4	8 000
	乙产品	1 500	4	6 000
合计		—	3 500	—	14 000

会计主管：李鸣　　　　　　　复核：张满　　　　　　　制表：曲信

图 5.6　制造费用分配表

（二）记账凭证及其分类

记账凭证是会计人员根据审核后的原始凭证进行归类、整理，并确定会计分录而编制的凭证，是直接据以登账的依据。前面的章节曾指出，在登记账簿之前，应按实际发生的经济业务的内容编制会计分录，然后据以登记账簿。在实际工作中，会计分录是通过填制记账凭证来完成的。记账凭证记载的是会计信息，从原始凭证到记账凭证的过程是经济信息转换成会计信息的过程，是一种质的飞跃。

记账凭证要根据原始凭证所反映的经济业务，按规定的会计科目和复式记账方法，编制会计分录，以确保账簿记录的准确性。这是由于原始凭证只表明经济业务的具体内容，不能反映其归类的会计科目和记账方向，不能据以直接登记账簿，而且原始凭证多种多样，其格式、大小也不尽一致。为了便于登记账簿，需要对原始凭证反映的不同经济业务，加以归类和整理，填制具有统一格式的记账凭证，确定会计分录，并将相关的原始凭证附在后面。这样不仅可以简化记账工作，减少差错，而且有利于原始凭证的保管，便于对账和查账，提高会计工作质量。

记账凭证和原始凭证同属于会计凭证，但二者存在着以下差别。

（1）原始凭证是由经办人员填制的；记账凭证一律由会计人员填制。

（2）原始凭证是根据发生或完成的经济业务填制的；记账凭证是根据审核后的原始凭证填制的。

（3）原始凭证仅用于记录、证明经济业务已经发生或完成；记账凭证要依据会计科目对已经发生或完成的经济业务进行归类、整理。

（4）原始凭证是填制记账凭证的依据；记账凭证是登记账簿的依据。

记账凭证从不同角度，也可以分为不同的种类。

（1）记账凭证按其反映的经济业务是否与货币资金有关，可以分为收款凭证、付款凭证和转账凭证。

收款凭证是用于反映货币资金收入业务的记账凭证，其根据货币资金收入业务的原始凭证填制而成。在实际工作中，出纳人员应将会计管理人员或指定人员审核批准的收款凭证作为记录货币资金的收入依据，收款凭证一般按现金和银行存款分别编制，其格式如图 5.7 所示。

付款凭证，是用于反映货币资金支出业务的记账凭证，根据货币资金支出业务的原始凭证填制而成。在实际工作中，出纳人员应将会计主管人员或指定人员审核批准的付款凭证作为记录货币资金支出并付出货币资金的依据。出纳人员根据付款凭证付款时，要在凭证上加盖"付讫"戳记，以免重复付款。付款凭证一般也按现金和银行存款分别编制。付款凭证格式如图 5.8 所示。

收　款　凭　证

借方科目：银行存款　　　　　　　　　　　202×年 10 月 10 日　　　　　　　　　　　编号：银收字 05 号

摘要	结算方式	票号	贷方科目		金额	记账符号
			总账科目	明细科目		
收回 A 公司欠款			应收账款	A 公司	60 000	
附单据 2 张			合计		60 000	

会计主管：张楠　　　　记账：王平　　　　　审核：孙文　　　　　出纳：王红　　　　　制单：张进

图 5.7　收款凭证

付　款　凭　证

贷方科目：库存现金　　　　　　　　　　　202×年 10 月 18 日　　　　　　　　　　　编号：现付字 08 号

摘要	结算方式	借方科目		金额	记账符号
		总账科目	明细科目		
张红借差旅费		其他应收款	张红	3 000	
附单据 1 张		合计		3 000	

会计主管：张楠　　　　记账：王平　　　　　审核：孙文　　　　　出纳：王红　　　　　制单：张进

图 5.8　付款凭证

转账凭证，是用于反映与货币资金收付无关的转账业务的凭证，根据有关转账业务的原始凭证或记账凭证填制而成。转账凭证格式如图 5.9 所示。

转　账　凭　证

202×年 10 月 18 日　　　　　　　　　　　编号：转字 10 号

摘要	会计科目		借方金额	贷方金额	记账符号
	总账科目	明细科目			
赊购甲材料	原材料	甲	10 000		
	应交税费	应交增值税	1 300		
	应付账款	银河公司		11 300	
附单据 3 张	合计		11 300	11 300	

会计主管：张楠　　　　记账：王平　　　　　审核：孙文　　　　　出纳：王红　　　　　制单：张进

图 5.9　转账凭证

收款凭证、付款凭证和转账凭证分别用于记录货币资金收入事项、货币资金支出事项和转账业务（与货币资金收支无关的业务），为便于识别，各种记账凭证一般印制成不同颜色。

在会计实务中，某些经济业务既是货币资金收入业务，又是货币资金支出业务，如现金和银行存款之间的划转业务。对于这类业务一般只编制付款凭证，不编制收款凭证，即将现金存入银行时，编制现金付款凭证；从银行存款提取现金时，编制银行存款付款凭证。

收款凭证、付款凭证、转账凭证的划分，有利于对不同经济业务进行分类管理，有利于经济业务的检查，但工作量较大，适用于规模较大、收付款业务较多的单位。经济业务较简单、规模较小、收付款业务较少的单位，还可采用通用记账凭证来记录所有经济业务。这时，记账凭证不再区分收款、付款及转账业务，而将所有经济业务统一编号，在统一格式的凭证中进行记录。通用记账凭证的格式与转账凭证基本相同。通用记账凭证格式如图 5.10 所示。

通用记账凭证样例

记账凭证

年　　月　　日　　　　　　　　　　　　　　第　号

摘要	会计科目		记账	借方金额	贷方金额	
	一级科目	二级或明细科目				附件　张
合计						

会计主管　　　　　记账　　　　　　出纳　　　　　　审核　　　　　制单

图 5.10　通用记账凭证

（2）记账凭证按其填制方式，可分为复式记账凭证、单式记账凭证和汇总记账凭证。

复式记账凭证，是将每一笔经济业务所涉及的全部会计科目及其发生额均在一张记账凭证中反映的一种凭证。它是实际工作中应用最普遍的记账凭证，前述各种记账凭证如收款凭证、付款凭证和转账凭证都是复式记账凭证。一般企业多用复式记账凭证，这是因为复式记账凭证便于反映经济业务的全貌及会计科目间的对应关系，可减少记账凭证的数量，但其缺点是不便于同时汇总计算每一会计科目的发生额，也不利于会计人员分工记账。

单式记账凭证，是指每张记账凭证只填列一项经济业务所涉及的一个会计科目及其金额的记账凭证。填列借方科目的称为借项记账凭证，填列贷方科目的称为贷项记账凭证，所以单式记账凭证又称单项记账凭证。某项经济业务涉及几个会计科目，就编制几张单式记账凭证。采用单式记账凭证，便于同时汇总计算每一会计科目的发生额，也便于分工记账，但不便于反映经济业务的全貌及会计科目的对应关系，一般适用于业务量较大、会计部门内部分工较细的会计主体。单式记账凭证的格式如图 5.11 和图 5.12 所示。

借项记账凭证

对应科目：主营业务收入、应交税费　　　　　202×年 11 月 5 日　　　　　　　　　　编号：9 1/2

摘要	一级科目	二级或明细科目	金额	记账	
销售甲产品	银行存款		23 400		附件贰张
合计			23 400		

会计主管　李鸣　　　记账　张清　　　稽核　沈严　　　填制　方新　　　出纳　廉明　　　交款人　赵伟

图 5.11　借项记账凭证

贷项记账凭证

对应科目：银行存款　　　　　　　　　20×7 年 11 月 5 日　　　　　　　　　编号：9 2/2

摘要	一级科目	二级或明细科目	金额	记账	
销售甲产品	主营业务收入	甲产品	23 400		附件　张
合计			23 400		

会计主管　李鸣　　　　记账　张清　　　　稽核　沈严　　　　填制　方新　　　　出纳　廉明　　　　交款人　赵伟

图 5.12　贷项记账凭证

汇总记账凭证，是将许多同类记账凭证逐日或定期（3 天、5 天、10 天等）汇总后填制的凭证。在会计实务中，为了简化登记总分类账的手续，可以把反映同类经济业务或多类经济业务的记账凭证汇总编制成汇总记账凭证或科目汇总表等。例如，将收款凭证、付款凭证和转账凭证按一定时间间隔分别汇总，编制汇总收款凭证、汇总付款凭证和汇总转账凭证；又如，将一段时间的记账凭证按相同会计科目的借方和贷方分别汇总，编制科目汇总表等。汇总记账凭证和科目汇总表的格式如图 5.13～图 5.17 所示。

汇总记账凭证样例

汇总收款凭证

借方科目：　　　　　　　　　　　　　年　月　日　　　　　　　　　　　汇收字第　号

	金额				总账页数	
	1 日至 10 日收字第　号至第　号	11 日至 20 日收字第　号至第　号	21 日至 30 日收字第　号至第　号	合计	借方	贷方
合计						

会计主管　　　　　　　　记账　　　　　　　　审核　　　　　　　　填制

图 5.13　汇总收款凭证

汇总付款凭证

贷方科目：　　　　　　　　　　　　　年　月　日　　　　　　　　　　　汇付字第　号

	金额				总账页数	
借方科目	1 日至 10 日付字第　号至第　号	11 日到 20 日付字第　号至第　号	21 日到 30 日付字第　号至第　号	合计	借方	贷方
合计						

会计主管　　　　　　　　记账　　　　　　　　审核　　　　　　　　填制

图 5.14　汇总付款凭证

汇总转账凭证

贷方科目：　　　　　　　　　　　　　　　　　年　月　日　　　　　　　　　　　　　　汇转字第　　号

借方科目	金额				总账页数	
	1日至10日 转字第　号 至第　号	11到20日 转字第　号 至第　号	21到30日 转字第　号 至第　号	合计	借方	贷方
合计						

会计主管　　　　　　　　　记账　　　　　　　　　审核　　　　　　　　　填制

图 5.15　汇总转账凭证

科目汇总表

年　月　日至　日　　　　　　　　　　　　汇字第　　号

会计科目	账目	本期发生额		记账凭证起讫号数
		借方	贷方	
合计				

图 5.16　科目汇总表（格式一）

科目汇总表

年　月　日至　日　　　　　　　　　　　　汇字第　　号

会计科目	账目	1日至10日		11日至20日		21日至30日		本月合计	
		借方	贷方	借方	贷方	借方	贷方	借方	贷方
合计									

图 5.17　科目汇总表（格式二）

　　另外，为了简化凭证的填制手续，自制的原始凭证汇总表可代替记账凭证，作为记账依据。这种凭证实际上是原始凭证和记账凭证相结合的凭证，又称联合凭证。以自制原始凭证代替记账凭证时，应当在凭证格式中预先印制应借、应贷科目专栏，或在凭证上为填列应借、应贷科目预留空白。

第二节 原始凭证

一、原始凭证的基本内容

尽管原始凭证的格式五花八门，反映的经济业务包罗万象，但是，所有原始凭证都必须具备下述几个要素。

（1）凭证的名称。例如，企业销售产品填制的凭证，名称为"销售发票"；领用材料的凭证，名称为"领料单"。

（2）接受凭证单位的名称。例如，销售发票上要写明购货单位的名称。单位名称要写全称，不能省略。明确单位名称，便于记账或查账。

（3）填制凭证的日期。根据这个日期可以检查经济业务发生的具体时间。

（4）经济业务的内容。例如，销售发票要写明销售产品的名称、规格等。根据经济业务的内容，监督经济业务的真实性、合法性和合理性。

（5）金额或数量。有些原始凭证只有金额，如借款单；有些原始凭证既有实物数量，又有金额，如销售发票有实物数量、单价、金额，其中，总金额既要用阿拉伯数字小写，又要用汉字大写。根据金额可以进行会计计量。

（6）填制单位和填制人员以及有关人员的公章和签名（盖章）。例如，销售发票上要有单位公章、填制票据人员和复核、会计人员的签名或盖章。在凭证上盖章，以明确经济责任。

（7）凭证的附件。有些原始凭证有附件，要注明其号码和件数。例如，销售发票附有运货单和货物明细清单等。

（8）凭证的编号和联次。凭证必须连续编号，以便检查和核对。事先印制编号的凭证，如果写错作废不能撕毁，应加盖"作废"印记全部保存，以便查对。凭证联次（份数）要根据核算和管理的需要确定。

二、原始凭证的填制要求

原始凭证是编制记账凭证的依据，是会计核算最基础的原始资料。要保证会计核算工作的质量，必须从保证原始凭证的质量做起，正确填制原始凭证。具体来说，原始凭证的填制必须符合下列要求。

（一）记录真实

凭证上对经济业务的记录，必须同实际情况相符，实物要经有关部门和人员检查验收，有关金额的数字计算要经有关人员核对，不得弄虚作假、少报多领和违反财经纪律。

（二）格式统一

企业单位要采用全国或地区、部门、行业统一规定的标准格式凭证，以便提高工作效率，也为实现会计电算化创造条件。企业单位采用专用凭证时，也要做到本单位内部统一格式，防止相同经济业务使用不同凭证，以致造成核算混乱而影响工作。

（三）填写齐全

凭证中的基本要素（基本内容）包括凭证的名称、接受凭证单位的名称、填制凭证的日期、经济业务的内容、金额（或数量、金额）、填制单位和填制人员及有关人员的公章和签名（盖章）、凭证的附件和凭证的编号等，都要填写齐全，不得少填。要素（内容）填写齐全和手续完备的凭证，才是有效的凭证。

（四）书写清楚

凭证上的文字和数字，要用蓝色或黑色笔书写，字迹必须清晰、工整，不得潦草，做到正确、清楚、一目了然，避免模糊不清，造成差错。如有书写错误，应按照规定方法更正或作废，任何凭证不得污染、抹擦、刀刮、挖补、粘贴、用化学方法消字和用涂改液消除等。原始凭证有错误的，应当由出具单位重开或更正，更正处应当加盖出具单位印章。原始凭证金额有错误的，应当由出具单位重开，不得在原始凭证上更正。

（五）数码标准

会计人员填写原始凭证的数码必须标准。阿拉伯数字应逐个写清，不得连笔写。阿拉伯金额数字前面应写人民币符号"￥"或"HK$"（港元）、"US$"（美元）等货币符号。人民币符号"￥"与阿拉伯金额数字之间不得留有空白。凡阿拉伯数字前写人民币符号"￥"的，数字后面不再写"元"字。所有以元为单位的阿拉伯数字，一律填写到角分；无角分的，角位和分位可写"0"或符号"—"；有角无分的，分位应写"0"，不得用符号"—"代替。

汉字大写金额数字，一律用壹、贰、叁、肆、伍、陆、柒、捌、玖、拾、佰、仟、万、亿、圆（元）、角、分、零、整（正）等易于辨认、不易涂改的字样；不得用一、二（两）、三、四、五、六、七、八、九、十、毛等字样代替，不得任意自造简化字。大写金额数字到元或角为止的，在"元"或"角"字之后写"整"字或"正"字；大写金额数字有分的，分字后面不写"整"字。大写金额数字前未印有人民币字样的，应加填"人民币"3个字，"人民币"3个字与金额数字之间不得留有空白，如人民币￥4 320.56元，汉字大写金额应写成人民币肆仟叁佰贰拾圆零伍角陆分，或人民币肆仟叁佰贰拾圆伍角陆分。

（六）符合规范

企业对于符合党和国家的方针、政策、制度和法律的经济业务，才能填制凭证，并作为会计处理的依据。对于不符合方针、政策、制度和法律的经济业务，不得填制凭证，并要查明原因，提请有关方面处理。

（七）填制及时

根据业务的发生或执行，企业应按规定时间填制凭证，以便及时、正确地反映经济业务情况，避免事后回忆填制，造成差误。

三、原始凭证的审核

会计人员要重视对原始凭证的审核，只有审核无误的原始凭证，才能作为会计核算的基础，据以编制记账凭证和登记会计账簿，保证会计核算的正确性。

会计人员对外来的和自制的原始凭证都要进行审核，其内容包括以下几项。

（一）真实性审核

审核凭证的基本要素（基本内容）——凭证的名称，接受凭证单位的名称，填制凭证的日期，经济业务的内容、金额，填制单位和填制人员及有关人员的公章和签名，凭证的附件和凭证的编号等是否真实正确。凡有下列情况之一者不能作为正确的原始凭证。

（1）未写接受单位或名称不符；

（2）数量和金额计算不正确；

（3）有关责任人员没有签字或盖章；

（4）凭证联次不符；

（5）有污染、抹擦、刀刮、挖补等情况。

（二）合规性审核

审核经济业务的发生是否符合党和国家的方针、政策、制度和法律。有的凭证内容填写齐全，手续完备，但实际上存在违反财经法纪的现象。凡有下列情况之一者不能作为合法的会计凭证。

（1）多计或少计收入、支出、费用、成本；

（2）擅自扩大开支范围，提高开支标准；

（3）不按国家规定的资金渠道和用途使用资金，或挪用资金进行计划外基本建设；

（4）巧立名目，虚报冒领，违反规定出借公款公物；

（5）套取现金，签发空头支票；

（6）不按国家规定的标准、比例提取费用；

（7）私分公共财物资金；

（8）擅自动用公款、公物请客送礼；

（9）不经上级批准，购买、自制属于国家控制购买的商品。

（三）合理性审核

根据党和国家的方针、政策、制度和法律，从经营和管理的具体情况出发，按照厉行节约、反对浪费、提高经济效益的原则，审核是否合理。例如，用预算节余购买不需用的物品、对陈旧过时的设备进行大修理等都属于不合理的经济事项。

原始凭证的审核是一项十分重要、严肃的工作，经审核的原始凭证应根据不同情况处理：一是对于完全符合要求的原始凭证，应及时据以编制记账凭证入账；二是对于真实、合法、合理但内容不够完整、填写有错误的原始凭证，应退回给有关经办人员，由其负责将有关凭证补充完整、更正错误或重开后，再办理正式会计手续；三是对于不真实、不合法的原始凭证，会计机构、会计人员有权不予接受，并向单位负责人报告。

第三节

记账凭证

一、记账凭证的基本内容

由于经济业务的内容不同、各单位规模大小及其对会计核算繁简程度的要求不同，各单位之间的记账凭证的格式亦有所不同。但是，记账凭证是登记账簿的直接依据，要求必须能够正确反映经济业务。因此，无论哪一种记账凭证、哪一种设计格式，都必须具备以下基本内容。

（1）记账凭证的名称，如"收款凭证""付款凭证""转账凭证"。

（2）记账凭证的填制日期。

（3）记账凭证的编号。

（4）经济业务内容摘要和原始凭证及有关资料的张数。

（5）经济业务所涉及的会计科目（包括一级科目、二级科目或明细科目）及其记账方向。

（6）经济业务的金额。

（7）记账标记。

（8）填制、审核、记账、出纳和会计主管等人员的签章。

记账凭证除上述基本内容外，根据各企业或各行政事业单位的实际业务情况和管理上的不同要求，可以增加一些内容。

二、记账凭证的填制要求

为了使记账凭证能够真实、正确、完整地反映经济业务，记账凭证的填制必须符合以下要求。

（1）填制记账凭证必须以审核无误的原始凭证为依据。除结账和更正错误的记账凭证不附原始凭证外，其他必须附有原始凭证。

（2）简明地填写摘要。记账凭证的摘要栏要用简练明确的语句概括经济业务内容的要点。这主要是为了便于查阅凭证和登记账簿。

（3）明确业务记录。在一张记账凭证上，不能把不同类型的经济业务合并填制一张记账凭证。在一张记账凭证上，只能反映某一项经济业务，或若干项同类经济业务。这主要是为了明确经济业务的来龙去脉和账户对应关系。所以，记账凭证可以根据每一张原始凭证填制，或者根据若干张同类原始凭证汇总填制。以自制的原始凭证或原始凭证汇总表代替记账凭证的，必须具备记账凭证应有的项目。

（4）准确使用会计科目。必须按规定的会计科目及其核算内容，正确编制会计分录，确保科目的准确运用。

（5）注明记账凭证的附件。记账凭证所附的原始凭证必须完整无缺，并且记账凭证上需注明原始凭证的张数，以便企业核对摘要及所编会计分录是否准确无误。对于同一张原始凭证需填制两张记账凭证的，应在未附原始凭证的记账凭证上注明其原始凭证在哪张记账凭证下，以便查阅。一张原始凭证所列支出需要几个单位共同负担的，应将其他单位负担的部分，开给对方原始凭证分割单进行结算。对于结账和更正错账的记账凭证，可以不附原始凭证。

（6）记账凭证要连续编号。如果企业的各种经济业务的记账凭证，采用统一的一种格式（通用格式），则企业可采用顺序编号法对记账凭证进行编号，即按月编顺序号。业务极少的单位可按年编顺序号。如果是按照经济业务的内容加以分类，采用 3 种格式或 5 种格式的记账凭证，则企业应采用字号编号法，即把不同类型的记账凭证用字加以区别，再把同类记账凭证顺序号加以连续。3 种格式的记账凭证，采用字号编号法时，具体地编为"收字第××号""付字第××号""转字第××号"。例如，×月×日收到一笔现金，是该月第 30 笔收款业务，记录该笔经济业务的记账凭证的编号为"收字第 30 号"。5 种格式的记账凭证，运用字号编号法时，具体编为"现收字第××号""现付字第××号""银收字第××号""银付字第××号""转字第××号"。例如，×月×日以银行存款支付材料款，为该月银行存款付款第 25 笔业务，记录该项经济业务的记账凭证的编号就为"银付字第 25 号"。不论采用哪种方法编号，都应在每月最末一张记账凭证的编号旁加注"全"字，以便于检查凭证有无散失。

（7）填写内容齐全。记账凭证中的各项内容必须填写齐全，并按规定程序办理签章手续，不得简化。

三、记账凭证的审核

（一）合规性审核

合规性审核是指审核人员根据企业执行的会计制度及会计准则的规定，审核记账凭证所确定的会计分录是否合规、合法。这就要求审核人员必须根据记账凭证所附原始凭证的经济内容，按照会计核算方法的要求，审核会计分录的编制（主要是审核会计科目及其金额）是否准确无误，同时审核记账凭证是否附有审核无误的原始凭证，所附原始凭证的张数及其内容是否与记账凭证一致。

（二）完整性审核

根据记账凭证的要素，审核人员逐项审核记账凭证的内容是否按规定要求填制完整，各项目是否按规定填写齐全并按规定手续办理。

（三）正确性审核

根据记账凭证的填制要求，审核人员审核记账凭证的摘要，以及应借、应贷会计科目与金额及账户对应关系是否清晰、完整，核算内容是否符合会计制度和会计方法的要求。在审核中若发现差错，应查明原因予以重填或予以更正，并由更正人员在更正处签章。

第四节

会计凭证的传递和保管

一、会计凭证的传递

会计凭证的传递，是指会计凭证从填制或取得开始，经过审核、记账、装订到归档为止，在有关部门和人员之间按规定的时间、程序办理业务手续和进行处理的过程。会计凭证的传递是会计核算得以正常、有效进行的前提。会计凭证的传递，要求能够满足内部控制制度的要求，使传递程序合理有效，同时尽量节约传递时间，减少传递的工作量。

由于不同的企业有着不同的组织机构，不同的管理要求，所以在会计凭证的传递中，也应根据会计主体的具体情况，确定不同的传递程序和方法。

会计凭证的传递，应包括合理的传递程序和合适的传递时间两方面。

合理的传递程序，是指一张会计凭证，填制后应交到哪个部门、哪个岗位、由谁来接办此项业务，直至归档保管为止。如果凭证是一式数联的，还应规定各联的不同流程、不同作用等。为了保证凭证传递的合理性，企业就应考虑自身的特点、机构的设置和人员的分工情况，特别是各个传递环节衔接的通畅，以避免不必要的环节停留。各环节工作人员不仅要明确本岗位的职责，还应了解整个凭证流程。

合适的传递时间是指根据企业实际的经济业务量和人员配备情况，规定会计凭证在不同部门和岗位上的必要完成时间，其目的是使各个工作环节环环相扣，以提高工作效率。为了保证凭证的顺利传递，企业应明确规定各种凭证在不同环节的停留时间，不得拖延处理或积压凭证，以免影响会计工作的正常秩序。一切会计凭证的传递和处理，都应在报告期内完成，不得跨期。

明确会计凭证的传递程序和传递时间后，企业可以制成凭证流转图，规定凭证传递的环节、路线和时间，明确具体的工作岗位和工作人员，使凭证传递有条不紊、迅速有效地进行。

二、会计凭证的保管

会计凭证的保管是指会计凭证记账后的整理、装订、归档和存查工作。会计凭证是重要的会计核算资料，同时也是重要的经济档案和历史资料。会计部门在登记账簿后，应将会计凭证妥善保管，以便企业内部或企业外部有关方面的查用。会计凭证无论在业务发生当时或以后均可以查证经济业务状况和责任人员责任，也可以作为总结工作、总结经营经验的资料，并为经营管理者提供多方面有效的会计信息，以便其经营决策。

会计凭证的保管，必须安全完整，同时又便于事后查找。因此，每月记账工作结束后，应将本月所有的记账凭证及其附件加以整理，按编号顺序排列整齐，连同汇总表和银行对账单等一并装订成册，以防散失。为便于查阅，会计凭证装订成册时，应加具封面、封底，封面上应注明：企业名称、记账凭证种类、起止号数、年度月份和起止日期，并由有关人员签字盖章。对于某些性质相同、为数过多的原始凭证（如收、发料单，销货发票存根等）可以单独装订保管，但要在记账凭证上加以注明，以便查阅。

已装订的会计凭证，应专人负责、严格保管，防止错乱或散失。对于作为会计档案的会计凭证，其保管期限及销毁手续，都应遵循《会计档案管理办法》的有关规定。会计档案的保管期限，根据其特点，分为永久、定期两类。定期保管期限分为 10 年和 30 年。一般企业的原始凭证、记账凭证的保管期限为 30 年。对于保管期满需要销毁的，企业在销毁前要填制"会计档案销毁目录"，交档案部门编入会计档案销毁清册按规定永久保存，并按规定手续进行报批。报经批准后，档案部门和会计部门共同派人监销。在销毁会计凭证前，监督销毁人员应认真清点核对，销毁后，在销毁清册上签字或盖章。

会计凭证原则上不得借出，如有特殊需要，须报请批准，但不得拆散原卷册，并要限期归还。需要查阅已入账的会计凭证时，必须办理借阅手续。外单位由于特殊情况需要使用原始凭证时，经本单位负责人批准，可以复制。在向外单位提供原始凭证复印件时，应在专设的登记簿上登记，并由提供人员和收取人员共同签字或盖章。

⚙ 知识链接

增值税专用发票简介

增值税专用发票是由国家税务总局监制设计印制的，只限于增值税一般纳税人领购使用的，既作为纳税人反映经济活动中的重要会计凭证，又是兼记销货方纳税义务和购货方进项税额的合法证明，是增值税计算和管理中重要的决定性的合法的专用发票。

1. 增值税专用发票的领用

一般纳税人应通过增值税防伪税控系统，使用专用发票，包括领购、开具、缴销、认证纸质专用发票及其相应的数据电文。防伪税控系统，是指经国务院同意推行的，使用专用设备和通用设备、运用数字密码和电子存储技术管理专用发票的计算机管理系统。专用设备，是指金税卡、IC 卡、读卡器和其他设备。通用设备，是指计算机、打印机、扫描器具和其他设备。一般纳税人凭《发票领购簿》、IC 卡和经办人身份证明领购专用发票。

2. 增值税专用发票的构成

增值税专用发票由基本联次附加其他联次构成，至少包括如下联次。

第一联：存根联，由销货方留存备查。

第二联：发票联，作为购买方核算采购成本和增值税进项税额的记账凭证。

第三联：税款抵扣联，作为购买方报送主管税务机关认证和留存备查的扣税凭证。

第四联：记账联，作为销售方核算销售收入和增值税销项税额的记账凭证。

增值税专用发票四联一次开具，票面上的"税额"指的是"销项税额"，"金额"指的是销售货物的"不含税金额价格"。

3. 增值税专用发票的限额管理

增值税专用发票实行最高开票限额管理。最高开票限额，是指单份专用发票开具的销售额合计数不得达到的上限额度。最高开票限额由一般纳税人申请，税务机关依法审批。最高开票限额为 10 万元及以下的，由区县级税务机关审批；最高开票限额为 100 万元的，由地市级税务机关审批；最高开票限额为 1 000 万元及以上的，由省级税务机关审批。防伪税控系统的具体发行工作由区县级税务机关负责。

思考与练习

一、选择题

1. [单选]会计凭证按其（　　）可以分为原始凭证和记账凭证两类。
   A. 填制程序和用途　　　　　　　　B. 取得的不同来源
   C. 适用的经济业务　　　　　　　　D. 填制手续的不同

2. [单选]"领料单"属于（　　）。
   A. 自制原始凭证　　　　　　　　　B. 累计凭证
   C. 外来原始凭证　　　　　　　　　D. 汇总原始凭证

3. [单选]下列项目中属于外来原始凭证的是（　　）。
   A. 收料单　　　　B. 销货发票　　　　C. 购货发票　　　　D. 订货合同

4. [单选]从银行提取现金时，按规定应编制（　　）。
   A. 收款凭证　　　　　　　　　　　B. 付款凭证
   C. 转账凭证　　　　　　　　　　　D. 收款凭证和付款凭证

5. [多选]关于原始凭证，下列说法正确的有（　　）。
   A. 年、月、日要按照填制原始凭证的实际日期填写会计凭证
   B. 单位自制的原始凭证必须有经办单位领导人或指定人员的签名或盖章；从个人取得的原始凭证，必须有填制人员的签名或盖章
   C. 大写金额到元为止的，后面要写"整"或"正"字，有分的，不写"整"或"正"字
   D. 原始凭证金额错误的，应当由出具单位重开，不得在原始凭证上更正

6. [多选]关于记账凭证的填制，下列说法正确的有（　　）。
   A. 一笔经济业务需要填制两张以上（含两张）记账凭证的，可以采用分数编号法编号
   B. 记账凭证上应注明所附原始凭证的张数，以便核查
   C. 填制完成后如有空行，应当自金额栏最后一笔金额数字下的空行处至合计数上的空行处画线注销

    D. 更正错误和结账的记账凭证也必须附有原始凭证

二、业务题

金源公司202×年11月发生的业务如下。

（1）11月1日，开出现金支票10 000元，提取现金备用。

（2）11月1日，用现金从北国商场购入1 000元办公用品。

（3）11月2日，采购员小李预借赴广州出差差旅费2 000元，出纳以现金支付。

（4）11月6日，从P公司购入甲材料100吨，单价2 000元，增值税税率为13%，材料验收入库，货款未付。

（5）11月8日，支付上述材料款。

（6）11月12日，向B公司预付货款30 000元。

（7）11月13日，采购员小李出差回来报销差旅费2 000元。

（8）11月14日，领用甲材料90吨，其中，生产M产品领用85吨，行政管理部门领用2吨，车间管理部门领用3吨。甲材料单价2 000元/吨。

（9）11月30日，分配本月工资，生产M产品工人工资90 000元，车间管理部门工资20 000元，行政管理部门工资50 000元。

（10）11月30日，计提本月固定资产折旧费60 000元，其中，车间固定资产折旧40 000元，管理部门固定资产折旧20 000元。

（11）11月30日，M产品1 000件全部完工入库。

（12）11月30日，销售给宇丰公司M产品400件，每件单价800元，增值税税率为13%，款项存到银行，同时结转已销产品成本。

（13）11月30日，将本月主营业务收入等损益类账户结转至本年利润。按所得税税率25%，计算本期应交所得税。

（14）11月30日，将本年利润余额转入利润分配账户。

（15）11月30日，按税后净利润的10%计提法定盈余公积，按税后净利润的5%计提任意盈余公积。

要求：根据以上经济业务分别编制收款凭证、付款凭证和转账凭证。

三、思考题

1. 从会计人员自身权益的保障角度分析，会计凭证具有哪些意义？

2. 会计凭证分类的依据是什么？具体分为哪些类型？不同类型的会计凭证各自具备哪种意义？

3. 原始凭证应至少包括哪些内容？原始凭证的填制要求有哪些？对原始凭证的审核应注重哪些方面？

4. 记账凭证包括哪些内容？记账凭证的填制要求有哪些？对记账凭证的审核应注重哪些方面？

5. 记账凭证的分类在手工会计环境下和电算化会计环境下各有何意义？

6. 传递会计凭证应注意哪些环节和问题？

7. 保管会计凭证应注意哪些环节和问题？

会计账簿 | 第六章

学习目标

1. 了解账簿的作用与基本设置原则。
2. 了解账簿的种类和格式。
3. 掌握日记账、总账及各种明细账的登记要求和方法。
4. 掌握错账更正方法、平行登记方法。
5. 掌握对账和结账的内容。

引导案例

湖南尔康制药股份有限公司（以下简称"尔康制药"）自 2003 年 10 月 22 日成立，是国内专业药用辅料生产企业之一，有"药铺行业的沃尔玛"之名。到 2019 年为止，尔康制药拥有 116 个药用辅料品种，并且公司还拥有新型抗生素原料药和成品药的注册批件，努力向药辅行业领导者的标杆迈进。公司依托行业和地理优势迅速成长，仅仅用了五年时间，一跃成为行业内老大，并于 2011 年 9 月成功在创业板上市，成为药辅行业第一家上市企业。公司上市后，2014—2016 年三个年度的净利率一直保持高速增长，一度成为众多投资者的首选投资目标。

2017 年 5 月 9 日，自媒体"市值风云"发表了《强烈质疑尔康制药涉嫌严重财务舞弊：中国海关喊你来对账了!》一文，质疑尔康制药财务造假，以一己之力将尔康制药送上了舆论的风口浪尖。2017 年 11 月 22 日，在证监会调查结果未公布之前，尔康制药率先披露了自查报告，对各种调查和质疑做出了回应。报告显示，尔康制药于 2016 年虚增营业收入约 2.5 亿元，虚增净利润 2.31 亿元。2018 年 6 月，尔康制药收到湖南证监局的行政处罚决定书，经过查实，2015 年和 2016 年，尔康制药两年来虚增营收 2.73 亿元，虚增净利润 2.48 亿元。（资料来源：央视网）

会计凭证（包括原始凭证和记账凭证）能够比较全面地反映经济业务的发生和完成情况，所记录的业务内容也是非常详细、具体的。但是，每张会计凭证只能记录单笔经济业务，提供的也只是个别的数据，不便于直接通过会计凭证取得综合的会计信息，也不便于日后查阅。所以，有必要对会计凭证上的数据做进一步的归类、加工和整理。会计账簿是继会计凭证之后，记录经济业务的又一重要载体。

第一节 会计账簿概述

一、会计账簿的概念

会计账簿简称账簿，是由具有一定格式、相互联系的若干账页组成，以会计凭证为依据，全面、连续、系统、分类地记录各项经济业务的会计簿籍。

设置和登记账簿是会计核算的专门方法之一。各单位通过会计凭证的填制和审核，将每日发生的经济业务记录在会计凭证上。各单位为了全面、连续、系统地反映经济活动和财务收支情况，需要把会计凭证所记载的大量分散的资料加以分类、整理，按照一定的方法登记到有关账簿中去，在账簿中应按照会计科目开设有关账户，用来序时地、分类地记录和反映经济业务。

会计账簿

思考

如果单纯从信息数量考虑，则会计凭证上记录的信息和账簿上的信息应该是相等的，账簿上的信息几乎全部来源于会计凭证，会计工作为什么要将这些信息重复转抄呢？可不可以跨跃该阶段，从会计凭证直接到会计报表？账簿究竟发挥了什么作用？

二、会计账簿的作用

设置和登记账簿是编制会计报表的基础，是连接会计凭证与会计报表的中间环节，在经济管理中具有重要作用，主要表现在以下 3 个方面。

（一）会计账簿是系统归纳整理会计信息的重要工具

账簿是会计信息的重要载体，通过账簿记录，可以对会计凭证提供的大量的、分散的会计核算资料进行整理、分类、汇总，把经济业务的发生情况，全面、系统地反映出来，提供经营管理所必需的会计信息。

（二）会计账簿是编制会计报表的主要依据

账簿能提供一个单位在一定时期内的资产、负债和所有者权益的增减变动及期末结存情况，以及收入和费用的发生、净利润的实现和分配的情况，为编制会计报表提供总括和具体的资料，是编制会计报表的主要依据。

（三）会计账簿是进行财务分析和会计监督的重要依据

账簿是重要的经济档案，设置和登记账簿有利于保存会计资料，便于日后检查和分析。通过对账簿资料的检查、分析，可以了解一个单位贯彻有关政策、制度的情况，考核、评价有关计划的执行情况，对资金使用是否合理，费用开支是否符合标准，利润的形成与分配是否符合规定等进行分析、评价，从而找出差距，挖掘潜力，提出改进措施。

三、会计账簿的种类

会计核算对象的复杂性和不同的会计信息使用者对会计信息需要的多重性，导致了反映会计信息的载体——账簿的多样化。不同的会计账簿可以提供不同的信息，满足不同的需要。为了更好地了解和使用会计账簿，就需要对账簿进行分类。会计账簿的种类多种多样，不同种类的账簿所对应的账页格式、用途和登记方法各不相同。为了更好地了解和正确地运用账簿，通常按用途和外表形式的不同对账簿进行分类。

（一）账簿按其用途分类

账簿按其用途可分为分类账簿、序时账簿和备查账簿。

1. 分类账簿

分类账簿又称分类账，是指对全部经济业务按照账户进行分类登记的账簿。分类账簿按照反映指标的详细程度划分，分为总分类账簿和明细分类账簿。

总分类账簿又称总分类账，或简称总账，是按照总分类账户开设的，用于记录全部经济业务，提供总括核算指标的分类账簿。

明细分类账簿又称明细分类账，或简称明细账，是按照总分类账户所属的明细账户开设，用于分类记录某类经济业务，提供比较详细的核算指标的分类账簿。

> 思考
>
> 如果你是一名新成立的公司的会计，现在负责建账工作，被要求建立属于本单位的分类账簿体系，你会选择设立哪些总分类账及明细分类账呢？前面介绍的会计科目设置的原则等知识对你有什么帮助吗？

2. 序时账簿

序时账簿又称日记账，是按照经济业务发生的时间先后顺序，逐日逐笔连续进行登记的账簿。按记录的内容不同，序时账簿又分为普通日记账和特种日记账两种。普通日记账是用来登记全部经济业务发生情况的日记账，也称分录簿，即把每天发生的全部经济业务，按照发生时间的先后顺序，逐笔记入日记账中。特种日记账是专门用来登记某一类经济业务发生情况的日记账。通常把某一类别繁多、重要的经济业务，按照发生时间的先后顺序，记入特种日记账中。特种日记账是从普通日记账中分离出来而单独设置的日记账。常用的特种日记账有现金日记账、银行存款日记账等。

> 思考
>
> 序时账簿和分类账簿有什么不同？有没有必要要求一个单位的所有分类账簿都具备序时账簿的特征，即按照时间顺序逐日逐笔地登记每一个分类账户？我国的现实情况是，除了库存现金、银行存款等重要科目要求设置日记账，按时间顺序逐日逐笔地登记之外，其他科目并没做要求。你认为每一个科目都要求进行序时核算是否可行？如果再结合计算机在会计中的应用，你认为可不可行呢？

3. 备查账簿

备查账簿又称辅助性账簿，是对某些未能在分类账簿和序时账簿中登记的事项进行补充登记的账簿，主要用来记录一些供日后查找的有关经济事项，如应收票据备查簿，逐笔记录每一应收票据的种类、出票日期、票面金额、票面利率、承兑人、到期日等资料。备查账簿是对账簿记录的一种补充，主要起备忘参考和补充某些信息的作用。

（二）账簿按其外表形式分类

账簿按其外表形式可分为订本式账簿、活页式账簿和卡片式账簿3种。

1. 订本式账簿

订本式账簿简称订本账，是在启用前，就将若干账页固定装订成册并连续编号的账簿。采用订本账可以防止人为地抽换账页，避免账页散失，但同一本账簿在同一时间只能由一人记账，不便于分工记账。同时，由于账页固定，在使用前必须估计每一账户所需要的账页张数，预留账页。如果预留账页不足，会影响账簿记录的连续性；反之，如果预留账页太多，会造成浪费。在实际工作中，比较重要的账簿，如总账、现金日记账、银行存款日记账一般采用订本式账簿。

2. 活页式账簿

活页式账簿简称活页账，是指由若干张零散的账页根据需要自行组合成的账簿。使用活页账，账页事先不装订在一起，可根据需要随时将空白账页加入账簿，其优点是：可以由多人分工记账，节省账页，且登记方便。为避免账页散失和被抽换，已经登记的账页应连续编号，并装置在账夹之中，并由登记人员和其他有关人员签章。在更换新账后，应将其装订成册或予以封扎，并妥善保管。活页式账簿主要适用于各种明细账。

3. 卡片式账簿

卡片式账簿简称卡片账，是用印有特定格式的卡片登记经济业务的账簿。卡片式账簿可以根据经济业务的情况需要随时增减，其优点是：使用比较灵活，并可跨年度使用，无须经常更换，但容易散失。因此，卡片式账簿必须顺序编号，存放在卡片箱里由专人保管。使用完毕不再登记时，将卡片串孔固定保管。卡片式账簿一般适用于所记内容比较固定的明细账，如固定资产明细账等。

会计账簿分类如图 6.1 所示。

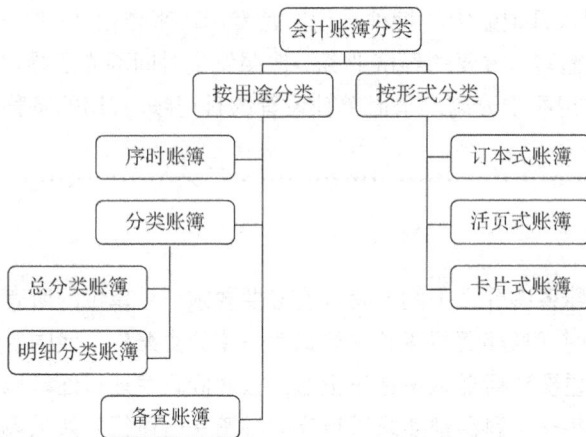

图 6.1　会计账簿分类

第二节 会计账簿的设置和登记

一、会计账簿的设置原则

会计账簿的设置是指对账簿的种类、格式、内容以及登记方法的选择和确定。各单位设置会计账簿应遵循以下原则。

（1）按照《中华人民共和国会计法》（以下简称《会计法》）和国家统一会计制度的规定设置。《会计法》规定，各单位必须依法设置会计账簿。各单位发生的各项经济业务事项应当在依法设置的会计账簿上统一登记、核算，不得违反《会计法》和国家统一的会计制度的规定，不得少设、私设会计账簿进行登记、核算。

（2）按照会计业务的需要设置。

各单位应根据经济业务的特点和管理要求科学、合理地设置账簿，确保账簿能全面、连续、系统地核算各项经济业务，为经营管理提供系统、分类的会计核算资料。

（3）账簿的设置要组织严密、层次分明。

账簿之间要互相衔接、互相补充、互相制约，能清晰地反映账户间的对应关系，以便提供完整、系统的资料。会计账簿的设置，既要防止账簿重叠、复杂，也要防止因过于简化而导致其不能提供日常管理所需的资料和编制报表的数据的缺乏。

二、会计账簿的基本内容

各种账簿所记录的经济内容不同，账簿的格式又多种多样，但各种账簿应具备下列基本内容，通常也称为账簿的基本要素。

（一）封面

封面主要标明填写账簿的名称（如总账、现金日记账、材料物资明细账、债权债务明细账等）和记账单位的名称。

（二）扉页

扉页主要列明账户目录和账簿启用及交接表（或经管账簿人员一览表）。账户目录由记账人员按照已开设好的账户顺序填列，包括会计科目编号、名称和起讫页次。对于活页式账簿，由于可以随时添加账页，账户登记的起讫账页无法在账簿启用时确定，可以先填写账户名称（会计科目），待年终账簿装订归档时再按实际使用的账页数填写页码。

账簿启用及交接表主要填写账簿的启用日期、账簿页数、经管账簿人员姓名和签章、单位公章、账簿交接时间和有关交接人员的签章等。账簿启用及交接表的一般格式如表 6.1 所示。

表 6.1　　　　　　　　　　　账簿启用及交接表

单位名称				
账簿名称				
册次及起讫页	自　　页起至　　　页止共　　页			
启用日期	年　　月　　日			
停用日期	年　　月　　日			
经管人员姓名	接管日期	交出日期	经管人员盖章	会计主管盖章
	年　月　日	年　月　日		
	年　月　日	年　月　日		
	年　月　日	年　月　日		
	年　月　日	年　月　日		
	年　月　日	年　月　日		
备注		单位公章		

（三）账页

账页是账簿的主要内容，账页的格式因账簿的用途（如总账、明细账和日记账等）的不同而不相同，因反映的经济业务的内容的不同而不相同，但一般都包括下列基本内容。

（1）账户名称或称会计科目（一级科目和二级明细科目）；

（2）记账日期栏，包括年、月、日；

（3）凭证种类和号数栏；

（4）摘要栏；

（5）借方、贷方金额及余额的方向、金额栏；

（6）页次（包括总页次和分户页次）。

下面将以企业为例，说明日记账和分类账的一般设置和登记方法。

三、日记账的设置与登记

前面讲到，日记账是按照时间先后顺序逐日逐笔连续登记经济业务的账簿。企业设置的日记账有普通日记账和特种日记账两类。

（一）普通日记账

普通日记账一般分为"借方金额"和"贷方金额"两栏，分别登记每一分录的借方账户和贷方账户的金额，不结余额。因只有两个金额栏，所以，这种格式又称为"两栏式"。普通日记账是根据原始凭证逐日逐笔顺序登记的，把每一笔经济业务转化为会计分录登记在普通日记账上，然后再据以过入分类账中。这种日记账的格式如表6.2所示。

表6.2　　　　　　　　　　　　　　普通日记账

202×年		摘要	账户名称	借方金额	贷方金额	过账"√"
月	日					
12	1	收到投入资本	银行存款	300 000		√
			实收资本		300 000	√
	2	购买设备	固定资产	80 000		√
			应交税费	10 400		√
			银行存款		90 400	√
	10	到银行提现金	库存现金	2 000		√
			银行存款		2 000	√
	19	A产品完工验收入库	库存商品	300 150		√
			生产成本		300 150	√
	22	收回客户欠款	银行存款	30 000		√
			应收账款		30 000	√
	25	赊销A产品1 000件	应收账款	56 500		√
			主营业务收入		50 000	√
			应交税费		6 500	√

上述日记账的登记方法如下。

（1）日期栏，按照经济业务发生时间的先后顺序逐项登记，并指明分录的日期。

（2）摘要栏，简明扼要地说明每一项经济业务的内容。

（3）账户名称栏，登记该笔经济业务应借、应贷的账户名称。

（4）借方金额、贷方金额栏，登记应记入各个账户的借方或贷方的金额。

（5）过账栏，将日记账的金额过入分类账后，在此栏写"√"符号，表示已过账，以免漏记或重记。

采用普通日记账，可以逐日反映全部经济业务的发生情况，但只有一本日记账，不便于分工记账，而且记账工作量比较繁重。因此，目前我国企业很少采用普通日记账。

（二）特种日记账

为了逐日反映现金和银行存款的收付情况，各单位一般应设置"库存现金日记账"和"银行存款日记账"。除此之外，有的单位还设置"转账日记账"，有的商业企业还设置"购货日记账"和"销货日记账"。

1. 库存现金日记账

库存现金日记账是记录和反映库存现金收付业务的一种特种日记账，一般采用订本式账簿。它按账页格式不同可分为三栏式库存现金日记账和多栏式库存现金日记账。

三栏式库存现金日记账的格式如表 6.3 所示。

该种日记账设有"收入""付出"和"结余"3 个金额栏。

库存现金日记账
实例

表 6.3 三栏式库存现金日记账

2020 年		凭证字号	摘要	对方科目	收入	付出	结余
月	日						
12	1		月初余额				1 000
	2	现付 01	购办公用品	管理费用		200	800
	8	银付 10	提现备发工资	银行存款	80 000		80 800
	10	现付 02	发放工资	应付职工薪酬		80 000	800
	19	银付 23	提现备用	银行存款	2 000		2 800
	22	现收 01	张伟报销退款	其他应收款	200		3 000

有的企业为了更好地反映货币资金的收入来源和支出去向，了解货币资金收支的详细状况，分析、汇总对应账户的发生额，也设置多栏式库存现金日记账。多栏式库存现金日记账将收入、支出金额栏按照对应账户设置专栏进行登记。收入栏按与库存现金相对应的贷方科目设置专栏，支出栏按与库存现金相对应的借方科目设置专栏，并加设收入合计栏和支出合计栏。月末，分别加计各栏数，计算期末余额。多栏式库存现金日记账格式如表 6.4 所示。

表 6.4 多栏式库存现金日记账

202×年		凭证号		摘要	收入的对方科目				付出的对方科目				结余
月	日	收款	付款		主营业务收入	应收账款	……	合计	原材料	银行存款	……	合计	

采用多栏式现金日记账时，按照收入、付出的对应科目分设专栏，逐日逐笔登记，到月末结账时，分栏加计发生额，对全月现金的收入来源、付出去向都可以一目了然，能够为企业的经济活动分析和财务收支分析提供详细具体的资料。但是，在使用会计科目比较多的情况下，多栏式日记账的账页过宽，不便于分工登记，而且容易发生错栏、串行错误。为此，在实际工作中可以将多栏式库存现金日记账分设两本，即分为多栏式库存现金收入日记账和多栏式库存现金支出日记账。

库存现金日记账由出纳人员根据审核无误的现金收付款凭证，逐日逐笔序时登记，涉及银行存款与现金之间的收付业务，如从银行提取现金，应当根据银行存款付款凭证登记。具体方法如下。

（1）日期栏，登记现金实际收付日期。

（2）凭证号数栏，登记收款凭证、付款凭证的种类和编号，如现收×、现付×等。

（3）摘要栏，说明登记入账的经济业务的内容。

（4）对方科目栏，登记与现金收入或付出相对应的科目名称。对方科目反映了现金收入的来源和付出的用途，便于了解经济业务的来龙去脉。

（5）收入、支出栏，逐笔登记现金的实际收付金额。在多栏式库存现金日记账中，现金收入要按对应科目，将金额记入有关的"贷方科目"各专栏内，同时加计收入合计；现金支出要按对应科目，将金额记入有关的"借方科目"各专栏内，同时加计支出合计。

（6）结余栏，登记现金结余金额。每日终了应分别计算现金收入和付出的合计数，结出账面余额（通常每笔现金收入或支出后，都要随时计算出一个余额），同时将余额与出纳员保管的库存现金相核对，即通常说的"日清"。如账实不符，应查明原因。每月月末应计算本月合计，即本月的收入合计、付出合计和月末余额，即通常说的"月结"。

2. 银行存款日记账

银行存款日记账的格式与库存现金日记账的格式相同，可以采用三栏式，也可以采用多栏式。多栏式银行存款日记账如进一步细分，可以分为"银行存款收入日记账"和"银行存款支出日记账"，格式分别如表 6.5 和表 6.6 所示。

银行存款日记账实例

为了便于与银行对账，也便于反映银行存款收付所采用的结算方式，银行存款日记账增设了"银行结算凭证种类和号数"栏，分别注明结算凭证的种类及编号，其中，"种类"栏登记结算凭证的种类，如"现金支票""转账支票"等；"号数"栏登记结算凭证的号码。若一个单位开设有若干银行存款户，应按开户银行、存款种类等分别设置银行存款日记账登记。对外币银行存款，单位应按不同的币种和开户银行分别设置日记账。

表6.5　　　　　　　　　　　三栏式银行存款日记账

202×年		凭证字号	摘要	银行结算凭证		对方科目	收入	付出	结余
月	日			种类	号数				
5	1		月初余额						10 000
	2	银付01	支付货款	转支	1122	应付账款		3 000	7 000
	8	银收01	收到前欠货款			应收账款	5 000		12 000
	12	银付02	提现备用	现支	2016	库存现金		1 500	10 500

表 6.6 多栏式银行存款日记账

年		凭证字号	摘要	银行结算凭证		收入（贷方科目）		支出（借方科目）		结余
月	日			种类	号数		收入合计		支出合计	

  银行存款日记账的登记方法与库存现金日记账的登记方法基本相同，通常也是由出纳人员根据审核无误的银行存款收、付款凭证，逐日逐笔顺序登记。对于现金存入银行业务所编制的现金付款凭证，应当根据现金付款凭证登记。每日终了应分别计算出银行存款收入和付出的合计数，结出账面余额。每月末应计算本月合计，即本月的收入合计、付出合计和月末余额，并定期与银行对账单逐笔核对。发现账实不符情况，应及时查明原因进行处理。银行存款收支业务复杂的企业，也可以每日计算本日合计。

  需要注意的是，对于货币资金的互转业务，如将现金送存银行或向银行提取现金，在同时设有库存现金日记账和银行存款日记账的情况下，双方应同时登记，不要遗漏。

四、分类账簿的设置与登记

  企业设置的分类账有总分类账和明细分类账两类。

（一）总分类账

  总分类账是按照总分类账户分类登记全部经济业务的账簿。总分类账簿分列每一总账科目，按照编码顺序开设账户，进行分户核算。总分类账一般采用订本式账簿，在开设时应预先留足账页。总分类账能全面、总括地反映和记录单位的全部经济活动和财务收支情况，并为编制会计报表提供数据。因此，每一单位都必须设置总分类账。

  总分类账的格式有三栏式和多栏式两种。

1. 三栏式

  三栏式总分类账除设有日期、凭证字号、摘要等栏外，还设有借方、贷方和余额 3 个金额栏，其格式如表 6.7 所示。

表 6.7 三栏式总分类账

会计科目：应收账款   单位：元

202×年		凭证		摘要	借方	贷方	借或贷	余额
月	日	字	号					
	1			上年结转			借	15 000
	3	转	1	赊销 A 产品	38 600		借	53 600
1	4	银收	6	收回欠款		16 500	借	37 100
	7	转	3	赊销 B 产品	51 900		借	89 000
				本月合计	90 500	16 500	借	89 000

2. 多栏式

  多栏式总分类账是把所有的总账科目合设在一张账页上，但其具体设计又有以下两种方法。

一种是按会计科目分设专栏，所有的经济业务，根据记账凭证序时、分类直接登记入账。这种格式具有序时账簿和总分类账簿的双重作用。它实际上是把序时账簿和总分类账簿结合在一起，变成了一种联合账簿，通常称为日记总账。采用这种总分类账簿，可以减少记账的工作量，提高工作效率，并能较全面地反映经济业务的来龙去脉，便于分析各单位的经济活动情况。它一般适用于经济业务简单和涉及会计科目较少的单位。

另一种是按经济业务的性质分设专栏，所有的经济业务，根据记账凭证定期汇总登记入账。多栏式总分类账按全部总账科目设置，可以全面反映每项经济业务的来龙去脉，有利于会计信息使用者分析、利用会计核算资料。但是如果设置的会计科目多，总账的账页就会过长，不便于记账和查阅。

不管哪种格式的总分类账，每月都应将本月已完成的经济业务全部登记入账，并于月末结出总账中各总分类账户的本期发生额和期末余额，与其他有关账簿核对相符之后，作为编制会计报表的主要依据。

总分类账的登记方法需根据采用的会计核算组织程序而定。它可以直接根据各种记账凭证逐笔登记，也可以将各种记账凭证先汇总编制成汇总记账凭证或科目汇总表，再据以登记，还可以根据多栏式现金日记账、银行存款日记账逐笔或定期汇总登记。

（二）明细分类账

为了详细地反映各单位经济活动的情况，为经营管理和编制会计报表提供数据资料，除现金、银行存款外，各单位应根据需要，设置明细分类账，采用不同的账页格式进行明细分类核算。

明细分类账一般采用活页式账簿，但也有少数采用卡片式账簿。明细分类账的格式有很多，一般有以下几种。

1. 三栏式

三栏式明细分类账的账页格式与三栏式总分类账的账页格式相同，即只设有借方、贷方及余额 3 个金额栏，不设数量栏。它主要适用于登记只要求反映金额的经济业务，如应收账款、应付账款等业务，格式如表 6.8 所示。

三栏式明细分类账
实例

表 6.8　　　　　　　　　　　　三栏式明细分类账

会计科目：　　　　　　　　　　二级或明细科目：

年		凭证字号	摘要	借方	贷方	借或贷	余额
月	日						

2. 数量金额式

数量金额式明细分类账在借方（收入）、贷方（发出）和余额（结存）栏下再设数量、单价和金额 3 个小栏。它用来登记既要反映金额又要反映数量的经济业务，如原材料、库存商品等财产物资的收发存等业务，格式如表 6.9 所示。

数量金额式明细
分类账实例

表 6.9   原材料明细分类账

类　别：　　　　　　　　　　　　　　　　　　　　　　　　　　编　　号：
品　名：　　　　　　　　　　　　　　　　　　　　　　　　　　存放地点：
储备定额：　　　　　　　　　　　　　　　　　　　　　　　　　计量单位：

年		凭证		摘要	借方			贷方			余额		
月	日	种类	编号		数量	单价	金额	数量	单价	金额	数量	单价	金额

3. 多栏式

多栏式明细分类账又称分析式明细账，根据经济业务的特点和经营管理的需要，在明细分类账的借方栏或贷方栏按明细项目分设若干专栏，以在同一张账页上集中反映各有关明细项目的详细资料。

多栏式明细分类账主要适用于无须核算数量，且在管理上需要了解其构成内容的收入、费用、利润等科目，如"生产成本""主营业务收入""本年利润"等科目。

多栏式明细账的设置比较灵活，可以是借方多栏（适用于生产成本、制造费用、管理费用、财务费用、主营业务成本、销售费用等成本费用明细账），贷方多栏（适用于主营业务收入、其他业务收入、营业外收入等收入明细账），借贷方多栏（适用于负债如应交税费——应交增值税等，适用于所有者权益如本年利润等明细分类账）。多栏式明细分类账的账页格式如表 6.10～表 6.12 所示。

多栏式明细分类账
实例

表 6.10   制造费用明细分类账

年		凭证	摘要	借方					贷方	借或贷	余额
月	日	字号		工资	福利费	折旧费	办公费	合计			

表 6.11   主营业务收入明细分类账

年		凭证	摘要	借方	贷方					借或贷	余额
月	日	字号			A 产品	B 产品	C 产品	……	合计		

表 6.12   本年利润明细分类账

年		凭证	摘要	借方		贷方		借或贷	余额
月	日	字号			合计		合计		

对于借方多栏式的明细分类账，如生产成本明细分类账，除期末完工产品成本结转记入贷方外，平时只记录借方金额，所以，可以只在借方设多栏，而不设置贷方栏。贷方多栏式的收入类明细分类账则可以只在贷方设多栏，而不设置借方栏。这样的多栏式明细分类账平时都是单方向登记，即平时只在借方或贷方登记。例如，成本、费用类明细分类账，平时只在借方登记，而收入类明细分类账，平时只在贷方登记，当发生冲减成本费用、冲减收入及月末结转分配业务时，可以用红字进行登记，予以冲减。多栏式明细分类账也可以双向登记，如本年利润明细分类账等，要按利润构成项目分借方、贷方设专栏进行登记。

各种明细分类账的登记方法，应根据各单位的业务量大小、人员多少、经济业务内容和经营管理的需要而定。明细分类账由会计人员根据审核无误的原始凭证或标有明细科目及金额的记账凭证登记，可以逐笔登记，也可以逐日或定期汇总登记。但债权债务明细账和财产物资明细账应当每天登记，以便随时与对方单位结算和核对库存余额。

第三节 会计账簿的运用规则

一、账簿启用规则

账簿是重要的会计档案，为保证账簿记录的真实和完整，并明确记账责任，在启用新的会计账簿时，会计人员应在账簿封面上写明单位名称和账簿名称；填写账簿扉页上的"账簿启用及交接表"以登记有关内容。记账人员或会计机构负责人、会计主管人员调动工作或因故离职时，应办理账簿交接手续，在交接记录栏内填明交接日期、接办人员或监交人员姓名，并由交接双方人员签名或盖章。

启用订本式账簿，对于未印制顺序号的账簿，应当从第一页到最后一页顺序编定页数，不得跳页、缺号。使用活页式账页，应当按账户顺序编号，并需定期装订成册。装订后再按实际使用的账页顺序编定页码，另加目录，记明每个账户的名称和页次。

二、账簿登记规则

会计人员应当按规定的方法，依据审核无误的记账凭证及所附的原始凭证登记会计账簿。账簿登记规则如下。

（1）登记会计账簿时，应当将会计凭证日期、编号、业务内容摘要、金额和其他有关资料逐项记入账内，做到数字准确、摘要清楚、登记及时、字迹工整。

（2）登记完毕后，要在记账凭证上签名或者盖章，并注明已经登账的符号，表示已经记账。

（3）账簿中书写的文字和数字上面要留有适当空格，不要写满格，一般应占格距的二分之一，以便留有改错的空间。

（4）登记账簿要用蓝黑墨水或碳素墨水书写，不得使用圆珠笔（银行的复写账簿除外）或铅笔书写。但在下列情况下，可以使用红色墨水记账。

① 按照红字冲账的记账凭证，冲销错误记录；

② 在不设借贷等栏的多栏式账页中，登记减少数；

③ 在三栏式账户的余额栏前，未印明余额方向的，在余额栏内登记负数余额；

④ 会计制度中规定可以用红字登记的其他会计记录。

（5）各种账簿按页次顺序连续登记，不得跳行、隔页。如果发生跳行、隔页，应将空行、空页划线注销或注明"此行空白"或"此页空白"字样，并由记账人员签名或盖章。

（6）凡需要结出余额的账户，结出余额后，应当在"借或贷"等栏内写明"借"或者"贷"等字样。没有余额的账户，应当在"借或贷"等栏内写"平"字，并在余额栏内用"0"表示。现金、银行存款日记账必须逐日结出余额。

（7）每一账页登记完毕结转下页时，应当结出本页合计数及余额，写在本页最后一行和下页第一行有关栏内，并在摘要栏内注明"过次页"和"承前页"字样；也可以将本页合计数及金额只写在下页第一行有关栏内，并在摘要栏内注明"承前页"字样。

（8）账簿记录发生错误，不准涂改、挖补、刮擦或用药水消除字迹，不准重新抄写，必须按规定的办法进行更正。

三、错账更正规则

登记账簿难免会发生错误，产生错账，如重记、漏记、数字颠倒、数字错位、数字记错、科目记错、借贷方向记反等，从而影响会计信息的准确性，应及时找出差错，并予以更正。

（一）查找错账的方法

查找错账的方法，通常有差额法、除二法和除九法。

1. 差额法

差额法就是直接按照错账的差额数字来查找错误的一种方法。有时，会计人员由于工作疏忽，漏记某个数字，使得账与账之间不符，其差额则为漏记的数字。例如，计提短期借款利息3 500 元时，漏记"应付利息"账户。在试算平衡表上，资产总额为 780 000 元，而负债及所有者权益总额则为 776 500 元，其差额 3 500 元是漏记"应付利息"的金额。查错时，应特别注意金额为错误差数的经济业务，看是否漏记。

2. 除二法

除二法就是把错账的差额数字除以 2 来查找错误的一种方法。有时由于疏忽，会计人员会错将借方金额登记到贷方，或者错将贷方金额登记到借方。这就必然会出现一方（借方或贷方）合计数多，而另一方（贷方或借方）的合计数减少的情况，其差额应是记错方向数字的 2 倍，而且差错数为偶数。对这种错误的检查，可采用除二法，即用差错数除以 2，得出的商数就是账中记错方向的数字，然后再去寻找差错的数字就有了目标。

3. 除九法

除九法就是用错账的差额数字除以 9 来查找错误的一种方法。在登记账目时，会计人员有时会把数字的位数记错，如错将 1 500 记为 150，错将 200 记为 2 000；或者将应记账的数字颠倒，如把 28 错写成 82。这两种错误造成的差额均为 9 的倍数。采用除九法，就是要根据错账的差额是否能被 9 除尽，进一步判断错账发生的原因。

（二）错账更正的方法

经上述各项核对之后，若发现账簿记录或凭证记录有错，应根据错误发生的具体情况，采用正确的方法予以更正。记账差错的具体情况不同，更正错误的方法也不同。一般常用的更正错误的方法有划线更正法、红字更正法和补充登记法。

1. 划线更正法

划线更正法是指用红线注销原有错误记录，然后在红线上面写上正确记录、更正错误的一种错账更正方法。它主要适用于结账以前发现账簿记录中文字或数字有错误，而其所依据的记账凭证没有错误，即纯属记账时文字或数字笔误的情况。更正时，先在错误的文字或数字上画一条红色横线，表示注销，但必须使原有字迹仍可辨认，以备查考；然后在红线上方空白处用蓝字写上正确的文字或数字，并由记账人员在更正处盖章，以明确责任。必须注意，对于文字错误，可只划去错误的部分。而对于数字错误，必须将整笔数字用红线全部划去，不能只划去其中的几个错误数字。例如，将 6 900 错写成 9 600，应将 9 600 整个数字全部用红线划去，再在红线上面空白处用蓝字或黑字写 6 900 予以更正。

2. 红字更正法

红字更正法又称"赤字冲账法""红字冲销法"，是指用红字冲销或冲减原数额，以更正或调整账簿记录错误的一种方法。

红字更正法适用于下列两种情况。

（1）根据记账凭证所记录的内容记账以后，在当年内发现记账凭证中应借、应贷的会计科目错误或记账方向错误。这时更正的方法是：先用红字填写一张与原错误记账凭证内容完全相同的记账凭证，在摘要栏注明"注销某月某日某号凭证"字样，并据以用红字登记入账，冲销原有错误的账簿记录；同时再用蓝字或黑字重新填制一张正确的记账凭证，在摘要栏注明"订正某月某日某号凭证"字样，并据以用蓝字或黑字登记入账。

【例6.1】金源公司在 202×年 2 月末结账前发现，本月 2 日生产产品领用材料 4 500 元，填制记账凭证时，编号为转字第 05，会计分录如下。

借：制造费用　　　　　　　　　　　　　　　　　　　　4 500
　　贷：原材料　　　　　　　　　　　　　　　　　　　　　　　4 500

此记账凭证的问题为会计科目记错，应借记"生产成本"科目。更正错误的方法是：先用红字填写一张记账凭证，其会计分录如下（分录中方框表示红字，下同）。

借：制造费用　　　　　　　　　　　　　　　　　　　 4 500
　　贷：原材料　　　　　　　　　　　　　　　　　　　　　　 4 500

在摘要栏注明"注销 202×年 2 月 2 日转账凭证：转字第 05"字样。

再用蓝字或黑字填制一张正确的记账凭证，其会计分录如下。

借：生产成本　　　　　　　　　　　　　　　　　　　　4 500
　　贷：原材料　　　　　　　　　　　　　　　　　　　　　　　4 500

在摘要栏注明"订正 202×年 2 月 2 日转账凭证：转字第 05"字样。

（2）根据记账凭证所记录的内容记账以后，发现记账凭证上应借应贷的会计科目、记账方向都没有错误，只是所记金额大于应记金额，造成账簿记录有错误。更正的方法是：将多记金额（即正确金额与错误金额之间的差）用红字编制一张与原错误记账凭证所记载的应借、应贷会计科目和记账方向完全相同的记账凭证，在摘要栏注明"冲销某月某日某号凭证多记金额"字样，以冲销多记金额，并据以登记入账。

【例6.2】金源公司在 202×年 2 月末结账前发现，本月 5 日用银行存款 22 300 元购买机器设备，编制记账凭证时误将 22 300 元写为 23 200 元（记账凭证编号为银付第 08）。会计分录如下。

借：固定资产　　　　　　　　　　　　　　　　　　23 200
　　贷：银行存款　　　　　　　　　　　　　　　　　23 200

此记账凭证的错误为金额多记 900 元。更正方法是用红字填制一张记账凭证，冲减多记金额 900（23 200 - 22 300）元。

借：固定资产　　　　　　　　　　　　　　　　　　900
　　贷：银行存款　　　　　　　　　　　　　　　　　900

在摘要栏注明"冲销 202×年 2 月 5 日付款凭证：银付第 08 多记金额"字样。

3. 补充登记法

补充登记法是指用蓝字或黑字增记金额，调整账簿记录错误的一种方法。补充登记法适用于记账凭证上应借、应贷的会计科目、记账方向都没有错误，只是所记金额小于应记金额，造成账簿记录错误的情况。更正时，将少记金额用蓝字或黑字编制一张与原错误记账凭证所记载的应借、应贷会计科目和记账方向完全相同的记账凭证，在摘要栏注明"补记某月某日某号凭证少记金额"字样，以补记少记金额，并据以登记入账。

【例 6.3】金源公司在 202×年 5 月末结账前发现，本月 12 日收到客户欠款合计 45 000 元。编制记账凭证时，记账凭证编号为银收第 21，会计分录如下。

借：银行存款　　　　　　　　　　　　　　　　　　4 500
　　贷：应收账款　　　　　　　　　　　　　　　　　4 500

此记账凭证的错误为金额少记 40 500 元。更正方法是：用蓝字或黑字填制一张记账凭证，增记金额 40 500（45 000 - 4 500）元。

借：银行存款　　　　　　　　　　　　　　　　　　40 500
　　贷：应收账款　　　　　　　　　　　　　　　　　40 500

在摘要栏注明"补记 202×年 5 月 12 日收款凭证（银收第 21）少记金额"字样。

四、总分类账与明细分类账的平行登记规则

总分类账是按照总分类账户开设，用于提供总括指标的账簿；明细分类账是按照总分类账户所属的明细账户开设，用于提供明细指标的分类账簿。在总分类账中进行的核算称为总分类核算（简称总核算），在明细分类账中进行的核算称为明细分类核算（简称明细核算）。各单位在进行总分类核算的同时，应根据管理的需要，进行必要的明细分类核算。

从提供指标之间的关系来看，总账对其所属明细账起统驭和控制的作用，可称为统驭账户或控制账户；明细账则对其所隶属的总账起辅助和补充的作用，可称为从属账户。

在会计实务中，有些账户没有必要进行明细核算，所以不设明细分类账户。这样的总分类账户不能称为统驭账户或控制账户。总分类账与其所属的明细分类账核算的经济内容相同，提供的核算资料相互补充，但是详简程度不同。因此，在核算时，必须采用平行登记的方法。

所谓平行登记，就是对每一项经济业务，根据会计凭证，一方面要在有关的总分类账中进行总括登记；另一方面要在其所属的有关明细分类账中进行明细登记，登记总分类账和明细分类账的原始依据应该相同，会计期间应该一致，借贷方向应该一致，金额应该相等。

总分类账与其所属明细分类账平行登记的规则如下。

（一）依据相同

依据相同是指对发生的经济业务，都要以相关的会计凭证为依据，既登记有关总分类账，

又登记其所属的明细分类账。

（二）期间相同

期间相同是指对每一项经济业务在记入总分类账和所属的明细分类账的过程中，可能时间先后不同，但必须在同一会计期间双方都登记入账，不能只登总分类账，不登明细分类账；或只登明细分类账，不登总分类账。

（三）方向一致

方向一致指对每一项经济业务，总分类账和所属的明细分类账登记的方向应相同。一般来说，总分类账记入借方，明细分类账也应记入借方，反之都应记入贷方。但是对于不设置贷方栏或不设置借方栏的多栏式明细账来说，当发生冲减组成项目额的业务时，只能用红字进行登记。例如，管理费用多栏式明细账，当发生冲减费用及月末结转分配业务时，只能用红字在借方进行登记，表示冲减。对于冲减费用及月末结转分配业务，管理费用总账是在贷方登记。这里明细账以红字在相反的方向进行登记，表示总账中相同方向的记录。

（四）金额相等

金额相等是指记入总分类账的金额和记入其所属的明细分类账的金额合计相等。依据平行登记规则记账后，总分类账和所属的明细分类账之间形成如下相互对应的数量关系。

（1）总分类账有关账户的本期发生额与其所属的各个明细分类账户本期发生额的合计数相等，以公式表示如下。

总账本期发生额 = 所属明细账本期发生额合计

（2）总分类账有关账户的期末余额与其所属的各个明细分类账户的期末余额的合计数相等，以公式表示如下。

总账期末余额 = 所属明细账期末余额合计

【例 6.4】金源公司 202×年 5 月 1 日原材料和应付账款的期初余额分别如表 6.13 和表 6.14 所示。

表 6.13　　　　　　　　　　　原材料账户账面余额

会计科目	数量（千克）	单价（元/千克）	金额（元）
原材料			78 000
——甲材料	1 250	20	25 000
——乙材料	5 300	10	53 000

表 6.14　　　　　　　　　　　应付账款账户账面余额

会计科目	借方金额（元）	贷方金额（元）
应付账款		50 000
——光明厂		24 000
——顺达公司		26 000

5 月，金源公司发生以下经济业务。

① 2 日，向光明厂购进甲材料 1 000 千克，单价 20 元，材料已验收入库，货款以银行存款支付（增值税略，下同）。

② 5 日，生产产品领用甲材料 500 千克，单价 20 元，共计 10 000 元；领用乙材料 300 千克，每千克 10 元，共计 3 000 元。

③ 12 日，向顺达公司购进乙材料 400 千克，单价 10 元，材料已验收入库，货款尚未支付。

④ 26 日，以银行存款 4 000 元偿还顺达公司货款。

⑤ 30 日，向光明厂购进甲材料 1 000 千克，单价 20 元，向顺达公司购进乙材料 500 千克，单价 10 元，材料都已验收入库，货款尚未支付。

根据上述经济业务编制如下会计分录。

① 借：原材料——甲材料　　　　　　　　　　　　　　20 000
　　　贷：银行存款　　　　　　　　　　　　　　　　　　　20 000
② 借：生产成本　　　　　　　　　　　　　　　　　　13 000
　　　贷：原材料——甲材料　　　　　　　　　　　　　　10 000
　　　　　　　　——乙材料　　　　　　　　　　　　　　　3 000
③ 借：原材料——乙材料　　　　　　　　　　　　　　 4 000
　　　贷：应付账款——顺达公司　　　　　　　　　　　　 4 000
④ 借：应付账款——顺达公司　　　　　　　　　　　　 4 000
　　　贷：银行存款　　　　　　　　　　　　　　　　　　　4 000
⑤ 借：原材料——甲材料　　　　　　　　　　　　　　20 000
　　　　　　　　——乙材料　　　　　　　　　　　　　　　5 000
　　　贷：应付账款——光明厂　　　　　　　　　　　　　20 000
　　　　　　　　——顺达公司　　　　　　　　　　　　　　5 000

根据上述会计分录登记的总分类账户和明细分类账户分别如表 6.15 和表 6.16 所示。

表 6.15 　　　　　　　　　　　　　　　　总分类账户

会计科目：原材料

202×年		凭证		摘要	借方	贷方	借或贷	余额
月	日	字	号					
5	1			月初余额			借	78 000
	2	略		购进材料	20 000		借	98 000
	5			生产领用材料		13 000	借	85 000
	12			购进材料	4 000		借	89 000
	26			购进材料	25 000		借	114 000
	30			本月合计	49 000	13 000	借	114 000

会计科目：应付账款

202×年		凭证		摘要	借方	贷方	借或贷	余额
月	日	字	号					
5	1			月初余额			贷	50 000
	2	略	略	购进材料		4 000	贷	54 000
	2			偿还货款	4 000		贷	50 000
	3			购进材料		25 000	贷	75 000
				本月合计	4 000	29 000	贷	75 000

表 6.16   明细分类账户

原材料明细账

类别：原材料   存放地点：库房 1

品名：甲材料

编号：101   计量单位：千克

202×年		凭证		摘要	收入			发出			结存		
月	日	字	号		数量	单价	金额	数量	单价	金额	数量	单价	金额
5	1			月初余额							1 250	20	25 000
	2	略	略	购进材料	1 000	20	20 000				2 250	20	45 000
	5			生产领用材料				500	20	10 000	1 750	20	35 000
	30			购进材料	1 000	20	20 000				2 750	20	55 000
	31			本月合计	2 000		40 000	500		10 000	2 750	20	55 000

原材料明细账

类别：原材料   存放地点：库房 1

品名：乙材料

编号：102   计量单位：千克

202×年		凭证		摘要	收入			发出			结存		
月	日	字	号		数量	单价	金额	数量	单价	金额	数量	单价	金额
5	1			月初余额							5 300	10	53 000
	5	略	略	生产领用材料				300	10	3 000	5 000	10	50 000
	12			购进材料	400	10	4 000				5 400	10	54 000
	30			购进材料	500	10	5 000				5 900	10	59 000
	31			本月合计	900		9 000	300		3 000	5 900	10	59 000

应付账款明细账

会计科目：应付账款   明细科目：光明厂

202×年		凭证		摘要	借方	贷方	借或贷	余额
月	日	字	号					
5	1			月初余额			贷	24 000
	30	略	略	购进材料		20 000	贷	44 000
	31			本月合计		20 000	贷	44 000

会计科目：应付账款   明细科目：顺达公司

202×年		凭证		摘要	借方	贷方	借或贷	余额
月	日	字	号					
5	1			月初余额			贷	26 000
	2	略	略	购进材料		4 000	贷	30 000
	6			偿还货款	4 000		贷	26 000
	0			购进材料		5 000	贷	31 000
	3			本月合计	4 000	9 000	贷	31 000

第四节 | 结账和对账

为了总结一定会计期间（月度、季度或年度）的经济活动变化情况和结果，满足编制会计报表、提供信息和保证账簿记录正确等的需要，各单位必须在期末进行结账和对账。

一、结账

（一）结账的概念

定期编制反映企业财务状况和经营成果的财务报告以满足不同方面对会计信息的需求，是会计核算工作的一个极为重要的内容。为了在会计期末时提供编制这些会计报表特别是反映经营成果的报表所需要的数据，分类账中各收入和费用类账户就必须包括且只包括本会计期间的数额。也就是说，为了要使这些账户在会计期末时提供编制各种报表所需要的资料，它们所归集的数据必须都属于本会计期间；资产负债表类的账户在本期内也发生了增减变化，为了了解期末的财务状况，就应计算这些账户的期末余额。换句话说，企业单位所有收入和费用类账户在会计期末时的余额都应该表现为零，才能使它们在下个会计期间开始时没有期初余额，而重新归集各种报表所需要的数据。在会计上，使这些利润表类账户的期末余额都成为零，确定资产负债表类账户的发生额和余额，是通过一种称作"结账"的程序来完成的。

结账是会计期末对账簿所做的汇总和结转工作，就是把一定会计期间所发生的经济业务，在全部登记入账后，计算出每个账户的本期发生额和期末余额，并将余额结转下期或下年新账的过程。通过结账，分清上下期的会计记录，结出本期损益，为编制会计报表做好准备工作。

（二）结账的步骤及内容

企业在会计核算过程中使用的账户实际上可分为两大部分：一部分是反映企业单位收入的实现、费用的发生情况的损益类账户，即利润表账户，也可称为虚账户；另一部分是反映企业单位资产、负债、所有者权益情况的资产负债表类账户，也可称为实账户。对于这两类账户，结账时的处理方法是不同的。

结账工作主要包括以下几个步骤及具体内容。

（1）结账前，必须将本期发生的全部经济业务登记入账，所以，在结账时，就要首先查明这些经济业务是否已全部登记入账。

（2）在本期经济业务全面入账的基础上，按照权责发生制原则的要求，将收入和费用归属于各个相应的会计期间，即编制调整分录，包括摊配已登记入账的预付费用和预收收益；计提本期应承担但尚未支付的应付或预提费用；确认已实现但尚未收到的应收收益等，再据以登记入账。

（3）编制结账分录。对于各种收入、费用类账户的余额，应在有关账户之间进行结转，从而结束各有关收入和费用类账户。也就是将这些反映损益的收入和费用类账户如"主营业务收入""税金及附加""管理费用""财务费用""销售费用"等损益类账户的余额转入"本年利润"账户，以便在这些损益类账簿上重新记录下一个会计期间的业务。上一个会计期间的成果不能带到下一个会计期间，每一个会计期间开始时，经营成果的计算都是从零开始的。结账分录包括两部分，一部分是结转收入的，即"借记有关的收入类账户，贷记本年利润账户"，另一部分是结转费用的，即"借记本年利润账户，贷记有关的费用类账户"。结账分录也需要登记到相应的账簿中去。

这里需要注意：通过编制结账分录并过入各账户，以结平各损益类账户的方法称为账结法。账结法可以在平时每个月末采用，也可以集中于年末采用。如果是集中在年末采用账结法，平时可以保持各个损益类账户的余额不变，使得各损益类账户累计地反映全年的收入和费用情况。平时的月末（1月～11月），为了编制利润表，可以在报表中对有关的收入和费用账户进行结转，即采用所谓的表结法。但无论采用何种方法，年末时必须按照账结法结平各损益类账户。

（4）计算各账户的本期发生额合计和期末余额。按照《会计工作基础规范》的要求，结账时，应当结出各个账户的期末余额，需要结出当月发生额的，应当在摘要栏内注明"本月合计"字样，并在下面通栏画单红线。需要结出本年累计发生额的，应当在摘要栏内注明"本年累计"字样，在全年累计发生额下面应当通栏画双红线。本年各实账户的年末余额转入下年，应在摘要栏注明"结转下年"及"上年结转"字样。

（三）结账的方法

结账主要分为月结、季结和年结，各有着不同的结账方法。结账时，应当根据不同的账户记录，分别采用不同的方法。

（1）对不需要按月结计本期发生额的账户，如各项应收应付款明细账和各项财产物资明细账等，每次记账以后，都要随时结出余额，每月最后一笔余额即为月末余额。月末结账时，只需要在最后一笔经济业务记录之下通栏画单红线，不需要再结计一次余额。

（2）库存现金、银行存款日记账和需要按月结计发生额的收入、费用等明细账，每月结账时，要在最后一笔经济业务记录之下通栏画单红线，结出本月发生额及余额，在摘要栏内注明"本月合计"字样，在下面再通栏画单红线。

（3）需要结计本年累计发生额的某些明细账户，如收入、费用明细账等，每月结账时，应在"本月合计"行下结出自年初起至本月末止的累计发生额，登记在月份发生额下面，在摘要栏内注明"本年累计"字样，并在下面再通栏画单红线。12月末时"本年累计"就是全年累计发生额，全年累计发生额下通栏画双红线。

（4）总账账户平时只需结出月末余额。年终结账时，为了总括地反映全年各项资金运动情况的全貌，核对账目，要将所有总账账户结出全年发生额和年末余额，在摘要栏内注明"本年合计"字样，并在合计数下通栏画双红线。

二、对账

对账就是在有关经济业务入账后，进行账簿记录核对的工作。对账的目的是确保账簿记录的正确、真实、完整，保证账证相符、账账相符、账实相符。对账包括日常核对和定期核对两种。日常核对是指会计人员在编制会计凭证时，对原始凭证和记账凭证的审核，以及在登记账簿时对账簿记录与会计凭证的核对。定期核对是指在期末结账前，对凭证、账簿记录等进行的核对。对账的内容主要包括账证核对、账账核对和账实核对3个方面。

（一）账证核对

账证核对就是将各种会计账簿（总分类账、明细分类账及现金和银行存款日记账等）的记录与有关会计凭证（记账凭证及所附的原始凭证）的内容相核对。按照我国《会计法》和国家统一会计制度的规定，会计账簿的登记，必须以经过审核的会计凭证为依据。账证核对主要是在日常编制凭证和记账过程中进行，做到随时发现错误，随时查明纠正。月末如发现账账不符或账实不符，应回过头来对账簿记录与会计凭证进行核对。核对时，将会计账簿的记录与原始凭证、记账凭证的时间、凭证号、摘要、金额、记账方向等相互核对，保证二者相符。

（二）账账核对

账账核对就是对不同会计账簿之间的记录进行核对。每一项经济业务，一方面要记入总分类账；另一方面要记入相关的明细分类账，对于涉及货币资金收付的业务，还要记入相关的日记账。账账相符要求核对不同会计账簿之间的记录，主要包括以下内容。

（1）总分类账各账户的期末借方余额合计数与期末贷方余额合计数的核对。

（2）现金、银行存款日记账的期末余额、各明细分类账户的期末余额合计数与有关总分类账各账户期末余额的核对。

（3）会计部门的财产物资明细账期末余额与财产物资保管和使用部门的有关明细账期末余额的核对等。

核对的方法是编制总分类账试算平衡表、总分类账与其所属明细分类账余额明细表等。

（三）账实核对

账实核对就是将各种财产物资的账面余额与实有数额相核对，具体包括以下内容。

（1）现金日记账账面余额与现金实际库存数相核对。

（2）银行存款日记账账面余额定期与银行对账单相核对。

（3）固定资产、原材料、库存商品等各种财产物资明细账账面余额与财产物资的实存数额相核对。

（4）各种应收、应付款明细账账面余额与有关债务、债权单位或者个人相核对等。

知识链接

《会计基础工作规范》中有关账簿的相关规定

第五十六条　各单位应当按照国家统一会计制度的规定和会计业务的需要设置会计账簿。会计账簿包括总账、明细账、日记账和其他辅助性账簿。

第五十七条　现金日记账和银行存款日记账必须采用订本式账簿。不得用银行对账单或者其他方法代替日记账。

第五十八条　实行会计电算化的单位，用计算机打印的会计账簿必须连续编号，经审核无误后装订成册，并由记账人员和会计机构负责人、会计主管人员签字或者盖章。

第五十九条　启用会计账簿时，应当在账簿封面上写明单位名称和账簿名称。在账簿扉页上应当附启用表，内容包括启用日期、账簿页数、记账人员和会计机构负责人、会计主管人员姓名，并加盖名章和单位公章。记账人员或者会计机构负责人、会计主管人员调动工作时，应当注明交接日期、接办人员或者监交人员姓名，并由交接双方人员签名或者盖章。启用订本式账簿，应当从第一页到最后一页顺序编定页数，不得跳页、缺号。使用活页式账页，应当按账户顺序编号，并须定期装订成册。装订后再接实际使用的账页顺序编定页码。另加目录，记明每个账户的名称和页次。

第六十条　会计人员应当根据审核无误的会计凭证登记会计账簿。登记账簿的基本要求是：

（一）登记会计账簿时，应当将会计凭证日期、编号、业务内容摘要、金额和其他有关资料逐项记入账内；做到数字准确、摘要清楚、登记及时、字迹工整。

（二）登记完毕后，要在记账凭证上签名或者盖章，并注明已经登账的符号，表示已经记账。

（三）账簿中书写的文字和数字上面要留有适当空格，不要写满格；一般应占格距的二分之一。

（四）登记账簿要用蓝黑墨水或者碳素墨水书写，不得使用圆珠笔（银行的复写账簿除外）或者铅笔书写。

（五）下列情况，可以用红色墨水记账：（1）按照红字冲账的记账凭证，冲销错误记录；（2）在不设借贷等栏的多栏式账页中，登记减少数；（3）在三栏式账户的余额栏前，未印明余额方面的，在余额栏内登记负数余额；（4）根据国家统一会计制度的规定可以用红字登记的其他会计记录。

（六）各种账簿按页次顺序连续登记，不得跳行、隔页。如果发生跳行、隔页，应当将空行、空页画线注销，或者注明"此行空白""此页空白"字样，并由记账人员签名或者盖章。

（七）凡需要结出余额的账户，结出余额后。应当在"借或贷"等栏内写明"借"或者"贷"，等字样。没有余额的账户，应当在"借或贷"等栏内写"平"字，并在余额栏内用"0"表示。现金日记账和银行存款日记账必须逐日结出余额。

（八）每一账页登记完毕结转下页时，应当结出本页合计数及余额，写在本页最后一行和下页第一行有关栏内，并在摘要栏内注明"过次页"和"承前页"字样；也可以将本页合计数及金额只写在下页第一行有关栏内，并在摘要栏内注明"承前页"字样。对需要结计本月发生额的账户，结计"过次页"的本页合计数应当为自本月初起至本页末止的发生额合计数；对需要结计本年累计发生额的账户，结计"过次页"的本页合计数应当为自年初起至本页末止的累计数；对既不需要结计本月发生额也不需要结计本年累计发生额的账户，可以只将每页末的余额结转次页。

第六十一条　实行会计电算化的单位，总账和明细账应当定期打印。发生收款和付款业务的，在输入收款凭证和付款凭证的当天必须打印出现金日记账和银行存款日记账，并与库存现金核对无误。

第六十二条　账簿记录发生错误，不准涂改、挖补、刮擦或者用药水消除字迹，不准重新抄写，必须按照下列方法进行更正。

（一）登记账簿时发生错误，应当将错误的文字或者数字画红线注销，但必须使原有字迹仍可辨认；然后在画线上方填写正确的文字或者数字，并由记账人员在更正处盖章。对于错误的数字，应当全部画红线更正，不得只更正其中的错误数字。对于文字错误，可只划去错误的部分。

（二）由于记账凭证错误而使账簿记录发生错误，应当按更正的记账凭证登记账簿。

第六十三条　各单位应当定期对会计账簿记录的有关数字与库存实物、货币资金、有价证券、往来单位或者个人等进行相互核对，保证账证相符、账账相符、账实相符。对账工作每年至少进行一次。

（一）账证核对。核对会计账簿记录与原始凭证、记账凭证的时间、凭证字号、内容、金额是否一致，记账方向是否相符。

（二）账账核对。核对不同会计账簿之间的账簿记录是否相符，包括：总账有关账户的余额核对，总账与明细账核对，总账与日记账核对，会计部门的财产物资明细账与财产物资保管和使用部门的有关明细账核对等。

（三）账实核对。核对会计账簿记录与财产等实有数额是否相符，包括：现金日记账账面余额与现金实际库存数相核对；银行存款日记账账面余额定期与银行对账单相核对；各种财物明细账账面余额与财物实存数额相核对；各种应收、应付款明细账账面余额与有关债务、债权单位或者个人核对等。

第六十四条　各单位应当按照规定定期结账。

（一）结账前，必须将本期内所发生的各项经济业务全部登记入账。

（二）结账时，应当结出每个账户的期末余额。需要结出当月发生额的，应当在摘要栏内注明"本月合计"字样，并在下面通栏画单红线。需要结出本年累计发生额的，应当在摘要栏内注明"本年累计"字样，并在下面通栏画单红线；12月末的"本年累计"就是全年累计发生额。全年累计发生额下面应当通栏画双红线。年度终了结账时，所有总账账户都应当结出全年发生额和年末余额。

（三）年度终了，要把各账户的余额结转到下一会计年度，并在摘要栏注明"结转下年"字样；在下一会计年度新建有关会计账簿的第一行余额栏内填写上年结转的余额，并在摘要栏注明"上年结转"字样。

（资料来源：《会计基础工作规范》，2019年3月14日中华人民共和国财政部令第98号）

第五节　会计账簿的更换和保管

一、账簿的更换

为了清晰地反映各个会计年度的财务状况和经营成果，新的会计年度开始时，一般都要启用新账簿，并将上年度的会计账簿归档保管。

一般情况下，现金日记账、银行存款日记账、总分类账及绝大多数明细分类账，每年都要更换新账。但有些财产物资明细账、债权债务明细账，涉及材料品种、规格和往来单位较多，更换新账的工作量较大，因此，可以跨年度使用，不必每年更换一次，各种备查簿也可以连续使用。但在"摘要"栏内，要加盖"结转下年"戳记，以划分新旧年度之间的金额。

更换的新账，要把上年各账户的余额都结转过来。结转账簿年度余额时在本账簿中最后一笔记录的下一行"摘要"栏注明"结转下年"字样，同时将旧账簿中各账户的余额直接记入新账簿中有关账户新账页的第一行"余额"栏内，在"摘要"栏内注明"上年结转"字样，并标明余额方向，余额方向应同上一个会计年度本账户的余额方向相同。在新旧账户之间转记余额，无须填制记账凭证，但应核对相符。

在年度内，订本账记满更换新账时，办理与年初更换新账簿相似的手续。

二、账簿的保管

会计账簿和会计凭证、会计报表等都是企业重要的会计档案和历史资料，必须妥善保管，不得任意丢失和销毁。

使用中的各种会计账簿日常应由各自分管的记账人员专门保管，既要安全、完整，又要使用方便。年末结账后，会计人员应在活页账簿前面加附"账簿启用及交接表（或经管账簿人员一览表）"装订成册，并加上封面，统一编号后，与各种订本账一并归档。各种账簿应按年度分类归档，编制目录，妥善保管。这样既保证在需要时能迅速查阅，又保证各种账簿的安全和完整。

　　会计账簿应按照规定期限严格保管，保管期满后按规定销毁。各种账簿的保管期限和销毁的审批程序，应按有关的规定严格执行。依据我国现行的《会计档案管理办法》，企业和其他组织会计凭证、会计账簿、财务报告及其他会计资料具体保管年限如表 6.17 所示。

表 6.17　　　　　　　　　　企业和其他组织会计档案保管期限表

序号	档案名称	保管期限	备注
一	会计凭证		
1	原始凭证	30 年	
2	记账凭证	30 年	
二	会计账簿		
3	总账	30 年	
4	明细账	30 年	
5	日记账	30 年	
6	固定资产卡片		固定资产报废清理后保管 5 年
7	其他辅助性账簿	30 年	
三	财务报告		
8	月度、季度、半年度财务报告	10 年	
9	年度财务报告	永久	
四	其他会计资料		
10	银行存款余额调节表	10 年	
11	银行对账单	10 年	
12	纳税申报表	10 年	
13	会计档案移交清册	30 年	
14	会计档案保管清册	永久	
15	会计档案销毁清册	永久	
16	会计档案鉴定意见书	永久	

（资料来源：《会计档案管理办法》，中华人民共和国财政部 国家档案局令第 79 号）

知识链接

会计档案管理办法（节选）

　　第一条　为了加强会计档案管理，有效保护和利用会计档案，根据《中华人民共和国会计法》《中华人民共和国档案法》等有关法律和行政法规，制定本办法。

　　第五条　单位应当加强会计档案管理工作，建立和完善会计档案的收集、整理、保管、利用和鉴定销毁等管理制度，采取可靠的安全防护技术和措施，保证会计档案的真实、完整、可用、安全。

　　第六条　下列会计资料应当进行归档。

　　（一）会计凭证，包括原始凭证、记账凭证；

　　（二）会计账簿，包括总账、明细账、日记账、固定资产卡片及其他辅助性账簿；

（三）财务报告，包括月度、季度、半年度、年度财务报告；

（四）其他会计资料，包括银行存款余额调节表、银行对账单、纳税申报表、会计档案移交清册、会计档案保管清册、会计档案销毁清册、会计档案鉴定意见书及其他具有保存价值的会计资料。

第七条　单位可以利用计算机、网络通信等信息技术手段管理会计档案。

第八条　同时满足下列条件的，单位内部形成的属于归档范围的电子会计资料可仅以电子形式保存，形成电子会计档案。

（一）形成的电子会计资料来源真实有效，由计算机等电子设备形成和传输；

（二）使用的会计核算系统能够准确、完整、有效接收和读取电子会计资料，能够输出符合国家标准归档格式的会计凭证、会计账簿、财务会计报表等会计资料，设定了经办、审核、审批等必要的审签程序；

（三）使用的电子档案管理系统能够有效接收、管理、利用电子会计档案，符合电子档案的长期保管要求，并建立了电子会计档案与相关联的其他纸质会计档案的检索关系；

（四）采取有效措施，防止电子会计档案被篡改；

（五）建立电子会计档案备份制度，能够有效防范自然灾害、意外事故和人为破坏的影响；

（六）形成的电子会计资料不属于具有永久保存价值或者其他重要保存价值的会计档案。

第十一条　当年形成的会计档案，在会计年度终了后，可由单位会计管理机构临时保管一年，再移交单位档案管理机构保管。因工作需要确需推迟移交的，应当经单位档案管理机构同意。

单位会计管理机构临时保管会计档案最长不超过三年。临时保管期间，会计档案的保管应当符合国家档案管理的有关规定，且出纳人员不得兼管会计档案。

第十二条　单位会计管理机构在办理会计档案移交时，应当编制会计档案移交清册，并按照国家档案管理的有关规定办理移交手续。

第十三条　单位应当严格按照相关制度利用会计档案，在进行会计档案查阅、复制、借出时履行登记手续，严禁篡改和损坏。

单位保存的会计档案一般不得对外借出。确因工作需要且根据国家有关规定必须借出的，应当严格按照规定办理相关手续。

第十四条　会计档案的保管期限分为永久、定期两类。定期保管期限一般分为 10 年和 30 年。

会计档案的保管期限，从会计年度终了后的第一天算起。

第十五条　各类会计档案的保管期限原则上应当按照本办法附表执行，本办法规定的会计档案保管期限为最低保管期限。

第二十四条　单位之间交接会计档案时，交接双方应当办理会计档案交接手续。

移交会计档案的单位，应当编制会计档案移交清册，列明应当移交的会计档案名称、卷号、册数、起止年度、档案编号、应保管期限和已保管期限等内容。

电子会计档案应当与其元数据一并移交，特殊格式的电子会计档案应当与其读取平台一并移交。档案接受单位应当对保存电子会计档案的载体及其技术环境进行检验，确保所接收电子会计档案的准确、完整、可用和安全。

第三十一条　本办法由财政部、国家档案局负责解释，自 2016 年 1 月 1 日起施行。1998 年 8 月 21 日财政部、国家档案局发布的《会计档案管理办法》（财会字〔1998〕32 号）同时废止。

（资料来源：《会计档案管理办法》，中华人民共和国财政部 国家档案局令第 79 号）

思考与练习

一、选择题

1. [单选]银行存款日记账的收入方除了根据银行存款收款凭证登记外，有时还要根据（　　）登记。

    A. 银行存款付款凭证　　　　　　　　B. 现金收款凭证

    C. 现金付款凭证　　　　　　　　　　D. 转账凭证

2. [单选]不可以采用三栏式账页的是（　　）。

    A. 总账　　　　　　　　　　　　　　B. 应付账款明细账

    C. 现金日记账　　　　　　　　　　　D. 原材料明细账

3. [单选]记账后，如果发现记账错误是由于记账凭证所列示的会计科目有错误引起的，可采用的更正错账方法是（　　）。

    A. 红字更正法　　　B. 划线更正法　　　C. 补充登记法　　　D. AB 均可

4. [多选]下列关于订本账的表述错误的有（　　）。

    A. 在账簿启用之前就已将账页装订在一起

    B. 同一账簿在同一时间能由多人记载

    C. 一般适用于明细账

    D. 优点是可以防止账页被抽换，避免账页散失

5. [多选]下列关于会计账簿的说法，正确的有（　　）。

    A. 由一定格式的账页组成

    B. 以经过审核的会计凭证为依据

    C. 设置和登记会计账簿是编制财务报表的基础

    D. 通过账簿的设置和登记，能够分类和汇总信息

二、业务题

1. 错账更正。某企业 202×年 5 月查账时发现下列错账。

（1）从银行提现金 3 500 元，过账后，发现记账凭证没错，账簿错将金额记为 5 300 元。

（2）接受某企业投资固定资产，评估确认价值 70 000 元。查账时发现凭证与账簿均记为"借：固定资产 70 000；贷：资本公积 70 000"。

（3）以银行存款偿还短期借款 4 000 元，查账时发现凭证与账簿中科目没有记错，但金额均记为 40 000 元。

2. 总分类账与明细分类账的平行登记。某企业"原材料"账户 202×年 5 月 1 日的余额为 36 500 元，其中：甲材料 650 千克，单价 20 元；乙材料 2 350 千克，单价 10 元。本月发生下列原材料收发业务。

（1）购入甲材料 480 千克，单价 20 元；乙材料 1 000 千克，单价 10 元。材料已经验收入库，货款已付。

（2）仓库发出材料，各类用途如下：生产产品领用甲材料 360 千克、乙材料 1 500 千克，

车间领用甲材料 200 千克，行政管理部门领用乙材料 500 千克。

要求：① 编制本月业务的会计分录；② 开设并登记原材料总账（"T"形账户）和明细分类账户；③登记总账和明细账。

三、思考题

1. 会计账簿发挥的作用主要体现在哪几个方面？

2. 账簿按用途可分为哪几类？按外表形式可分为哪几类？各自的优缺点是什么？

3. 通过学习，你所掌握的账簿启用和登记的规则有哪些？这些规则有无现实意义？

4. 更正错账有几种方法？各适用于什么情况？

5. 对账的意义是什么？对账的内容主要包括哪些？为什么要核对这些内容，它们之间具有何种关系？

6. 保管会计账簿应注意哪些问题？

第七章 | 成本计算

学习目标

1. 了解成本计算的概念与作用。
2. 掌握成本计算的原理和成本计算的基本要求。
3. 掌握成本计算的基本程序。
4. 运用成本计算原理进行材料采购成本、产品制造成本和产品销售成本的计算。

引导案例

2019 年 9 月 20 日是苹果新一代智能手机 iPhone 11 系列全球首发的日子，iPhone 11 Pro Max 顶配售价达到了 12 699 元。高达 12 699 元的售价让很多用户望而却步，同时也让我们对 iPhone 的"真实"成本充满好奇心。不少购买者可能会这样认为：具备高贵典雅外形的 iPhone 11 Pro Max 肯定制造成本高昂，所以售价再高也是合情合理。不过，真相并非如此。国外机构 Techinsights 对苹果 iPhone 11 Pro Max 进行了拆解，并分析了其整体的 BOM（Bill Of Material，物料清单）物料成本。根据分析，iPhone 11 Pro Max（512GB 版本）的 BOM 物料成本为 490.5 美元(如右图所示)，约合人民币 3 493 元，为其国行版定价 12 699 元的 27.5%。

iPhone 11 Pro Max 零部件	价格（美元）
应用处理器-A13芯片	64.00
基带处理器	25.50
电池	10.50
照相机	73.50
接头组件	10.50
触屏显示屏	66.50
闪速存储器	58.00
动态随机存取存储器	11.50
信号混合组件	1.50
non-electronics组件	61.00
电源管理	10.50
RF组件	30.00
传感器	1.50
电路板	16.50
辅助元件	7.50
总装组件	21.00
其他	21.00
总计	490.50

当然该成本仅为物料成本，并不包括苹果公司在研发、运营等方面的投入。根据这份物料清单可以看出，iPhone 11 Pro Max 中成本最高的三个模块为 73.5 美元的"相机"、66.5 美元的"显示"以及 64 美元的 A13 仿生芯片，占据整个物料成本的 41.6%。此消息一出，引发不少争论，很多网友说这么便宜为何不自己买零件 DIY 一台。其实，一台机器除了成本以外还应将其营销、渠道等综合因素相加起来，如人工费、运输费、关税，以及研发费用等。（**资料来源**：泡泡网手机频道，2019 年 9 月 29 日）

产品的成本具体包括哪些项目？如何来计算？企业生产经营过程中哪些内容应该进行成本计算？纵观企业的供应、生产、销售等经营过程，可以发现，材料采购过程需要计算材料采购成本，产品生产过程需要计算产品生产成本，产品销售过程需要计算产品销售成本。成本计算的正确与否，直接关系到企业经营成果即利润的确定是否正确的问题。

第一节

成本计算概述

一、成本和成本计算的概念

（一）成本的概念

成本是会计理论中一个非常重要的概念，其内涵相当宽泛。出于不同的目的、从不同的角度可以概括出不同的成本概念。从会计核算的角度来看，成本是会计主体为了某个特定的对象而发生的耗费。为了更好地理解成本概念，我们在这里从狭义的角度简要地说明一下成本、费用和支出的关系。

一般来说，支出是指企业由于耗用或偿付等原因而流出企业的资源，支出的发生必然导致企业可用资源总量的减少。可以看出，支出有偿付性支出和耗用性支出。偿付性支出与费用核算没有直接关系，而耗用性支出或迟或早都将转化为费用。对于这部分支出，我们一般将其分为资本性支出和收益性支出。对于某一个确定的会计期间而言，费用既包括本期间发生的收益性支出，也包括在本会计期间受益的资本性支出。关于费用和成本，我们在企业生产经营过程的核算中已做过探讨，虽然成本和费用都是支付或耗费的资产，但成本不等于费用，当期的成本不一定是当期的费用，如产品的生产成本在产品处于库存期间时就不能确认为费用，只有在销售这些产品的期间才能作为产品销售成本确认为费用。这一点通过公式"期初产成品成本+本期完工产成品成本−期末产成品成本=本期销售产成品成本（本期费用）"就可以得到进一步的理解。也就是说，产品在库存期间是企业的资产，只有在销售时才能转化为当期的费用。同样的道理，费用并不一定都能形成成本，只有那些能够确定受益对象的费用，才能作为该对象的成本，而不能或不易确定受益对象的费用，我们一般将其作为期间费用，直接记入当期损益。支出、成本、费用之间的关系可用图 7.1 来表示。

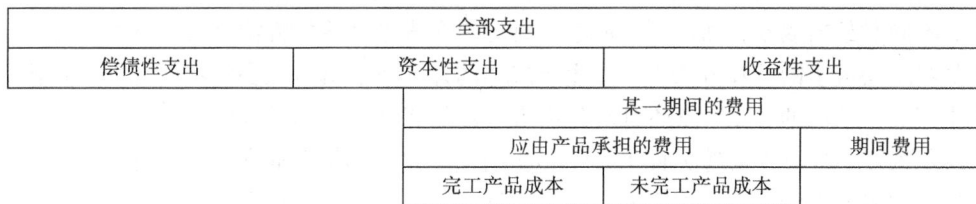

全部支出		
偿债性支出	资本性支出	收益性支出
	某一期间的费用	
	应由产品承担的费用	期间费用
	完工产品成本 · 未完工产品成本	

图 7.1　支出、费用、成本关系图

（二）成本计算的概念

成本是以价值形式衡量企业工作质量、说明企业管理当局经营责任完成情况的综合性指标之一，成本计算是重要的会计核算方法之一。成本计算是指企业在生产经营过程中，按照成本计算对象归集和分配发生的各项费用支出，以确定各项对象的总成本和单位成本的过程。这里所说的对象可以是我们熟知的制成品，也可以是一种服务，还可以是一种作业。以最为典型的制造业企业为例，供应过程需要计算材料的采购成本，生产过程需要计算产品的生产成本，销售过程需要计算产品的销售成本。因此，制造业企业的材料采购成本、产品生产成本和产品销售成本 3 个方面是成本计算的主要内容。

二、成本计算的作用

成本计算的正确与否，直接关系到企业供应、生产、销售业务的核算正确与否，进而影响企业利润计算的准确性及会计信息的质量。成本计算的作用主要体现在以下 3 个方面。

（一）考核企业成本计划的完成情况

通过成本计算，企业可以取得实际成本资料，并据以确定实际成本同计划成本的差异，考核成本计划的执行和完成情况，分析成本升降的原因，可以进一步挖掘降低成本的潜力，提高企业的经济效益。

（二）反映和监督企业各项费用的支出水平

企业通过成本计算，确定本期费用支出水平，并将其与其他会计期间的费用支出水平进行对比，揭露经营管理中存在的问题，以便及时采取有效措施，为改进经营管理提供依据。

（三）成本计算为企业进行以后会计期间各项成本的预测和规划等提供必要的参考数据

企业通过成本计算，获得实际成本资料，运用成本预测等方法，为预测后续会计期间成本升降趋势提供参考数据。

正确进行成本计算，对不断改进企业的成本管理工作，争取以更少的资源耗费，提高企业经济效益，为社会增加更多的财富，都具有重要的意义。

第二节
成本计算的原理及程序

一、成本计算原理

成本计算原理就是对不同时期、不同性质和不同计算对象的成本进行计算所应遵循的共同规律。不同的企业，或同一企业在不同经营阶段，会产生不同的经济活动，发生不同的费用支出，形成不同对象的成本；而不同的成本计算对象在成本计算的方法上又必然存在着一定的差异，如材料采购成本的计算方法与产品生产成本的计算方法就有很多的不同之处。企业在不同的时期由于经营活动的变动，成本计算的内容也不尽相同。虽然不同时期、不同计算对象的成本在内容、构成、计算方法等方面虽说不尽相同，但它们都是企业在经营过程中发生的资源消耗，都应按权责发生制、配比原则和划分收益性支出与资本性支出原则等的要求，将发生的各项支出按照一定的方法归集、分配到受益对象上去，它们的计算原理是相同的。

成本计算的基本原理可以概括为以下几个。

（一）直接受益直接分配原理

企业经营活动的目的与达到该目的所要发生的费用有着直接的联系，经营过程中支付的各种费用，都是为相应的经营目的而发生的。在某种经营活动中支付费用，目的是在这种经营活动中获取合理的经营成果。也就是说，某种经营活动的经营成果是该种经营活动中所支付费用的受益对象，如为某种产品生产而耗用的原材料费用的受益对象就是该种产品。当可以直接确定某种费用是为某项经营活动发生时，我们称这种费用为该成本计算对象的直接费用。企业应将直接费用直接记入各受益对象的成本中，作为相应的受益计算对象的成本，由相应的受益计算对象承担。

（二）共同受益间接分配原理

在企业的日常经营活动中，各种经营活动往往是交叉进行的，因此，有的费用是为了若干受益计算对象而共同发生的，应由相应的若干受益计算对象来共同承担。会计上把这种由若干受益计算对象共同承担的费用称为共同性费用。虽然共同性费用与受益计算对象的受益关系不如直接费用那样明显，但我们也可采用一定的方法来确定共同性费用与受益计算对象之间的关系，可以采用客观性较强的标准将共同性费用在各受益计算对象之间合理分配。它首先应确定可供分配的共同性费用总额和分配标准，然后按一定的方法将可供分配的共同性费用在受益对象之间合理分配。

（三）重要性原理

在企业经营活动中发生的共同性费用中，有时有些共同性费用一方面由于与受益对象的受益关系并不十分明显，另一方面由于费用的金额也不大，因此按受益原理记入受益对象的成本，如此一是不易确定客观的分配方法，二是这种费用记入还是不记入受益对象的成本，对受益对象的成本升降水平影响不大。因此，在会计中，只把那些与受益对象的受益关系较为明显并易确定，金额较大，记入还是不记入受益对象的成本，对受益对象的成本升降水平影响较大的重要的共同性费用，才按受益关系记入受益对象的成本；把那些与受益对象的受益关系不十分明显，金额不大，不易确定客观的分配方法，记入还是不记入受益对象的成本，对受益对象的成本升降水平影响不大的共同性费用，不记入相应受益对象的成本。

二、成本计算的基本要求

为了正确、及时地计算成本，有关会计人员应做到如下几点。

（一）要严格执行国家相关法律规章中规定的成本开支范围和费用开支标准

成本开支范围是根据企业经营活动中所发生的费用的不同性质，依据成本的内容和加强成本核算的要求，由国家在相关法律规章（如《中华人民共和国企业所得税法实施条例》等）中所做的统一规定。具体而言，成本开支范围是指哪些费用允许列入成本，哪些费用不允许列入成本的相关规定。成本开支范围的基本内容是：一切与营业活动有关的支出，都应记入企业的成本、费用。就制造业企业而言，所发生的直接材料、直接工资、其他直接支出、制造费用和管理费用、财务费用及销售费用构成企业的成本费用范围，其中，直接材料、直接工资、其他直接支出和制造费用构成产品的制造成本（也称生产成本）；管理费用、财务费用和销售费用则由于和产品的受益关系不十分明显，分配的客观标准也不易确定，一般不记入产品的制造成本，而是全部作为该会计期间的费用，记入当期损益。费用开支标准是指对某些费用支出的金额和比例所做出的一些限制性的规定，如允许在税前列支的工资金额、坏账提取比例、计提职工福利费的比例和交际应酬费的提取比例等。企业应严格遵守成本开支范围和费用开支标准，在合法的前提下展开经营活动。这样既能保证成本、费用的真实性，内容的一致性，具有分析对比的可能性，又能正确地计算企业的损益，真实地反映企业的财务成果，提供真实、正确、有用的会计信息。

（二）划清支出、费用和成本的界限

企业在经营活动中会发生各种各样的支出，应当合理划分收益性支出和资本性支出。对发生的收益性支出应记入本年度的有关成本、费用，对发生的资本性支出应随着资产在受益年度的消耗，合理地分摊记入若干年度的有关成本、费用。应分清成本与费用的界限。费用是经营活动中发生的各种各样经济利益流出的总称，而成本则是指归集到受益计算对象上的费用。如前所述，企业经营活动中发生的费用并非全部记入成本，有一部分是作为期间费用列为当期损益的，如销售费用、管理费用等。因此，为保证成本资料的真实性、会计信息的有用性，在成本计算时，要严格划清成本与费用的界限。此外，还应严格区分本期成本费用与下期成本费用的界限，严格区分不同受益对象的成本界限，严格区分在产品与产成品成本的界限。

（三）遵循权责发生制原则

企业在进行成本计算时，要遵循权责发生制原则的要求，对于费用的确认与款项的支付不在同一会计期间的事项应在各会计期间合理划分跨期费用。在成本计算时，对于已经发生的支出，如果受益期包括几个会计期间，就应将其在各个受益期采用适当的分配方法合理分配，而不能将受益期包括几个会计期间的费用记入一个会计期间。对于虽未支付但应由本会计期间负担的费用，应先行记入本会计期间的成本和费用中，等到实际支付时就不再列为成本费用。应杜绝假借费用分摊和预提的方法人为地调节某个会计期间的成本、费用水平，否则会造成成本费用的不真实，进而不能真实反映企业的经营成果。

（四）做好成本核算的各项基础工作

正确、及时地计算成本，做好各项基础工作是很重要的。基础工作做得不好会影响成本计算的正确性和及时性。成本核算的基础工作包括与成本计算直接有关的定额管理工作；建立健全财产物资的计量、收发、领退制度；建立和健全各种原始记录，以及收集整理制度；制定厂内内部结算价格等。只有做好了成本核算的各项基础工作，才能保证成本计算的正确。

（五）选择适当的成本计算方法

我们知道，费用发生于企业经营过程的各个环节，企业的生产技术特点和生产组织形式的不同，费用汇总、分配的方法和程序也就不同，所以，企业应结合自己的具体情况，选择适合本企业经营特点和生产组织方式的成本计算方法进行成本计算。某种方法一经确定，在会计环境没有新的变化之前，一般不应经常变动。计算方法选择，应同时考虑企业自身的生产特点和管理要求。成本计算方法有很多种，如品种法、分批法、分步法等。

三、成本计算的一般程序

企业产品成本计算的一般程序是指对企业在供应、生产、销售过程中发生的各项费用，按照成本计算的要求，分别计算出物资采购成本、产品生产成本和产品销售成本的基本过程。根据前述的成本计算要求，成本计算的一般程序包括收集整理成本计算资料、确定成本计算对象、确定成本计算期、确定成本项目、归集和分配各种费用、设置和登记明细分类账及编制成本计算表，现分述如下。

（一）收集整理成本计算资料

成本计算资料的收集、整理是进行成本计算的前提，完整、正确地提供计算数据是成本计算的基础。企业购进、领用的各种原材料、各项费用支出、人工费用等的消耗，间接费用的分配，产品的质量情况、生产费用在完工产品和在产品的分配等，都要根据各项经济活动的特点，分别取得或填制不同格式的原始凭证。原始记录正确与否，提供的是否及时，直接影响成本计算的正确性和及时性。它们提供的是企业经营活动的第一手资料，是成本计算所需的原始记录。成本计算资料一般包括资产形成资料、耗用资料、费用归集和分配资料等。

（二）确定成本计算对象

成本计算对象是成本计算的客体，是费用耗费的归集对象。它是编制成本计算单以计算各有关成本的前提。成本计算是有一定对象的成本计算，离开了成本计算对象，便谈不上成本计算。企业的成本计算对象包括材料采购成本计算对象、产品生产成本计算对象和产品销售成本计算对象。

材料采购成本计算对象一般以材料采购的批次、品种、类别为成本计算对象。在成本计算过程中，先将采购中的资金耗费归集和分配到一定批次、品种、类别的材料采购成本之中，分别计算对应的总成本和单位成本。

产品生产成本计算对象的确定方法比较复杂，其中，最常见的成本计算对象有产品品种、产品生产批别和产品生产步骤。企业应根据自身的生产特点和管理要求，选择合适的成本计算对象。

产品销售成本计算对象一般是以已销售产品的品种为成本计算对象。在成本计算过程中，只需将已销售某种产品的数量乘以该种产品的单位生产成本，即可求得该种产品的销售成本。

（三）确定成本计算期

成本计算期是指成本计算对象承担资金耗费的起止时间。材料采购成本计算期是指从材料采购活动开始直至材料验收入库、采购活动已完成时所经历的时间。它与采购周期保持一致。产品生产成本计算期取决于产品生产的特点、规模、管理水平等。例如，在批量生产的情况下，产品生产的不间断性和品种的单一性，必然造成在每个月都有一部分产品完工、另一部分产品尚未完工的现象。这就要求成本计算期应与会计期间保持一致。又如，在单件、小批生产的情况下，不论生产周期长短，往往都是投入的一批产品，一次全部完工，成本计算期应与生产周期保持一致。如果是反复不断地大量生产同一产品或几种产品，成本计算期应按月计算。产品销售成本计算期，一般是指产品销售实现的当期，未实现销售的产品不得计算其销售成本。

（四）确定成本项目

成本项目是指记入成本的资金耗费按经济用途所做的分类项目。企业在进行成本计算时，必须确定成本项目。成本项目可以反映成本的经济构成及企业在供应、生产、销售过程中的资金耗费情况。

企业为了满足成本计算和成本管理的需要，应在材料采购成本、产品生产成本和产品销售成本下分别设置成本项目。

材料采购成本，一般应设置买价和采购费用两个成本项目。买价是指企业采购材料时，按发票价格支付的货款。采购费用是指企业在采购材料过程中所支付的各项费用，包括材料的运输费、装卸费、保险费、包装费、仓储费、运输途中的合理损耗及入库前的整理挑选费用等。

产品生产成本项目是指记入产品成本的资金耗费按其经济用途所做的分类项目，应根据国家财政部门和上级主管部门制定的成本计算规程的有关规定，结合企业的具体情况加以确定。一般最少要设置直接材料、直接人工和制造费用 3 个成本项目，其中，直接材料是指产品生产过程中直接消耗的能构成产品实体或有助于产品形成的各种材料；直接人工是指企业直接从事产品生产人员的薪酬；制造费用是指一切不属于直接材料和直接人工的其他各项资金耗费。

产品销售成本项目一般只有一个，即已销售产品的生产成本。企业还可以根据管理的需要，按已销售产品品种或按内销、外销产品成本设置成本项目等。

（五）归集和分配各种费用

成本计算过程是科学、有序地将企业在供应、生产、销售过程中发生的各种资金耗费分别归集和分配于各成本计算对象中的过程。

在归集和分配费用时，能够按某种成本计算对象归集的费用，即有些生产费用的发生只与一个成本计算对象有关，应直接记入该成本计算对象，成为直接费用；不能直接记入成本计算对象的费用，即有些生产费用的发生与几个成本计算对象有关，就要先归集生产费用，然后按一定标准在几个成本计算对象中进行分配，这些需要分配才能记入成本计算对象的生产费用，成为间接费用。间接费用的分配标准对成本计算的准确性影响很大，因此，应慎重选定间接费用的分配标准，一经选定不能随意变动，以保持各期成本计算口径的一致。

（六）设置和登记明细分类账，编制成本计算表

在成本计算过程中，为系统地归集、分配各种应记入成本计算对象的费用，企业应按成本计算对象和成本项目分别设置和登记费用、成本明细分类账户，对不同成本计算对象发生的各种费用进行登记。企业依据账户记录等有关资料编制成本计算表，以全面、系统地反映各种成本指标的经济构成和形成情况。成本计算表是按成本计算对象和具体的成本项目编制的，分别计算各种入库材料的采购成本总额、各种完工入库产品的生产成本总额，同时，用各种入库材料的采购成本总额分别除以各该种材料的采购数量，从而计算出各该种材料的单位采购成本；用各种完工产品的生产成本总额分别除以各种产品的产量，从而计算出各种产品的单位生产成本。

以上我们介绍了成本计算的基本程序，一个完整的成本计算过程离不开这些程序的连贯，如制造业企业产品生产成本的计算。在这些程序中，主要的环节是确定成本计算对象、确定成本计算期、确定成本项目、归集和分配各种费用等。

第三节 制造业企业经营过程主要成本的计算

制造业企业的经营过程一般要经过供应、生产和销售 3 个阶段。不同的阶段要计算不同对象的成本，即供应过程要计算存货（以原材料采购成本的计算最具代表性）采购成本，生产过程要计算产品生产成本，销售过程要计算主营业务成本等。以下我们将简要地介绍原材料采购成本、产品制造成本和产品销售成本（主营业务成本）的基本计算方法。

一、原材料采购成本的计算

计算原材料采购成本，首先应按材料的品种或类别设置成本计算对象，并在"原材料"账户下按材料的品种或类别分别设置明细分类账户，以归集和分配应记入原材料采购成本的各种费用；然后根据这些账户资料，编制各种原材料采购成本计算表，借以计算确定各种原材料的总成本和单位成本。

（一）原材料采购成本的构成

原材料的采购成本一般由买价和采购费用两个成本项目构成。用公式表示如下。

$$原材料采购成本=买价+采购费用$$

这里的买价和采购费用构成原材料采购成本的成本项目,其具体内容我们在上一章供应过程核算业务中已做过介绍,此处不再赘述。

为了进行原材料采购成本的计算,就需要加强对材料在采购环节发生的各种费用支出的核算,按照原材料采购成本项目收集和整理成本核算资料,包括购入材料的发票、运费单据、入库单等。企业应按照材料的种类或类别在月末进行成本计算。

(二)原材料采购成本的计算方法

根据直接受益直接分配原理,在原材料采购过程中发生的各种费用,能够直接分清受益对象的,应直接记入采购对象的成本。原材料的买价,一般属于直接费用,应直接记入相应原材料的采购成本;其他采购费用中,凡是能直接分清受益对象的,也应直接记入相应原材料的采购成本。

根据共同受益间接分配原理,在原材料采购过程中发生的其他采购费用中,凡是不能直接分清受益对象,但费用金额较大,不记入原材料的采购成本,会导致原材料采购成本不实的其他采购费用,可以将原材料的重量、买价、体积等作为分配标准,采用一定的分配方法,间接记入相应原材料的采购成本。

在原材料采购过程中发生的某些费用,如企业供应部门或原材料仓库所发生的经常性费用、采购人员的差旅费、采购机构经费,以及市内小额的运杂费等,一般不易分清具体的受益对象,且费用金额较小,对原材料采购成本升降水平的影响不大。这些费用可按重要性原则,不记入原材料的采购成本,而是作为期间费用处理,列入管理费用。

现举例说明原材料采购成本的计算方法。

【例 7.1】金源公司 202×年 2 月发生 3 笔购入材料业务,其具体业务内容如下。

(1)2 月 8 日,赊购甲材料 4 800 千克,发票注明单价 28.5 元,乙材料 1 600 千克,单价 12.8 元,增值税税额合计为 20 446.4 元,供应单位代垫运杂费 9 600 元。

(2)2 月 15 日,现购甲材料 3 000 千克,发票注明价款 85 500 元、增值税税额 11 115 元。甲材料运回企业发生运杂费 4 500 元。

(3)2 月 22 日,公司签发商业汇票用于购买乙材料 2 800 千克,发票注明价款 35 840 元、增值税税额 4 659.2 元。共发生运杂费 2 880 元。

假定:金源公司对购入材料发生的共同性运杂费按各种材料的重量比例进行分配,同时不考虑运费中的增值税问题。

根据上述业务(1)内容,甲材料、乙材料的采购成本计算如下。

首先,将采购甲、乙两种材料所发生的直接费用,分别记入甲、乙两种材料的明细账中;然后,把甲、乙两种材料共同发生的运杂费 9 600 元按适当的方法,分配记入甲、乙两种材料的采购成本,同时记入原材料明细账。

$$运费分配率 = \frac{9\,600}{4\,800 + 1\,600} = 1.5\,(元/千克)$$

甲材料应负担的运杂费 $= 1.5 \times 4\,800 = 7\,200\,(元)$

乙材料应负担的运杂费 $= 1.5 \times 1\,600 = 2\,400\,(元)$

根据上述分配结果,分别将 7 200 元、2 400 元记入甲材料、乙材料采购成本明细账中,如表 7.1、表 7.2 所示。

表 7.1　　　　　　　　　　　　　　　原材料明细分类账

材料名称：甲材料

| 202×年 | | 凭证号数 | 摘要 | 借方 | | | 贷方 |
月	日			买价	采购费用	合计	
略	略	1	材料买价	136 800		136 800	
		1	运杂费		7 200	7 200	
			本期发生额	136 800	7 200	144 000	

表 7.2　　　　　　　　　　　　　　　原材料明细分类账

材料名称：乙材料

| 202×年 | | 凭证号数 | 摘要 | 借方 | | | 贷方 |
月	日			买价	采购费用	合计	
略	略	1	材料买价	20 480		20 480	
		1	运杂费		2 400	2 400	
			本期发生额	20 480	2 400	22 880	

根据上述业务（2）内容，甲材料的采购成本计算如下。

首先，将采购甲材料所发生的直接费用，记入甲材料的明细账中；然后，把甲材料发生的运杂费记入甲材料的采购成本，同时记入甲材料明细账，如表 7.3 所示。

表 7.3　　　　　　　　　　　　　　　原材料明细分类账

材料名称：甲材料

| 202×年 | | 凭证号数 | 摘要 | 借方 | | | 贷方 |
月	日			买价	采购费用	合计	
略	略	1	材料买价	136 800		136 800	
		1	运杂费		7 200	7 200	
		2	材料买价	85 500		85 500	
		2	运杂费		4 500	4 500	
			本期发生额	222 300	11 700	234 000	

根据上述业务（3）内容，乙材料的采购成本计算如下。

首先，将采购乙材料所发生的直接费用记入乙材料的明细账中；然后，把乙材料发生的运杂费记入乙材料的采购成本，同时记入乙材料明细账，如表 7.4 所示。

表 7.4　　　　　　　　　　　　　　　原材料明细分类账

材料名称：乙材料

| 202×年 | | 凭证号数 | 摘要 | 借方 | | | 贷方 |
月	日			买价	采购费用	合计	
略	略	1	材料买价	20 480		20 480	
			运杂费		2 400	2 400	
		3	材料买价	35 840		35 840	
		3	运杂费		2 880	2 880	
			本期发生额	56 320	5 280	61 600	
		5	材料验收入库				61 600
			本期发生额	56 320	5 280	61 600	61 600

最后，根据原材料明细分类账户所归集的费用资料，编制材料采购成本计算表，计算甲、乙材料的采购成本，如表7.5所示。

表7.5   材料采购成本计算表   单位：元

成本项目	甲材料（7 800 千克）		乙材料（4 400 千克）		成本合计
	总成本	单位成本	总成本	单位成本	
买价	222 300	28.50	56 320	12.80	278 620
采购费用	11 700	1.50	5 280	1.20	16 980
采购成本	234 000	30.00	61 600	14.00	295 600

企业编制"材料采购成本计算表"的目的就是计算购入材料的总成本和单位成本。表中的"总成本"资料可以从有关的明细账中直接转抄过来，"单位成本"应当根据实际情况计算取得，即用总成本栏目的各个数字除以购入材料的数量。

甲材料单位成本 = 234 000 ÷ 7 800 = 30（元）

乙材料单位成本 = 61 600 ÷ 4 400 ≈ 14（元）

二、产品制造成本的计算

计算产品制造成本，首先应确定成本计算期，产品成本计算，通常是定期按月进行的。对于单件小批生产，生产周期较长的产品，也可把产品生产周期作为成本计算期；其次，应按产品品种或批次确定成本计算对象，最后将生产过程中发生的应记入产品生产成本的生产费用直接记入或分配记入各相应产品，计算其制造总成本和单位成本。

（一）产品成本项目的确定

生产过程中发生的应记入产品生产成本的生产费用，在记入相应产品成本时，是按生产费用的经济用途进行归集，记入相应的成本项目的。产品成本计算的成本项目，一般由以下4项组成。

（1）直接材料，是指为生产产品而耗费的原材料、辅助材料、备品备件、外购半成品、燃料、动力、包装物、低值易耗品及其他直接材料等。

（2）直接人工，是指直接从事产品生产的工人工资、奖金、津贴、补贴等。

（3）其他直接支出，是指直接从事产品生产的工人福利费用等。

（4）制造费用，是指企业各生产单位为组织和管理生产活动所发生的各项间接费用，包括车间管理人员工资和福利费、固定资产折旧费和修理费、机物料消耗费、办公费、差旅费、水电费、劳动保护费等。

其中，（1）~（3）项与相应产品生产的关系较为密切，一般可以直接确定应记入产品制造成本的金额有多少，可以直接记入产品制造成本。（4）项一般为应由多种产品共同负担的间接性费用，不能或不易直接记入产品的制造成本，应确定适当的分配标准和合理的分配方法，分配记入各种产品生产成本。

（二）产品生产成本的计算

企业应设置"生产成本"明细账，以归集、分配生产过程中发生的应记入产品生产成本的生产费用。生产成本明细账应按产品品种、批别或类别分别设置，并采用一定的成本计算方法，计算、确定产品制造成本。

生产费用的归集与
成本计算实例

现举例说明产品制造成本的简单计算方法。

【例7.2】金源公司202×年2月A、B产品成本资料如下。

（1）期初在产品成本资料如表7.6所示。

表7.6　　　　　　　　　　　期初在产品成本资料　　　　　　　　　　　单位：元

产品名称	直接材料	直接人工	其他直接支出	制造费用	合计
A产品	3 700	20 000	2 800	1 500	28 000
B产品	2 000	15 000	2 100	9 00	20 000
合计	5 700	35 000	4 900	2 400	48 000

（2）本月发生的各项生产费用如表7.7所示。

表7.7　　　　　　　　　　　本期发生的生产费用　　　　　　　　　　　单位：元

产品名称	直接材料	直接人工	其他直接支出	制造费用
A	64 400	150 000	21 000	27 000
B	18 000	120 000	16 800	
合计	82 400	270 000	37 800	27 000

（3）期末产量资料：A产品80件已全部完工；B产品50件已全部完工。

根据上述资料，A、B产品制造成本的计算方法如下。

① 根据期初在产品成本资料，分别登记在A、B产品"生产成本明细账"中的相应成本项目内。

② 根据本月发生的成本资料，将其中的直接材料、直接人工、其他直接支出，分别登记在A、B产品生产成本明细账的相应成本项目内。

③ 根据本月发生的费用资料中的制造费用，采用一定的分配方法，分配记入A、B两种产品成本中（假定按生产工人工资的比例分配）。

$$分配率 = \frac{27\,000}{150\,000 + 120\,000} = 0.1$$

A产品应负担的制造费用 = 0.1 × 150 000 = 15 000（元）

B产品应负担的制造费用 = 0.1 × 120 000 = 12 000（元）

根据上述计算结果，分别登记在A、B产品生产成本明细账中相应项目内，如表7.8和表7.9所示。

表7.8　　　　　　　　　　　　　生产成本明细分类账

产品名称：A产品

202×年		凭证	摘要	借方				
月	日			直接材料	直接人工	其他直接支出	制造费用	合计
略	略	略	期初在产品成本	3 700	20 000	2 800	1 500	28 000
			本月领用材料	64 400				64 400
			生产工人工资		150 000			150 000
			生产工人福利费			21 000		21 000
			分配制造费用				15 000	15 000
			本期发生额	64 400	150 000	21 000	15 000	250 400
			结转完工产品成本（80件）	68 100	170 000	23 800	16 500	278 400

表 7.9　　　　　　　　　　　　　生产成本明细分类账

产品名称：B 产品

202×年		凭证	摘要	借方				
月	日			直接材料	直接人工	其他直接支出	制造费用	合计
			期初在产品成本	2 000	15 000	2 100	900	20 000
			领用材料费用	18 000				18 000
			生产工人工资		120 000			120 000
略	略		生产工人福利费			16 800		16 800
			分配制造费用				12 000	12 000
			本期发生额	18 000	120 000	16 800	12 000	166 800
			结转完工产品成本（50 件）	20 000	135 000	18 900	12 900	186 800

（4）根据 A、B 产品生产成本明细账中的各成本项目记录和在产品资料，即可分别计算 A、B 两种产品的总成本和单位成本，编制完工产品制造成本计算表，如表 7.10 所示。

表 7.10　　　　　　　　　　　完工产品制造成本计算表

成本项目	A 产品（80 件）		B 产品（50 件）	
	总成本（元）	单位成本（元/件）	总成本（元）	单位成本（元/件）
直接材料	68 100	851.25	20 000	400
直接人工	170 000	2 125	135 000	2 700
其他直接支出	23 800	297.5	18 900	378
制造费用	16 500	206.25	12 900	258
合计	278 400	3 480	186 800	3 736

上述 A、B 完工产品的制造成本计算公式如下。

　　完工产品制造成本＝月初在产品成本+本月发生的生产费用−月末在产品成本

A、B 两种产品的制造成本计算如下。

A 产品：由于 A 产品全部完工，月末没有在产品，所以其总成本就是月初在产品成本与本月发生的生产费用之和，按成本项目计算如下。

A 产品总成本：

直接材料＝3 700 + 64 400 = 68 100（元）

直接人工＝20 000 + 150 000 = 170 000（元）

其他直接支出＝2 800 + 21 000 = 23 800（元）

制造费用＝1 500 + 15 000 = 16 500（元）

合计：278 400（元）

B 产品：由于 50 件产品全部完工，月末没有在产品，其计算方法和结果如下。

B 产成品总成本：

直接材料 = 2 000 + 18 000 = 20 000（元）

直接人工 = 15 000 + 120 000 = 135 000（元）

其他直接支出 = 2 100 + 16 800 = 18 900（元）

制造费用 = 900 + 12 000 = 129 000（元）

合计：186 800（元）

根据完工产品成本计算表中各种产品的总成本资料，就可以编制结转入库产品成本时的会计分录。

```
借：库存商品——A 产品                               278 400
           ——B 产品                               186 800
    贷：生产成本——A 产品                           278 400
             ——B 产品                             186 800
```

三、主营业务成本的计算

对于制造业企业而言，主营业务成本就是指已销售商品的制造成本。主营业务成本的基本计算方法是用销售商品的平均单位成本乘以销售数量计算求得的。这里需要注意的是，平均单位成本的确定问题。我们知道，企业的库存商品往往是多批次入库的，不同批次入库的同一种商品其单位成本不可能完全相等。那么，计算销售商品的成本时，以哪一个单位成本为准呢？在实际工作中可以采用"先进先出法""加权平均法"等计价方法确定商品的单位成本。关于这些计价方法的具体内容我们将在第八章介绍。为了进行商品销售成本的计算，就需要加强对商品实际成本的核算，按照商品的种类等收集和整理有关的成本核算资料。

主营业务成本
计算实例

以下举例说明主营业务成本的计算方法。

【例 7.3】金源公司 202×年 2 月销售 A 产品 60 件、B 产品 75 件。公司对销售商品单位成本的确定采用全月一次加权平均法[①]。A、B 两种商品的成本资料如表 7.11 和表 7.12 所示。

表 7.11 　　　　　　　　　　　库存商品明细账

产品名称：A 产品

202×年		摘要	收入			发出			结存		
月	日		数量	单价	金额	数量	单价	金额	数量	单价	金额
5	1	期初余额							128	3 450	441 600
		本月完工入库	80	3 480	278 400						
		本月销售				60	3 461.54	207 692.4			
	31	期末余额							148	3 461.54	512 307.6

---

① 加权平均单位成本 = $\dfrac{期初库存商品成本 + 本期入库商品成本}{期初库存商品数量 + 本期入库商品数量}$，详见第八章。

表 7.12   库存商品明细账

产品名称：B 产品

202×年		摘要	收入			发出			结存		
月	日		数量	单价	金额	数量	单价	金额	数量	单价	金额
5	1	期初余额							150	3 448	517 200
		本月完工入库	50	3 456	172 800						
		本月销售				75	3 450	258 750			
	31	期末余额							125	3 450	431 250

根据库存商品明细资料，采用加权平均法，A、B 产品加权平均单位成本的计算如下。

$$A 产品加权平均单位成本 = \frac{441\,600 + 278\,400}{128 + 80} = 3\,461.54（元）$$

$$B 产品加权平均单位成本 = \frac{517\,200 + 172\,800}{150 + 50} = 3\,450（元）$$

根据上述 A、B 产成品的平均单位成本和已售 A、B 两种产成品的数量，即可求得已售 A 产品、B 产品的主营业务成本。

A 产品主营业务成本 = 60 × 3 461.54 = 207 692.4（元）

B 产品主营业务成本 = 75 × 3 450 = 258 750（元）

综合以上材料采购成本的计算、产品生产成本的计算和商品销售成本的计算过程，我们可以将其基本程序结合账户列示，如图 7.2 所示。

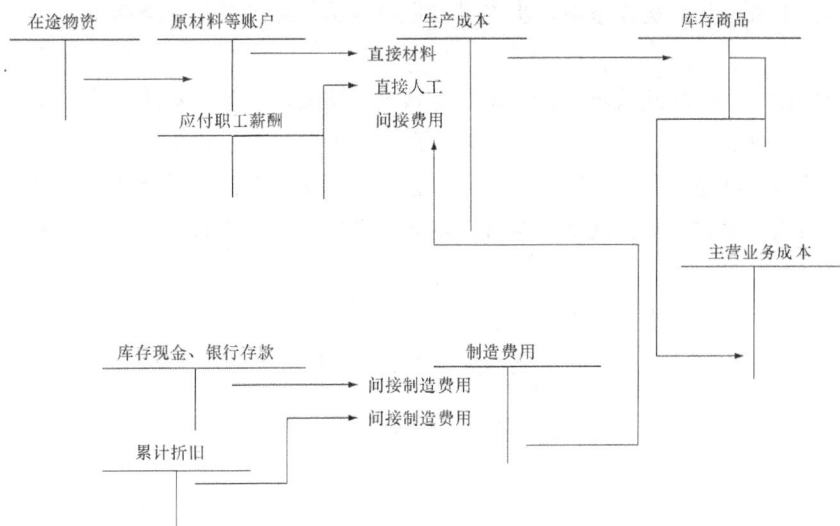

图 7.2   成本计算基本程序图

知识链接

成本计算方法简介

产品的成本由直接材料、直接人工和间接费用组成。如果成本计算方法使用得不准确或不恰当，就会大大增加成本计算的难度，计算出来的成本不能满足企业管理的需要，甚至不能完成成本计算的任务。

准确地计算产品的成本，不是一件容易的事。因为企业的规模、生产组织形式和技术特点不同，成本计算的对象也会不一样。例如，有的企业只生产最终的产成品，而有的企业除生产最终的产成品外，还生产各种各样的半成品。有的企业是采用大批量生产，而有的企业是采用小批量生产，甚至是单件生产等。由于企业的情况千差万别，成本的具体计算方式也不可能有一个统一的模式。人们经过长期实践，形成了几种常用的成本计算方法，即品种法、分批法、分步法等。

1. 品种法

品种法是以产品品种作为成本核算对象，归集和分配生产成本，计算产品成本的一种方法。它一般适用于单步骤、大量生产的企业。如果企业的产品不是成批生产，且只有一个步骤，一般可以直接以产品的品种为成本计算对象，因此这种方法称为品种法。

2. 分批法

分批法是以产品的批别作为产品成本核算对象，归集和分配生产成本，计算产品成本的一种方法。这种方法主要适用于单件、小批生产的企业。由于成本计算周期与产品生产周期基本一致，因此在计算月末在产品成本时，一般不存在完工产品和在产品之间分配成本的问题。如果存在在产品，仍然要在两者之间进行分配。

3. 分步法

分步法下，如果产品生产要分成若干步骤，中间有半成品，并且产品是连续不断地批量生产，则以每个步骤的半成品和最终产品为成本的计算对象。分步法适用于大量大批的多步骤生产。

为了准确计算产品的成本，应该合理设置成本项目。在计算产品成本时，一般把成本分成 3 个项目，即直接材料、直接人工、制造费用。有的企业规模比较大，生产过程比较复杂，成本项目分得比较细。如果单位的规模很小，生产过程也很简单，可以只划分为两个项目，即材料费用和其他费用。

为了比较全面、系统地反映产品的成本耗费情况，使成本计算能提供比较丰富的信息，在计算产品成本时，不仅要计算产品的总成本和单位成本，而且要对总成本按用途分类，以反映产品成本的组成和结构。这样，便于我们对成本进行控制，也便于我们分析产品生产中的经济效益问题和对生产部门进行考核评价。这里只是对成本计算方法进行简单的介绍，读者可在成本会计中学习详细知识。

思考与练习

一、选择题

1. [单选]产品制造成本不包括（　　　）。

　A. 直接材料　　　　B. 直接人工　　　　C. 制造费用　　　　D. 管理费用

2. [多选]下列内容属于材料采购成本的有（　　　）。

　A. 材料的买价　　　　　　　　B. 外地运输费

　C. 运输途中的合理损耗　　　　D. 采购机构经费

3. [多选]影响本月完工产品成本的因素有（　　　）。

　A. 月初在产品成本　　　　　　B. 本月发生的生产费用

C. 本月已销产品成本　　　　　　　　D. 月末在产品成本

二、业务题

1. 材料采购业务的处理、材料采购成本计算表的编制。

绿岛股份公司的原材料按实际成本核算，购入材料的运杂费按材料重量比例分摊，增值税税率为 13%。202×年 8 月，公司发生下列材料物资采购业务。

（1）购入下列材料，款项全部通过银行支付。

　　　　甲材料　　2 000 千克　　　　单价 26 元

　　　　乙材料　　1 000 千克　　　　单价 12 元

　　　　丙材料　　4 000 千克　　　　单价 8 元

（2）用现金 3 500 元支付上述材料的外地运杂费，材料验收入库，结转成本。

要求：① 设置"原材料"总分类账户（"原材料"账户期初余额 0 元）；② 根据以上资料编制会计分录，并登记有关账户；③ 编制甲材料、乙材料采购成本计算表。

2. 制造业企业经营过程中产品生产成本的计算及其对企业经营成果的影响。

绿岛股份公司所属某工厂只生产一种产品，202×年 9 月的有关资料如下。

（1）原材料月初余额 736 000 元，月末余额 1 344 000 元；在产品月初余额 250 000 元，月末余额 316 000 元；库存商品月初余额 1 135 600 元，月末余额 1 704 000 元。

（2）本月有关项目的发生额分别为：生产工人工资 640 000 元，车间管理人员工资 200 000 元，厂部行政管理人员工资 120 000 元；本月购入材料 920 000 元，车间一般性消耗材料 144 000 元（本月发出的材料均用于车间产品的生产和一般性消耗）；本月销售产品的收入为 2 560 000 元；本月发生的折旧费为 65 600 元，其中，机器设备折旧费 32 000 元，车间用房的折旧费 24 000 元，厂部办公用房折旧费 9 600 元；本月发生的利息费用为 6 000 元；本月发生的销售产品的广告费为 40 000 元；本月发生的保险费等为 20 000 元。公司适用的所得税税率为 25%，职工福利费按 14%的比例提取。

要求：计算本月完工入库产品的生产成本、本月销售产品的成本和本月的利润总额及净利润额各是多少？

3. 材料采购成本、产品生产成本的计算方法。

金源公司 202×年 11 月有关资料如下。

（1）本月发生的生产费用总额为 1 000 000 元，其中直接材料和直接人工占 80%。

（2）直接材料和直接人工费用的比例为 4∶1。

（3）期初库存材料相当于期末库存材料的 50%，本期购入材料共 800 000 元。

（4）本月制造费用中间接材料、间接人工和其他费用的比例为 5∶3∶2。

（5）在产品成本期初与期末的比例为 2∶1。

（6）本月完工产品的制造成本是本月生产费用的 1.2 倍。

要求：计算期末结存材料成本、本期完工产品成本及期末在产品成本。

4. 制造业企业产品生产成本和销售成本的确定。

绿岛股份公司下属的民生工厂生产 A、B、C 3 种产品，202×年 12 月有关资料如下。

（1）上月月末有 A、B 两种产品尚未完工，全部在产品成本为 120 000 元，其中，直接材料 80 000 元，直接人工 20 000 元，其余为制造费用。A、B 两种在产品的费用比例为 2∶3。

（2）本月生产费用为 1 802 240 元，月末 3 种产品均无在产品。本月完工产品数量及直接材料费用分别如下。

产品名称	完工数量（件）	直接材料
A 产品	123 200	502 240 元
B 产品	80 000	240 000 元
C 产品	40 000	140 000 元

（3）本月完工产品的直接人工费用共计 620 000 元，按产品生产工时比例分配，其中 A、B、C 等 3 种产品单位工时分别为 2.5、0.9、6。

（4）本月的制造费用以本期发生的直接人工费用为标准进行分配。

（5）本月售出 B 产品 76 000 件，C 产品 50 000 件，C 产品有期初库存 20 000 件，单位成本为 24 元，而 A 产品、B 产品月初均无库存。

要求：① 计算 A、B、C 等 3 种完工产品的总成本和单位成本；② 计算 B、C 两种产品的销售成本，假定发出产品计价方法采用全月一次加权平均法。

5. 练习商品销售成本的确定方法。

绿岛股份公司 202×年 1 月、2 月、3 月的商品销售情况如下。

	1 月	2 月	3 月
赊销收入	150 000 元	200 000 元	225 000 元
现销收入	25 000 元	10 000 元	27 500 元
商品销售收入总额	175 000 元	210 000 元	252 500 元

该公司库存商品均按购入时的发票价格加价 25%后的价格销售，每个月的期初结存商品成本为当月销售商品成本的 40%。

要求：

（1）计算该公司 202×年 1 月的销售商品成本及期末结存商品成本。

（2）计算该公司 202×年 2 月的购入商品成本。

三、思考题

1. 如何理解成本的含义？费用与成本之间的关系如何？

2. 成本计算的基本要求是什么？怎样划分支出、费用和成本？

3. 成本计算的一般程序有哪些？

4. 材料采购成本由哪些具体内容构成？如何计算？

5. 产品制造成本由哪些具体内容构成？如何计算？

6. 如何计算确定产品销售成本？

7. 在当前的市场经济环境下，产品的定价更多依赖于市场，过严的成本计算程序和要求还有无现实意义？

财产清查 | 第八章

学习目标

1. 了解财产清查的意义和种类。
2. 掌握各种实物、货币资金和债权债务的清查方法。
3. 掌握银行存款余额调节表的编制方法。
4. 掌握发出存货的计价方法。
5. 掌握财产清查结果的会计处理方法。

引导案例

出纳胡某因沉迷赌球，在输掉自身积蓄后，非但没有收手，反而利用职务之便，将黑手伸向公款，半年不到就输掉挪用的 150 多万元公款。之后，胡某因涉嫌挪用公款被福州市人民检察院逮捕。

胡某，福州市公路局福清分局出纳。2012 年 10 月，胡某在同学的怂恿下，开始接触网上赌球，并一发不可收拾。在很短的时间内，胡某不仅将自己近 20 万元的积蓄输个精光，还欠了朋友不少钱。这时，胡某非但没有收手，还为了"回本"，从 2012 年 12 月开始将黑手伸向了公款。挪用公款后，胡某一次次赌球，一次次输钱。

2013 年 1 月初，胡某原本应当提供单位账户去年 12 月的银行对账单给会计陈某核对，但因担心挪用公款的事情败露，胡某就找到路边非法办证人员制作虚假银行对账单和银行业务章。在炮制的"银行对账单"中，被胡某挪用的款项遭删除，账户余额也调整为与会计账簿上的数字相一致，胡某得以瞒天过海。侥幸躲过一劫的胡某非但没有醒悟，反而想要大赢一笔。至案发时，被胡某挪用的公款数额已经达到 152 万余元人民币。

2013 年 3 月，会计陈某一直催胡某提供单位 1 月、2 月的银行对账单，胡某因担心事情败露，以各种理由予以搪塞。陈某感觉事有蹊跷，便亲自到银行打印单位账户银行对账单，最终发现巨额公款被挪用。（**资料来源**："'80 后'出纳沉迷赌球 私刻业务章挪用公款 150 多万元"，人民网）

将银行对账单与企业账簿记录进行核对，可以验证企业银行存款账簿记录的正确性。这就是会计核算方法中的财产清查。那么财产清查还包括哪些内容？请结合上述案例学习本章有关财产清查的知识。

第一节 | 财产清查概述

一、财产清查的意义

（一）财产清查的概念

财产清查，就是通过对货币资金、实物资产和往来款项的盘点或核对，来确定各项财产物资和债权债务的实存数，并查明账面结存数与实存数是否相符的一种专门方法。

保证财务信息资料的真实性，是对会计信息最重要的质量要求，只有真实的会计信息，才能起到会计核算应有的作用。按照《会计法》的规定，每一个单位发生的日常经济业务，都需要通过填制和审核会计凭证、登记账簿和对账等一系列严密的会计处理方法，来保证账证相符和账账相符。因此，从理论上来讲，会计账簿上所记载的财产增减和结存情况，应该与实际财产的收发和结存相符。但在实际工作中，由于种种主客观原因，往往会出现某些财产物资实存数与账存数不符的现象，原因举例如下。

（1）会计人员登账时，发生漏记、重记、错记或计算错误而导致账实不符。

（2）收发财产物资时因计量不准而多发或少发而使账实不符。

（3）财产物资保存过程中因自然损耗而使账实不符，如油料挥发。

（4）自然灾害如风、水、火等造成的损失。

（5）由于工作人员失职而造成现金、银行存款的短缺。

（6）企业财产物资管理手续不严而发生错收、错付情况。

（7）犯罪分子贪污、盗窃、营私舞弊而造成财产物资的损失。

因此，为了保证会计资料的真实性，做到账实相符，必须在账簿记录的基础上，运用财产清查这一专门方法，对各项财产物资和债权债务进行定期或不定期的盘点和核对，在账实相符的基础上编制财务报表。

（二）财产清查的意义

财产清查对于保证会计信息资料的真实、可靠，不断改善企业的经营管理，提高管理水平等都具有十分重要的意义，其作用主要表现在以下几个方面。

财产清查的作用和意义

（1）财产清查可以保证会计核算资料真实、可靠。通过财产清查，确定各项财产物资的实存数，查明实存数与账存数是否相符，若不符则及时调整账存记录，使账面数额与实存数额相符，从而保证会计核算资料的真实可靠。

（2）财产清查可以保证企业财产物资的安全、完整和合理储备。通过财产清查，查明各项财产盘盈、盘亏的原因和责任，从而找出财产管理中存在的问题，改善经营管理；在财产清查过程中，可以查明各项财产物资的储备情况，储存不足的应及时补足，多余积压的应及时处理，了解财产物资节约使用的经验和铺张浪费的教训。所以，通过财产清查，可以促进财产物资的有效使用，充分发挥财产物资的潜力，加速资金周转，避免损失浪费。

（3）通过财产清查，企业可以健全财产物资管理制度。企业财产物资出现盘盈、盘亏，主要是企业内部管理上存在漏洞。通过财产清查，企业可以发现财产管理上存在的问题，促使企业不断改进财产物资管理，健全财产物资管理制度，确保财产物资的安全、完整。

（4）通过财产清查，企业可以促进财经纪律和结算制度的贯彻执行。在财产清查中，对于债权债务等往来结算账款，要与对方逐一核对清楚。通过核对，企业可查明与银行及其他单位或个人的款项往来，是否符合结算制度和合同规定。对于各种应收、应付账款应及时结算，避免长期拖欠和长年挂账，从而促使企业自觉遵守财经法纪，自觉维护商业信用。

二、财产清查的种类

财产清查可按清查的范围、清查的时间、清查的执行单位等进行分类。

（一）按照清查的范围分类

财产清查按照清查的范围大小，可分为全面清查和局部清查。

1. 全面清查

全面清查是指对全部财产进行盘点和核对。全面清查的范围较广，一般包括货币资金、存货、固定资产、债权债务及对外投资等。另外，全面清查的时间长，工作量大，参加的人员也多，有时还会影响企业生产经营的正常进行，所以一般在以下几种情况下才进行全面清查：年终决算之前，为确保年终决算会计信息的真实和准确，需要进行一次全面清查；企业关停并转或改变隶属关系，需要进行全面清查；中外合资、国内联营，需要进行全面清查；开展清产合资，需要进行全面清查；单位主要负责人调离工作，需要进行全面清查。

2. 局部清查

局部清查是指根据管理的需要或依据有关规定对企业的一部分财产进行的清查。例如，对库存现金应每日盘点一次；对银行存款至少每月同银行核对一次；对各种材料、在产品和产成品除年度清查外，应有计划地每月重点抽查，尤其对贵重的财产物资应至少每月清查一次；对债权债务，应在会计年度内至少核对一两次。

（二）按照清查的时间分类

财产清查按照清查时间是否事先有计划，可分为定期清查和不定期清查。

1. 定期清查

定期清查是指根据预先计划安排的时间对财产所进行的清查。这种清查一般在财产管理制度中予以规定，通常在年末、季末或月末结账前进行。例如，每日结账时要对现金进行账实核对；每月结账时要对银行存款日记账进行对账等。定期清查可以是局部清查，也可以是全面清查。

2. 不定期清查

不定期清查是指根据需要所进行的临时清查。不定期清查通常在以下几种情况下进行：更换财产物资保管员和现金出纳员；发生非常损失；有关单位对本企业进行审计查账；单位撤销、合并或改变隶属关系等。不定期清查可以是局部清查，也可以是全面清查。

（三）按照清查的执行单位分类

按照清查执行单位的不同，财产清查可分为内部清查和外部清查。

1. 内部清查

内部清查是指由本企业有关人员对本企业的财产所进行的清查。这种清查也称为自查。

2. 外部清查

外部清查是指由企业外部有关部门或人员根据国家法律或制度的规定对企业所进行的财产清查。

三、财产清查前的准备工作

财产清查是一项复杂的工作，其工作内容涉及面广、涉及的人员也较多，在财产清查之前应充分做好组织和业务上的准备工作。

（一）组织准备

财产清查，尤其是进行全面清查，涉及面较广，工作量较大，必须成立专门的清查领导小组，具体负责财产清查的组织和管理，即在总会计师及主管领导的指导下，成立由财会部门牵头，由设备、技术、生产、行政及各有关部门参加的财产清查领导小组。该领导小组的主要任务是：制订清查工作计划；明确清查范围；安排清查工作的详细步骤；配备有能力的清查人员；检查和督促清查工作；及时解决清查工作中出现的问题；在清查工作结束后，总结清查工作的经验和教训，写出清查工作的总结报告，并提出财产清查结果的处理意见。

（二）业务准备

业务准备是进行财产清查的关键前提条件。所以各有关部门必须做好以下准备工作。

（1）会计部门要在财产清查之前将所有的经济业务登记入账并结出余额，要做到账证相符、账账相符，为财产清查提供可靠的依据。

（2）财产物资保管部门要在财产清查前将各项财产物资的出入办好凭证手续，全部登记入账，结出各账户的余额，并与会计部门的有关财产物资明细账核对相符。同时，将各种财产物资排列整齐，挂上标签，标明品种、规格及结存数量，以便进行实物盘点。

（3）准备好各种计量器具和有关清查用的各种表格，如"盘存单""实存账存对比表""未达账项登记表""现金盘点报告单""结算款项核对登记表"等。

四、财产清查的技术方法

财产物资的种类繁多，实物形态各不相同，因此，清查中需根据各种财产物资的特点，采用不同的技术方法。

（一）实物盘点法

实物盘点法是通过实地逐一点数或用计量器具确定实存数量的一种方法。这种方法确定的实存数量比较准确。凡是能够通过点数和量度的实物，如固定资产、材料、产成品等财产物资，都可以采用此种方法。

（二）技术推算法

技术推算法是指根据各种财产物资的特点，按照一定的标准，推算其实存数量的方法。例如，对露天存放的物资，由于其堆放量较大、存放规则，可通过测量体积，以单位体积换算为重量，确定其实存数量；对数量大、存放不规则、物重价廉的财产物资，一般利用经验估算其实存量。

（三）核对账目法

核对账目法是指通过与有关方面相互对账进行核实的方法。通常采用一方向另一方抄送对账单或双方互送对账单的方式进行。此种方法适用于清查银行存款及各种债权、债务。

第二节
财产清查的内容和方法

财产清查不仅包括实物的清点，而且也包括各种债权、债务等往来款项的查询核对。另外，财产清查范围不仅包括存放于本企业的各项财产物资，也包括属于但未存放于本企业的财产物资（也可以包括存放但不属于本企业的财产物资）。财产清查的具体内容主要如下。

（1）货币资金的清查：包括库存现金、银行存款、其他货币资金的清查。

（2）存货的清查：包括各种原材料、在产品、半成品、库存商品等的清查。

（3）固定资产的清查：包括房屋、建筑物、机器设备、工器具、运输工具等的清查。

（4）在建工程的清查：包括自营工程和出包工程的清查。

（5）对金融资产的清查：包括交易性金融资产、债权投资、长期股权投资等的清查。

（6）无形资产和其他资产的清查。

（7）应收、应付款项的清查：包括应收账款、其他应收款、应付账款和其他应付款等的清查。

财产清查是通过对各项财产、物资进行实地盘点和核对，查明财产物资、货币资金和结算款项的实有数额，进而确定其账面结存数额和实际结存数额是否一致，以保证账实相符的一种会计专门方法。企业在日常工作中，在考虑成本、效益的前提下，可选择范围大小适宜、时机恰当的财产清查方法。

一、货币资金的清查

（一）库存现金的清查

库存现金的清查是通过实地盘点，确定库存现金的实存数，再与库存现金日记账的账面余额核对，来查明盈亏情况。在进行库存现金清查时，为了明确经济责任，出纳员必须在场，在清查过程中不能用白条抵库，也就是不能用不具有法律效率的借条、收据等抵充库存现金。现金盘点后，相关人员应根据现金盘点的结果及现金日记账的核对情况，填制"库存现金盘点报告表"。"库存现金盘点报告表"由盘点人和出纳员共同签字方能生效。"库存现金盘点报告表"的一般格式如表 8.1 所示。

表 8.1 库存现金盘点报告表

单位名称： 年 月 日

实存金额	账存金额	实存与账存对比		备注
		盘盈	盘亏	

盘点人签字： 出纳员签字：

（二）银行存款的清查

银行存款的清查方法与实物、现金的清查方法不同。它是单位与开户银行核对账目。在同银行核对账目前，应检查本单位银行存款日记账的正确性和完整性，然后与银行对账单逐笔核对。尽管银行对账单与本单位银行存款日记账所记录的内容相同，但是，银行对账单上的余额与本单位银行存款日记账上的存款余额仍会不一致。这除了本单位与银行之间的一方或同时双方记账有错误这个原因外，另一个原因就是双方往往会出现未达账项。

所谓未达账项，是指在开户银行和本单位之间，对同一款项的收付业务，由于取得凭证的时间不同，导致记账的时间不同，发生一方已经入账而另一方尚未入账的会计事项。开户银行和本单位之间的未达账项有以下 4 种情况。

（1）银行已收，企业未收。

银行已经收到企业的收入款项，作为企业的收入入账，而企业尚未收到凭证，尚未登记入账。例如，企业委托银行收款，银行收到汇款单后，马上登记存款增加，企业由于尚未收到汇款凭证而未记银行存款增加，如果此时对账则形成银行已收，企业未收款。

（2）银行已付，企业未付。

银行已经为企业付出款项，作为企业存款的付出入账，而企业尚未收到付款凭证，尚未登记入账。例如，企业委托银行支付的电话费，银行已取得付款凭证并已记存款减少，企业由于尚未接到凭证而未记银行存款减少，如果此时对账则形成银行已付，企业未付款。

（3）企业已收，银行未收。

企业已经将款项存入银行，已经作为银行存款日记账收入登记入账，而银行尚未收到凭证，尚未登记入账。例如，企业销售产品收到支票，送存银行后即可根据银行盖章后退回的"进账单"回联登记银行存款的增加，而银行则不能马上记增加，要等款项收妥后再记增加，如果此时对账则形成企业已收，银行未收款。

（4）企业已付，银行未付。

企业已经开出支票将款项支付给外单位，作为银行存款支出入账，而银行尚未收到凭证，尚未登记入账。例如，企业开出一张支票支付购料款，企业可根据支票存根、发货票及收料单等凭证，记银行存款的减少，而此时银行由于尚未接到支付款项的凭证，尚未记减少，如果此时对账则形成企业已付，银行未付款。

由于存在以上未达账项而使日记账余额与银行对账单余额不一致，因此银行存款的清查应按以下3个步骤进行。

第一步，将本单位银行存款日记账与银行对账单以结算凭证的种类、号码和金额为依据，逐日逐笔核对，凡双方都有记录的，用铅笔在金额旁做记号"√"。

第二步，核对后清理出各类未达账项。

第三步，编制"银行存款余额调节表"。

"银行存款余额调节表"是在银行存款日记账余额和银行存款对账单余额的基础上加减双方各自的未达账项，使双方余额达到平衡，其调节公式如下。

银行存款日记账余额+银行已收企业未收–银行已付企业未付=银行对账单余额+企业已收银行未收–企业已付银行未付

现举例说明"银行存款余额调节表"的编制方法。

【例8.1】金源公司202×年5月底企业银行存款日记账余额为168 000元，银行对账单余额为228 000元，经核对双方记账均无差错，但有下列未达账项。

（1）企业收到销货款6 000元，已记企业银行存款增加，银行尚未记增加。

（2）企业付购料款60 000元，已记企业银行存款减少，银行尚未记减少。

（3）收到甲企业汇来购货款40 000元，银行已登记增加，企业尚未记增加。

（4）银行代企业支付购料款34 000元，银行已登记减少，企业尚未记减少。

"银行存款余额调节表"的编制方法如表8.2所示。

表8.2　　　　　　　　　　　银行存款余额调节表

202×年5月31日　　　　　　　　　　　　　　　　　单位：元

项目	金额	项目	金额
企业银行存款日记账余额	168 000	银行对账单余额	228 000
加：银行已收 企业未收	40 000	加：企业已收 银行未收	6 000
减：银行已付 企业未付	34 000	减：企业已付 银行未付	60 000
调节后余额	174 000	调节后余额	174 000

值得注意的是，"银行存款余额调节表"的编制只是银行存款清查的方法，只起到对账的作用，不能作为调节账面余额的原始凭证。银行存款日记账的登记，还应待收到有关原始凭证后再进行。上述银行存款的清查方法也适用于其他货币资金的清查。

二、实物财产的清查

实物财产是指具有实物形态的各种财产，包括原材料、在成品、产成品、低值易耗品、包装物、固定资产等。

（一）确定实物财产账面结存数量的方法

财产清查的重要环节是盘点财产的实存数量，为使盘点工作顺利进行，应建立一定的盘存制度。实物财产的盘存制度一般有实地盘存制和永续盘存制两种。

1. 实地盘存制

实地盘存制通常又称"以存计耗制"，是指期末通过对存货的实物盘点来确定期末存货的结存数，并以此来推算本期发出存货的数量的方法。若采用这种方法，则平时只登记存货的收入数量和金额，不登记发出存货的数量和金额，期末结账时通过实物盘点确定期末结存数量，倒挤推算出本期发出存货数量，进而计量本期发出存货的成本，计算公式如下。

$$存货期末成本 = 期末存货盘存数量 × 存货单位成本$$

$$本期发出存货数量 = 期初存货数量 + 本期购入存货数量 - 期末存货盘存数量$$

$$本期发出存货成本 = 期初存货成本 + 本期购入存货成本 - 期末存货成本$$

实地盘存制的要点为：① 期末对存货进行实地盘点；② 调整盘存数量。通常，存货的实际库存量并不等于存货盘点数量，为了获得存货的实际库存量，往往需要对盘点数量进行调整，调整的主要项目包括在途商品、已提货但尚未实现销售和已实现销售但尚未提货的商品。调整公式如下。

$$期末实际库存数量 = 盘点数量 + 在途商品数量 + 已提未销数量 - 已销未提数量$$

【例8.2】金源公司202×年5月A材料的期初结存、本期购进和本期发出的有关资料如下。

① 5月1日，结存300kg，单价为100元，金额为30 000元。

② 5月6日，发出100kg。

③ 5月11日，购进200kg，单价为100元，金额为20 000元。

④ 5月22日，购进400kg，单价为100元，金额为40 000元。

⑤ 5月28日，发出400kg。

根据上述资料，采用实地盘存制。原材料明细账上的记录如表8.3所示。

表8.3　　　　　　　　　　　　　　　　　原材料明细账

品名：A材料

年		凭证		摘要	收入			发出			结存		
月	日	字	号		数量	单价	金额	数量	单价	金额	数量	单价	金额
5	1			期初余额							300	100	30 000
	11			购进	200	100	20 000						
	22			购进	400	100	40 000						
	31			盘点							360	100	36 000

续表

年		凭证		摘要	收入			发出			结存		
月	日	字	号		数量	单价	金额	数量	单价	金额	数量	单价	金额
	31			发出				540	100	54 000			
	31			本期发生额及余额	600	100	60 000	540	100	54 000	360	100	36 000

通过上例可以看出，实地盘存制的优点是：可以简化存货的明细核算工作，平时对存货的发出和结存数量不做明细记录，只需登记购入存货的数量及金额。实地盘存制的主要缺点是：不能随时反映存货的结存数量和金额，不利于对存货的管理和控制；由于采用以存计销或以存计耗的方法倒挤销售成本或耗用成本，因此容易掩盖存货上的各种损失；在实地盘存制下，只有通过定期的实地盘点才能计算销售或耗用成本，不能适应账务处理上随时结转的需要；不利于保护财产物资的安全，不利于查明一些存货的短缺和损失原因，不利于明确责任。

鉴于实地盘存制存在上述缺点，所以其适用范围一般较小，通常品种多、单价低、进出频繁的商业企业，尤其是鲜活商品等才采用这种盘存制度。

2. 永续盘存制

永续盘存制又称"账面盘存制"，是指通过设置存货明细账，逐日逐笔连续反映各项存货的收入、发出和结存数量的一种核算方法。按照永续盘存制，存货不是靠实地盘点确定期末数量，而是发出时逐批点数，逐笔记录数量，进而计算出期末结存数量的，因而其是一种"以销计存"或"以耗计存"的方法，可以随时结出账面余额。公式如下。

$$期末账面结存数量 = 期初账面结存数量 + 本期增加数量 - 本期减少数量$$
$$发出存货价值 = 本期减少数量 \times 存货单价$$
$$期末存货价值 = 期末账面结存数量 \times 存货单价$$

永续盘存制的要点包括：（1）按存货的品种和规格开设明细账；（2）逐笔清点并登记存货的收发数量；（3）随时或每日根据存货的账面数计算并记录其结存数：每日结存数 = 前日结存数 + 本日收入数 - 本日发出数；（4）定期或不定期地进行实地盘点，但实地盘点的目的与实地盘存制不同，不再是求得期末结存数，而是为了核对账实，以保证账实相符。

【例8.3】以【例8.2】所示资料为例，采用永续盘存制。原材料明细账上的记录如表8.4所示。

表8.4   原材料明细账

品名：A材料

年		凭证		摘要	收入			发出			结存		
月	日	字	号		数量	单价	金额	数量	单价	金额	数量	单价	金额
5	1			期初余额							300	100	30 000
	6			发出				100	100	10 000	200	100	20 000
	11			购进	200	100	20 000				400	100	40 000
	22			购进	400	100	40 000				800	100	80 000
	28			发出				400	100	40 000	400	100	40 000
	31			本期发生额及余额	600	100	60 000	500	100	50 000	400	100	40 000

通过上例可以看出，永续盘存制具有以下优点：由于平时对存货的收入、发出、结存的数量都进行详细的记录，所以可以随时反映各种存货的收入、发出、结存情况，配合一定的计价方法，还可以从数量和金额两方面，对存货进行控制；当存货发生溢余和短缺时，可以及时查明原因，及时纠正；通过结账可以随时得到存货的结存资料，便于加强存货的管理，降低库存，减少储备资金占用，加速流动资金周转。

永续盘存制的缺点如下：明细核算工作量大，核算成本较高。特别是那些存货品种种类比较多的企业，如果把计价工作都集中到月底，则核算工作量更大。

尽管如此，永续盘存制在控制和保护存货安全方面仍具有明显的优越性，因此，在实际工作中，除极少数企业由于自身特点无法或没有必要采用永续盘存制而采用实地盘存制外，绝大多数企业都必须采用永续盘存制。

（二）存货的计价方法

企业的各项存货，由于入库的批次不同往往入库单价也不同。而发出存货时，就涉及采用哪一个入库单价的问题。确定发出存货单价的常用方法通常有 4 种，即先进先出法、加权平均法、移动加权平均法和个别计价法。在实际工作中，企业可以根据存货的特点和市场物价等实际情况任意选择其中的方法。

1. 先进先出法

先进先出法是假定先收到的存货先发出，或先收到的存货先耗用，并根据这种假定的存货流转次序对发出存货和期末存货进行计价的方法。具体做法是：收入存货时，逐笔登记每一批存货的数量、单价和金额；发出存货时，按照先进先出的原则计价，逐笔登记存货的发出和结存金额。下面以 B 材料收发为例，说明采用先进先出法时期末账面结存价值的计算方法，具体如表 8.5 所示。

表 8.5　　　　　　　　　　　　　　　　　原材料明细账

品名：B 材料

年		凭证		摘要	收入			发出			结存		
月	日	字	号		数量	单价	金额	数量	单价	金额	数量	单价	金额
5	1	略	略	期初余额							300	10	3 000
	4			购进	200	11	2 200				300	10	3 000
											200	11	2 200
	6			发出				300	10	3 000	100	11	1 100
								100	11	1 100			
	7			购进	400	12	4 800				100	11	1 100
											400	12	4 800
	8			发出				100	11	1 100	300	12	3 600
								100	12	1 200			
	9			发出				200	12	2 400	100	12	1 200
	31			合计	600		7 000	800		8 800	100		1 200

2. 加权平均法

加权平均法是根据期初结存存货和本期收入存货的数量和成本，在期末一次计算出存货的本月加权平均单位成本，从而计算出本期发出存货和期末结存存货成本的一种方法。采用这种方法时，发出存货的单价是以本期收入数和期初结存数进行加权平均计算的，其计算公式如下。

$$存货平均单价 = \frac{期初结存存货实际成本+本期入库存货实际成本}{期初结存存货数量+本期入库存货数量}$$

采用加权平均法，只有在期末才能根据以上公式计算出存货的平均单价，并对发出存货进行计价，计算存货结存的金额，平时从存货明细账中看不出存货的结存价值。该方法的缺点是不利于存货的日常管理。这种计价方法的优点是能够减少会计计价的工作量。仍以上述资料为例来说明采用加权平均法时期末账面结存价值的计算方法，具体如表 8.6 所示。

表 8.6   原材料明细账

品名：B 材料

年		凭证		摘要	收入			发出			结存		
月	日	字	号		数量	单价	金额	数量	单价	金额	数量	单价	金额
5	1			期初余额							300	10	3 000
	4			购进	200	11	2 200				500		
	6			发出				400			100		
	7			购进	400	12	4 800				500		
	8			发出				200			300		
	9			发出				200			100		
	31			合计	600		7 000	800	11.11	8 889	100	11.11	1 111

发出存货成本按照单价 11.11 元计算的结果应为 8 888 元。由于尾数的原因，将 1 元的差额放入发出材料的成本，因此，发出存货的成本为 8 889 元。

$$材料平均单价 = \frac{3\,000+7\,000}{300+600} = 11.11（元）$$

3. 移动加权平均法

移动加权平均法是指每次收到存货后，立即根据库存存货数量和总成本，计算出新的加权平均单位成本，并对发出存货进行计价的一种方法。移动加权平均法与加权平均法的计算原理基本相同，只是要求在每次收入存货时重新计算加权平均单位成本，相关计算公式如下。

$$存货平均单价 = \frac{以前结存存货实际成本+本批入库存货实际成本}{以前结存存货数量+本批入库存货数量}$$

采用移动加权平均法，每购进一批存货，就要重新计算一次单价，每发出一次存货，都要按上次结存存货的平均单价作为本次发出存货的单价，其优点是存货计价工作可以分散在月内进行，缺点是存货的计价工作量较大。仍以上述资料为例来说明采用移动加权平均法时，期末账面结存价值的计算方法，具体如表 8.7 所示。

表 8.7   原材料明细账

品名：B 材料

年		凭证		摘要	收入			发出			结存		
月	日	字	号		数量	单价	金额	数量	单价	金额	数量	单价	金额
5	1	略	略	期初余额							300	10	3 000

续表

年		凭证		摘要	收入			发出			结存		
月	日	字	号		数量	单价	金额	数量	单价	金额	数量	单价	金额
	4			购进	200	11	2 200				500	10.4	5 200
	6			发出				400	10.4	4 160	100	10.4	1 040
	7			购进	400	12	4 800				500	11.68	5 840
	8			发出				200	11.68	2 336	300	11.68	3 504
	9			发出				200	11.68	2 336	100	11.68	1 168
	31			合计	600		7 000	800		8 832	100	11.68	1 168

$$5月4日结存材料平均单价 = \frac{3\,000 + 2\,200}{300 + 200} = 10.4（元）$$

$$5月8日结存材料平均单价 = \frac{1\,040 + 4\,800}{100 + 400} = 11.68（元）$$

4. 个别计价法

个别计价法是以每次（批）入库存货的实际单位成本作为计算该次（批）发出存货成本依据的一种方法，即发出某次（批）存货要根据该次（批）存货购入时的实际单位成本计算，其计算公式如下。

每次（批）存货发出成本 = 该次（批）存货发出数量 × 该次（批）存货的单位成本

个别计价法的优点是能正确地计算发出存货的实际成本，并随时掌握实际库存情况。但采用这种方法，要求确认发出存货和期末结存存货所属购进的批别。为此，必须按购进批别设置存货明细账，对其进行详细记录。入库时，应挂上标签，分别存放，分别保管，以便发出时便于识别是哪一批购入的。这种计价方法一般只适用于价值高、数量少的存货。

（三）清查实物资产的方法

不同品种的财产物资，由于其实物形态、体积重量、堆放方式不同，因而采用不同的清查方法，一般采用的有实物盘点法和技术推算法两种。

为了明确经济责任，进行实物资产清查时，有关实物资产的保管人员必须在场，并参加盘点工作。对各项实物资产的盘点结果，应逐一如实地登记在"盘存单"上，并由参加盘点的人员和实物保管人员同时签字生效。"盘存单"是记录各项实物资产盘点的实存数量的书面证明，也是财产清查工作的原始凭证之一。"盘存单"的一般格式如表8.8所示。

表8.8   盘存单

单位名称：   盘点时间：   编号：

财产类别：   存放地点：

序号	名称	规格型号	计量单位	实存数量	单价	金额	备注

盘点人签章：   实物保管人签章：

盘点完毕后，将"盘存单"中所记录的实存数额与账面结存余额核对，若发现某些财产物资账实不符，则填制"实存账存对比表"，确定财产物资盘盈或盘亏的数额。"实存账存对比表"

是财产清查的重要报表，是调整账面记录的原始凭证，也是分析盈亏原因、明确经济责任的重要依据，应严肃认真地填报。"实存账存对比表"的一般格式如表8.9所示。

表8.9　　　　　　　　　　　　　　实存账存对比表

单位名称　　　　　　　　　　　　　　年　　月　　日

序号	名称	规格型号	计量单位	单价	实存		账存		实存与账存对比				备注
									盘盈		盘亏		
					数量	金额	数量	金额	数量	金额	数量	金额	
	金额合计												

盘点人签章：　　　　　　　　　　　　　　　　　　　会计签章：

三、应收、应付款项的清查

对各种应收、应付款项的清查，应采取"核实账目法"。清查单位应在其各种往来款项记录准确的基础上，编制"往来款项对账单"，寄发或派人送交对方单位进行核对。"往来款项对账单"的一般格式和内容如下。

往来款项对账单

××单位：

你单位202×年10月25日购入我单位甲产品500件，共计货款50 000元，已付货款38 000元，尚有12 000元货款未付，请核对后将回联单寄回。

清查单位：（盖章）

202×年12月20日

请沿此虚线裁开，将以下回联单寄回！

....

往来款项对账单（回联）

××清查单位：

你单位寄来的"往来款项对账单"已经收到，经核对相符无误。

××单位：（盖章）

202×年12月23日

第三节　财产清查结果的会计处理

财产清查的结果有两种，一是账面记录与财产物资的实有数一致；二是账面记录与财产物资的实有数不一致，即账实不符。当账实相符时，不做账务处理。当账实不符时，企业要以国家的法规、政策为依据，根据企业的规章制度及时调整账面记录。

一、设置和应用的账户

为了反映和监督企业在财产清查中查明的各种财产盘盈、盘亏和毁损，应设置"待处理财产损溢"账户。这个账户属于暂记账户，也称过渡账户、调整账户，用于专门核算已经发生需经批准转销的财产物资的损溢，其借方登记各种财产物资的盘亏、毁损以及经批准各种财产物资盘盈的转销；贷方登记各种财产物资的盘盈及经批准各种财产物资盘亏、毁损的转销；月末借方余额反映尚未批准处理的盘亏和毁损数与盘盈数的差额；月末贷方余额反映尚未批准处理的盘盈数与盘亏或毁损数的差额。该账户下设"待处理流动资产损溢"和"待处理固定资产损溢"两个明细账户进行明细核算。"待处理财产损溢"账户的结构如图8.1所示。

借方	待处理财产损溢	贷方
发生额：发生的财产物资的盘亏、毁损以及经批准各种财产物资盘盈的转销		发生额：发生的盘盈以及经批准各种财产物资盘亏、毁损的转销
期末余额：尚未批准处理的盘亏和毁损数与盘盈数的差额		期末余额：尚未批准处理的盘盈数与盘亏和毁损数的差额

图 8.1 "待处理财产损溢"账户

二、财产清查结果的会计处理

（一）库存现金清查结果的会计处理

在库存现金清查中，发现现金短缺或盈余时，除了设法查明原因外，还应及时根据"盘点报告表"进行账务处理。

财产清查发现的有待查明原因的现金短缺或盈余，首先应通过"待处理财产损溢——待处理流动资产损溢"科目核算。该账户属于资产类账户，其借方登记短缺数和盈余数的转销，贷方登记盈余数和短缺数的转销。经过上述账务处理后，可保证库存现金的账实相符。

【例8.4】金源公司202×年12月末进行现金清查时发现短缺3 000元，根据"盘点报告表"做会计分录。

分析：当发现库存现金短缺时，应当先根据"盘点报告表"等原始凭证调整库存现金的账面记录，减少库存现金账面数，使账面记录保持与实有数相符，因而记贷方"库存现金"3 000元，表示现金账面数减少；对应的未处理的现金盘亏科目为"待处理财产损溢——待处理流动资产损溢"。

因此，根据"库存现金盘点报告表"编制如下会计分录。

借：待处理财产损溢——待处理流动资产损溢　　　　　　　　　　　　3 000
　　贷：库存现金　　　　　　　　　　　　　　　　　　　　　　　3 000

【例8.5】上例中盘亏的现金3 000元，经反复核查，其中，200元属于出纳王林的责任，应当由王林承担，2 500元由保险公司赔偿，另外的300元未查明原因，经上级领导批准记入当期管理费用处理。

分析：能够查明原因由谁承担的直接记入相关账户，不能查明原因的一般记入管理费用，同时从相反方向转销原有的"待处理财产损溢——待处理流动资产损溢"。经过这样处理，该笔盘亏处理结束，"待处理财产损溢"借贷方金额相等，余额为零。

因此，根据上级领导批复的处理意见，编制如下会计分录。

借：其他应收款——应收现金短缺款（王林）   200

     其他应收款——应收保险公司赔款   2 500

     管理费用——现金短缺（未查明原因）   300

    贷：待处理财产损溢——待处理流动资产损溢   3 000

【例8.6】 金源公司在202×年6月末现金盘点中，发现现金实际数多出100元。

分析：盘点中发现现金溢余，首先根据"盘点表"调整账面记录，调整账面上现金的数额，使账面数与实际数相符，即记入"库存现金"借方，因未查明原因，表示盈余但尚未处理的记入"待处理财产损溢——待处理流动资产损溢"贷方。

因此，根据有关原始凭证编制如下会计分录。

借：库存现金   100

    贷：待处理财产损溢——待处理流动资产损溢   100

【例8.7】 上述盘盈的现金100元无法查明原因，经批准作为当期营业外收入。

分析：经批准转入营业外收入，所以增加收入记"营业外收入"贷方，同时从相反方向转销"待处理财产损溢——待处理流动资产损溢"。编制如下会计分录。

借：待处理财产损溢——待处理流动资产损溢   100

    贷：营业外收入——现金溢余   100

（二）存货财产清查的会计处理

1. 存货盘盈

存货盘盈是指存货的实存数量超过账面结存数量的差额。存货发生盘盈，应按照同类或类似存货的市场价格，作为实际成本，借记"原材料""库存商品"等科目，贷记"待处理财产损溢——待处理流动资产损溢"科目。待查明原因，报经批准处理后，冲减当期管理费用，借记"待处理财产损溢——待处理流动资产损溢"科目，贷记"管理费用"科目。

【例8.8】 金源公司在202×年6月末存货盘点中发现A材料盘盈3 000元，根据"实存账存对比表"所列数据，编制记账凭证，调整材料账存数，其会计分录如下。

借：原材料——A材料   3 000

    贷：待处理财产损溢——待处理流动资产损溢   3 000

经查盘盈材料是由于收发计量误差所致。经有关部门核准后，据此编制记账凭证，结转"待处理财产损溢"，其会计分录如下。

借：待处理财产损溢——待处理流动资产损溢   3 000

    贷：管理费用   3 000

2. 存货盘亏

存货盘亏是指存货的实存数量少于账面结存数量的差额。存货发生盘亏，应将其账面成本及时转销，借记"待处理财产损溢——待处理流动资产损溢"科目，贷记"原材料""库存商品"等科目。待查明原因，报经批准处理后，根据造成盘亏的原因，分别进行相应处理：定额内的盘亏，应增加管理费用；责任事故造成的损失，应由过失人负责赔偿；非常事故，如自然灾害，在扣除保险公司赔偿和残料价值后，经批准列作营业外支出处理。

【例8.9】 金源公司在202×年6月末存货盘点中发现B材料盘亏2 000元，根据"实存账存对比表"所列盘亏材料2 000元，编制记账凭证，调整材料账存数，其会计分录如下。

借：待处理财产损溢——待处理流动资产损溢   2 000

  贷：原材料——B 材料   2 000

经查原材料盘亏的原因是：定额内损耗为 500 元，保管员过失造成的损失为 100 元，非常事故造成的损失为 1 400 元，其中保险公司同意赔偿 1 000 元，残料作价 50 元入库。

经有关部门核准后，据此编制记账凭证，结转"待处理财产损溢"，其会计分录如下。

借：管理费用   500

  其他应收款——某保管员   100

      ——某保险公司   1 000

  原材料   50

  营业外支出   350

  贷：待处理财产损溢——待处理流动资产损溢   2 000

（三）固定资产财产清查的会计处理

1. 固定资产盘盈

企业在财产清查中盘盈的固定资产，作为前期差错处理，通过"以前年度损益调整"科目核算。盘盈的固定资产，同类或类似固定资产存在活跃市场的，应按同类或类似固定资产的市场价格，减去按该项固定资产新旧程度估计价值损耗后的余额，借记"固定资产"科目，贷记"以前年度损益调整"科目；同类或类似固定资产不存在活跃市场的，应按该盘盈固定资产的预计未来现金流量的现值，借记"固定资产"科目，贷记"以前年度损益调整"科目。

【例 8.10】金源公司在 202×年 6 月末固定资产清查中，发现一台仪器没有在账簿中记录，该仪器当前市场价格为 50 000 元，根据其新旧程度估计价值损耗 10 000 元。根据"固定资产盘盈盘亏表"，该公司应编制如下会计分录。

借：固定资产   40 000

  贷：以前年度损益调整   40 000

2. 固定资产盘亏

盘亏的固定资产，按盘亏固定资产的账面价值借记"待处理财产损溢——待处理固定资产损溢"科目，按已计提的累计折旧，借记"累计折旧"科目，按固定资产原值，贷记"固定资产"科目。盘亏的固定资产报经批准转销时，在扣除过失人和保险公司的赔偿后，借记"营业外支出"科目，贷记"待处理财产损溢——待处理固定资产损溢"科目。

【例 8.11】金源公司在 202×年 6 月末固定资产清查中，发现盘亏设备一台，账面原值为 50 000 元，已提折旧 20 000 元。批准处理前，根据"固定资产盘盈盘亏表"，该公司编制如下会计分录。

借：待处理财产损溢——待处理固定资产损溢   30 000

  累计折旧   20 000

  贷：固定资产   50 000

经查明，盘亏原因是自然灾害造成的，保险公司同意赔偿 25 000 元，其余损失经批准列入营业外支出，编制如下会计分录。

借：营业外支出   5 000

  其他应收款——某保险公司   25 000

  贷：待处理财产损溢——待处理固定资产损溢   30 000

知识链接

电算化环境下的财产清查

很多企业常常发现：一些存货会不翼而飞，出现短少的现象；存货因产品设计变更变成呆滞存货；应收款项因账务不清而无法回收；固定资产因没有良好的保管制度，以致固定资产失修而报废或遗失。诸如此类的损失都是由于企业没有依据完整的会计数据及会计管理建立完善健全的财产清查制度，切实地执行财产清查工作所导致。很多企业都已经实施会计电算化，在电算化环境下进行财产清查工作应掌握以下关键因素。

1. 了解电算化的会计账簿组织特性

各会计科目总分类账金额=Σ各会计科目明分类账金额=Σ各实物分类账金额=仓库实物数量。因此，企业由实物账管理人员打印实物明细盘存表，让清查人员进行实物清查。同时，打印实物明细账金额跟会计人员对账，要做到：①实物明细盘存表=仓库实物；②实物明细账金额=会计科目明分类账金额。如果不相符，就代表实物有盘盈或盘亏情况发生。

2. 电算化内部稽核制度是否完整且认真被执行

企业要执行电算化内部稽核制度最重要的工作有：①各经营活动事项的实物账数据处理人员是否依据电算化标准作业手册进行每天的交易数据处理工作，日结作业与月结作业是否切实地执行；②会计审计轨迹是否完整；③电算化内部稽核的一般控制与管理控制是否切实地执行。

思考与练习

一、判断题

1. 会计部门要在财产清查之前将所有的经济业务登记入账并结出余额，做到账账相符、账证相符，为财产清查提供可靠的依据。（　　）

2. 对在银行存款清查时出现的未达账项，可编制银行存款余额调节表来调整，编制好的银行存款余额调节表是调节账面余额的原始凭证。（　　）

3. 实地盘存制是指平时根据会计凭证在账簿中登记各种财产的增加数和减少数，在期末时再通过盘点实物，来确定各种财产的数量，并据以确定账实是否相符的一种盘存制度。（　　）

4. 未达账项是指在企业和银行之间，由于凭证的传递时间不同，而导致记账时间不一致，即一方已接到有关结算凭证已经登记入账，而另一方由于尚未接到有关结算凭证尚未入账的款项。（　　）

5. 为了反映和监督各单位在财产清查过程中查明的各种资产的盈亏或毁损及报废的转销数额，应设置"待处理财产损溢"账户。该账户属于资产类账户。（　　）

二、业务题

1. 财产清查结果的处理。

天华公司在进行财产清查时发现下列事项。

（1）产成品盘盈10件，单价为500元，价值5 000元，在报经审批后，转销产成品盘盈。

（2）发现甲材料账面余额为455千克，价值19 110元，盘点实际存量为450千克，经查明其中 2 千克为定额损耗，2 千克为日常计量差错，1 千克被保管员私自送人。

（3）库存现金短少 100 元，属出纳小王的过失造成。

要求：对上述财产清查结果进行账务处理。

2. 银行存款余额调节表的编制。

天华公司 202×年 10 月 31 日将银行存款日记账的记录与开户银行送来的对账单核对，本月下旬的有关数字记录如下（每旬核对一次）。

（1）天华公司银行存款日记账账面记录如下。

① 21 日，开出转账支票#1246，支付购料款 37 670 元。

② 23 日，开出现金支票#621，提取现金 300 元。

③ 25 日，开出转账支票#1247，支付光明工厂账款 22 786 元。

④ 26 日，收到天宇工厂货款 24 600 元。

⑤ 29 日，收到转账支票#74677，存入货款 10 800 元。

⑥ 30 日，开出转账支票#1248，支付材料运费 845 元。

⑦ 31 日，结存余额 117 830 元。

（2）银行对账单记录如下。

① 22 日，代收天宇工厂货款 24 600 元。

② 23 日，付现金支票 # 621，计 300 元。

③ 23 日，付转账支票 # 1246，购料款 37 670 元。

④ 25 日，代交自来水公司水费 2 085 元。

⑤ 28 日，代收浙江东湖工厂货款 33 600 元。

⑥ 30 日，付转账支票 # 1247，购料款 22 786 元。

⑦ 31 日，结存余额 139 390 元。

要求：将企业账面记录与银行对账单逐笔核对，查明未达账项，编制银行存款余额调节表。

三、思考题

1. 财产清查的种类有哪些？

2. 什么是“实地盘存制”“永续盘存制”？两种盘存制度有何不同？

3. 如何进行货币资金、实物财产、往来账款的清查？

4. 什么是未达账项？未达账项有哪几种？为什么会产生未达账项？

5. 有人说财产清查工作对会计核算来说可有可无，会计人员应把更多的精力放在凭证、账簿和报表上，没必要在财产清查环节浪费更多的时间。你认为如何？

第九章 财务报告

学习目标

1. 了解财务报告存在的意义和作用。
2. 理解财务报告的编报要求。
3. 掌握资产负债表和利润表的编制方法。

引导案例

目录

第一节	释义	3
第二节	公司简介和主要财务指标	3
第三节	公司业务概要	6
第四节	管理层讨论与分析	9
第五节	重要事项	56
第六节	普通股股份变动及股东情况	95
第七节	董事、监事、高级管理人员和员工情况	99
第八节	公司治理	107
第九节	公司债券相关情况	111
第十节	财务报告	117
第十一节	备查文件目录	259

以上是某上市公司披露的年度报告中的目录，观察页码可以看到第十节财务报告所占篇幅超过50%，由此可见财务报告的重要性。由于日常会计核算凭证、账簿数量繁多，格式不统一，这些信息尚不能为会计信息使用者方便地使用，因而企业有必要定期编制通用格式的财务报告，为会计信息使用者的经济决策提供充分的会计信息。财务报告是企业经营管理的缩影，具体包括哪些内容，又可以传递怎样的信息呢，本章将为读者揭晓。

第一节 财务报告概述

一、财务报告存在的意义与作用

（一）财务报告存在的意义

财务报告是企业对外提供的反映企业某一特定日期的财务状况和某一会计期间的经营成

果、现金流量等会计信息的文件。编制财务报告是对一定期间经济业务进行会计汇总核算所采用的方法。

企业发生的各项经济业务经过日常的会计核算工作，为经济管理提供了基本的会计信息资料。这些日常核算资料虽然全面、周详，但是分散于众多的会计账户中，经济业务的各种会计数据被割裂开了，不能集中、概括、简明地反映企业生产经营活动、财务收支状况，以及各项会计指标之间的内在联系。因此，仅仅有日常核算资料尚不能满足信息使用者了解、分析和评价企业财务状况和经营成果的需求，我们有必要在日常核算资料基础上，将一定会计期间的经济活动和财务收支情况加以汇总，使之成为综合、系统、全面的书面报告文件，以达到满足信息使用者需求的目的。

（二）财务报告的作用

编制财务报告的过程，就是对已在账簿中归类记录、初步加工的会计数据，按会计要素进行第二次确认，使之转化为决策有用的财务信息的过程。通过财务报告传送的信息，可以在以下几个方面发挥作用。

（1）财务报告能够向投资者、债权人提供决策所需要的信息。通过编制和报送财务报告，可以向企业的投资人提供有关企业的资本结构、盈利能力和利润分配政策的信息，向企业的债权人提供有关企业偿债能力的信息，以利于他们做出对自己有利的决策。

（2）财务报告为考核企业经营者受托责任履行情况提供重要信息。

（3）财务报告为国家及各级政府经济管理部门制定宏观经济政策、进行宏观经济调控和管理提供重要的信息。

（4）财务报告是财政、税务等部门考核、监督企业生产经营状况和管理水平的依据。财税部门通过财务报告不仅可以了解企业主体经营情况的好坏和管理水平的高低，还能监督企业是否执行了国家的有关财经法规，是否合理、节约地使用资金，税费是否及时、足额上缴等。

（5）财务报告为企业经营管理人员总结经验教训、提高管理水平、制定正确的经营策略等提供了重要的信息。

二、财务报告的构成与分类

（一）财务报告的构成

财务报告包括财务报表和其他需要披露的相关信息和资料。

（1）财务报表。财务报表是财务报告的核心，是对企业财务状况、经营成果和现金流量的结构性表述。财务报表包括资产负债表、利润表、现金流量表和所有者权益变动表及附注。

（2）其他需要披露的相关信息和资料。其他需要披露的相关信息和资料主要包括董事会报告、社会责任报告等。这部分内容无须经注册会计师审计，比报表附注更具灵活性，可以提供财务报表无法提供的预测信息。

知识链接

中国证监会关于财务报告披露内容的规定（摘选）

第十九条 上市公司应当披露的定期报告包括年度报告、中期报告和季度报告。凡是对投资者做出投资决策有重大影响的信息，均应当披露。年度报告中的财务报告应当经具有证券、期货相关业务资格的会计师事务所审计。

　　第二十条　年度报告应当在每个会计年度结束之日起 4 个月内，中期报告应当在每个会计年度的上半年结束之日起两个月内，季度报告应当在每个会计年度第 3 个月、第 9 个月结束后的 1 个月内编制完成并披露。第一季度季度报告的披露时间不得早于上一年度年度报告的披露时间。

　　第二十一条　年度报告应当记载以下内容：（一）公司基本情况；（二）主要会计数据和财务指标；（三）公司股票、债券发行及变动情况，报告期末股票、债券总额、股东总数，公司前十大股东持股情况；（四）持股 5% 以上股东、控股股东及实际控制人情况；（五）董事、监事、高级管理人员的任职情况、持股变动情况、年度报酬情况；（六）董事会报告；（七）管理层讨论与分析；（八）报告期内重大事件及对公司的影响；（九）财务报告和审计报告全文；（十）中国证监会规定的其他事项。

　　（二）财务报表的分类

　　（1）按反映的经济内容，财务报表可以分为反映企业财务状况及其变动情况的报表和反映企业经营成果的报表。反映企业财务状况及其变动情况的报表，包括反映企业在特定日期财务状况的资产负债表及反映企业在一定期间财务状况变动的报表，如现金流量表和所有者权益变动表。反映企业经营成果的报表，主要有利润表。

　　（2）按编报时间的不同，财务报表可分为中期财务报表和年度财务报表。中期财务报表是以短于一个完整会计年度的报告期间为基础编制的财务报表，包括月报、季报、半年报等。年度财务报表是年度终了时编制的报表。中期财务报表的编制要求简明扼要、反映及时；年度财务报表要求揭示完整、反映全面。

　　（3）按编报的主体不同，财务报表可以分为个别财务报表和合并财务报表。个别财务报表是由企业在自身会计核算的基础上对账簿记录进行加工而编制的财务报表，主要用于反映企业自身的财务状况、经营成果和现金流量情况。合并财务报表是以母公司和子公司组成的企业集团为会计主体，根据母公司和所属子公司的财务报表，由母公司编制的综合反映企业集团财务状况、经营成果和现金流量的财务报表。

　　（4）按反映资金运动形态的不同，财务报表可分为静态报表和动态报表。静态报表是综合反映企业在某一特定日期财务状况的报表，如资产负债表。动态报表是综合反映企业在一定时期财务变动和利润实现情况的报表，如利润表、现金流量表、所有者权益变动表等。

三、财务报告的基本编制要求

　　为了充分发挥财务报告的作用，保证财务报告提供的信息能够满足有关各方的需求，企业编制的财务报告必须满足下列要求。

　　（一）以持续经营为编制基础

　　根据《企业会计准则第 30 号——财务报表列报》第四条的要求，企业应以持续经营为基础，根据实际发生的交易和事项，按照《企业会计准则——基本准则》和其他各项会计准则的规定进行确认和计量，在此基础上编制财务报表。

　　（二）列报的一致性

　　根据《企业会计准则第 30 号——财务报表列报》第八条的要求，财务报表项目的列报应在各个会计期间保持一致，不得随意变更，但下列情况除外。

（1）会计准则要求改变财务报表项目的列报。

（2）企业经营业务的性质发生重大变化或对企业经营影响较大的交易或事项发生后，变更财务报表项目的列报能够提供更可靠、更相关的会计信息。

（三）重要性原则

重要性是指在合理预期下，若财务报表某项目的省略或错报会影响使用者据此做出的经济决策的结果，则该项目具有重要性。重要性应当根据企业所处的具体环境，从项目的性质和金额两方面予以判断，且对各项目重要性的判断标准一经确定，不得随意变更。判断项目性质的重要性，应当考虑该项目在性质上是否属于企业日常活动，是否显著影响企业的财务状况、经营成果和现金流量等因素；判断项目金额大小的重要性，应当考虑该项目金额占资产总额、负债总额、所有者权益总额、营业收入总额、营业成本总额、净利润、综合收益总额等直接相关项目金额的比重或所属报表单列项目金额的比重。

（四）财务报表项目间的相互抵销

财务报表中的资产项目和负债项目的金额、收入项目和费用项目的金额、直接记入当期利润的利得项目和损失项目的金额不得相互抵销，但另有规定的除外。资产或负债项目按扣除备抵项目后的净额列示，非日常活动产生的利得和损失，以同一交易形成的收益扣减相关费用后的净额列示更能反映交易实质的，不属于抵销。

（五）比较信息列报

企业在列报当期财务报表时，至少应当提供所有列报上一可比会计期间的比较数据，以及与理解当期财务报表有关的说明，目的是向报表使用者提供对比数据，提高信息在会计期间的可比性，以反映企业财务状况、经营成果和现金流量的发展趋势，帮助提高报表使用者的判断和决策能力。

（六）财务报表表首的列报要求

企业应当在财务报表的显著位置至少披露下列各项：编报企业的名称、资产负债表日或涵盖的会计期间、人民币金额单位等信息，如果财务报表属合并报表，则应予以标明。

（七）报告期间

企业至少应按年编制财务报表。若年度财务报表涵盖的期间短于1年，如企业在年度中间（如5月18日）开始设立等，企业应当披露年度财务报表涵盖的期间，以及短于1年的原因及报表数据不具可比性的事实。

第二节 资产负债表

一、资产负债表的内容和结构

资产负债表又称财务状况表，是提供某一会计主体在某一特定日期的资产、负债、所有者权益及它们之间相互联系等信息的静态报表。企业的资产负债表根据"资产＝负债＋所有者权益"的会计恒等式所包含的经济内容及其数量关系编制而成。它表明企业在某一特定日期所拥有和控制的经济资源、所承担的现有义务和所有者对净资产的要求权。资产负债表可以提供财

资产负债表的解读

务分析的基础资料，如将流动资产与流动负债进行比较，计算得到流动比率。企业会计信息使用者可以借助资产负债表分析评价企业的偿债能力、资产负债结构等。

资产负债表包括表首和正表两部分。表首包括报表的名称、编报单位、日期和金额单位。正表以"资产＝负债＋所有者权益"这一基本会计恒等式为编制基础，包括资产、负债、所有者权益的构成项目及其金额。

（一）资产类项目

资产类项目一般按流动性的大小分为流动资产和非流动资产两类，每一类再根据流动性按由大到小的顺序分项列示。

流动资产项目通常包括货币资金、交易性金融资产、应收票据、应收账款、预付款项、其他应收款、存货、合同资产、一年内到期的非流动资产等。

非流动资产项目包括债权投资、其他债权投资、长期应收款、长期股权投资、其他权益工具投资、投资性房地产、固定资产、在建工程、使用权资产、无形资产、开发支出、长期待摊费用、递延所得税资产及其他非流动资产等。

（二）负债类项目

负债类项目一般按偿还期限长短分为流动负债和非流动负债。

流动负债项目一般包括短期借款、应付票据、应付账款、预收款项、合同负债、应付职工薪酬、应交税费、其他应付款、一年内到期的非流动负债等。

非流动负债项目一般包括长期借款、应付债券、租赁负债、长期应付款、预计负债等。

（三）所有者权益类项目

所有者权益类项目一般按照实收资本（股本）、其他权益工具、资本公积、其他综合收益、盈余公积、未分配利润等分项列示。

为了使报表使用者通过比较不同时点资产负债表的数据，掌握企业财务状况的变动情况及其发展趋势，企业必须提供比较资产负债表。资产负债表各项目分为上年"年末余额"和"期末余额"两栏分别填列。资产负债表的主要内容和基本格式如表9.2所示。

二、资产负债表的编制方法

我国资产负债表各项目都需填列"上年年末余额"和"期末余额"两栏。

（一）上年年末余额栏的填列方法

资产负债表"上年年末余额"栏内各项目的金额，应根据上年年末资产负债表"期末余额"栏内所列数字填列。如果本年度资产负债表规定的各个项目的名称和内容同上年度不一致，应对上年年末资产负债表各项目的名称和数字按照本年度的规定进行调整，根据调整后的数字填入报表的"上年年末余额"栏内。

（二）期末余额栏的填列方法

资产负债表"期末余额"栏内各项目的金额，主要根据有关资产类、负债类、所有者权益类账户的期末余额填列。填列方法可归纳如下。

（1）直接根据总账账户的期末余额填列。资产负债表中的有些项目，可以直接根据相应的总账账户的期末余额填列，如"短期借款""应付票据""应付职工薪酬""实收资本""资本公积""盈余公积"等。

（2）根据若干总账账户期末余额计算填列。资产负债表中的有些项目，需要根据若干总账账户期末余额相加（或相减）填列，如"货币资金"项目，需根据"库存现金""银行存款""其他货币资金"账户的期末余额相加以后填列。"其他应付款"项目，应根据"应付利息""应付股利"和"其他应付款"科目的期末余额合计数填列。

（3）根据有关明细账账户的期末余额计算填列。资产负债表中的有些项目，需要根据若干明细账账户的期末余额相加以后填列，主要涉及的是"应付账款"等往来结算类的项目。"应付账款"项目应根据"应付账款"和"预付账款"科目所属的相关明细科目的期末贷方余额合计数填列。主要理由是，"预付账款"账户是一个资产类账户，期末余额正常方向为借方，但在企业实际收货金额比预付款多的情况下，其期末余额就出现在贷方，表示应补付卖方货款，变为负债性质，因而合并到"应付账款"名下。同理，当企业与某交易对方结算"应付账款"时，可能出现实付金额比应付金额多的情况，此时"应付账款"明细账户余额出现在借方，表示企业在偿还原拖欠货款的同时向交易对方预付了一笔货款准备购买另一批商品，余额转变为资产性质，合并填列到"预付款项"名下。

（4）根据总账和明细账账户的余额分析计算填列。资产负债表中有些项目，需要根据总账和明细账账户的余额分析计算填列，主要涉及"长期借款""应付债券""长期应付款"等项目。在"长期借款"账户中核算的是期限超过一年的长期借款，如果某笔借款即将到期或偿还期低于1年，那该笔借款已经不属于非流动负债，但是其仍保留在"长期借款"账户上，将该笔借款笼统地以"长期借款"项目列报，显然是不合理的。所以，在填列"长期借款"项目时，应根据"长期借款"账户所属的明细账账户进行分析。如果存在一年内到期的长期借款应予以扣除，被扣除的部分在流动负债项目中"一年内到期的非流动负债"项目列示。"应付债券""长期应付款"等项目的填列方法与此同理。

（5）根据有关资产账户余额减去其备抵账户余额后的净额填列。资产负债表中的有些项目，需要根据有关资产账户余额减去其备抵账户余额后的净额填列。例如，"固定资产"项目，应根据"固定资产"账户期末余额，减去"累计折旧""固定资产减值准备"等账户期末余额的净额填列。

（6）综合运用上述方法填列。例如"存货"项目，需要根据"原材料""库存商品""材料采购""材料成本差异"等账户的余额相加数，减去"存货跌价准备"账户余额后的净额填列。再如，"在建工程"项目，反映资产负债表日企业尚未达到预定可使用状态的在建工程的期末账面价值和企业为在建工程准备的各种物资的期末账面价值。该项目应根据"在建工程"科目的期末余额，减去"在建工程减值准备"科目的期末余额后的金额，以及"工程物资"科目的期末余额，减去"工程物资减值准备"科目的期末余额后的金额填列。

三、资产负债表编制方法举例

金源公司202×年度各账户的年末余额如表 9.1 所示。

表 9.1　　　　　　　　　　　　　账户余额表　　　　　　　　　　　　　单位：元

会计账户	借方金额	贷方金额	会计账户	借方金额	贷方金额
库存现金	280 000		短期借款		250 000
银行存款	750 000		应付账款——盛兴公司		30 000
应收账款——华盛公司	300 000		合同负债——天成公司		300 000

会计账户	借方金额	贷方金额	会计账户	借方金额	贷方金额
原材料	800 000		应付职工薪酬		70 000
生产成本——A产品	300 000		应交税费		50 000
生产成本——B产品	200 000		长期借款		300 000
库存商品——A产品	550 000		实收资本		2 500 000
库存商品——B产品	450 000		资本公积		100 000
固定资产	2 500 000		盈余公积		30 000
累计折旧		500 000	利润分配——未分配利润		2 200 000
在建工程	200 000				

根据表 9.1 提供的资料，编制金源公司 202×年 12 月 31 日的资产负债表，如表 9.2 所示。

表 9.2　　　　　　　　　　　资产负债表

会企 01 表

编制单位：金源公司　　　　　　　　　202×年 12 月 31 日　　　　　　　　　单位：元

资产	期末余额	上年年末余额	负债及所有者权益	期末余额	上年年末余额
流动资产：			流动负债：		
货币资金	1 030 000		短期借款	250 000	
交易性金融资产	0		交易性金融负债	0	
应收票据	0		应付票据	0	
应收账款	300 000		应付账款	30 000	
预付款项	0		合同负债	300 000	
其他应收款	0		应付职工薪酬	70 000	
存货	2 300 000		应交税费	50 000	
合同资产	0		其他应付款	0	
一年内到期的非流动资产	0		一年内到期的非流动负债	0	
其他流动资产	0		其他流动负债	0	
流动资产合计	3 630 000		流动负债合计	700 000	
非流动资产：			非流动负债：		
债权投资	0		长期借款	300 000	
其他债权投资	0		应付债券	0	
长期应收款	0		租赁负债	0	
长期股权投资	0		长期应付款	0	
其他权益工具投资	0		预计负债	0	
其他非流动金融资产			递延收益	0	
投资性房地产	0		递延所得税负债	0	

续表

资产	期末余额	上年年末余额	负债及所有者权益	期末余额	上年年末余额
固定资产	2 000 000		其他非流动负债	0	
在建工程	200 000		非流动负债合计	300 000	
生产性生物资产	0		负债合计	1 000 000	
使用权资产	0		所有者权益（或股东权益）：		
无形资产	0		实收资本（股本）	2 500 000	
开发支出	0		资本公积	100 000	
长期待摊费用	0		其他综合收益	0	
递延所得税资产	0		盈余公积	30 000	
其他非流动资产	0		未分配利润	2 200 000	
非流动资产合计	2 200 000		所有者权益（或股东权益）合计	4 830 000	
资产总计	5 830 000		负债及所有者权益（或股东权益）总计	5 830 000	

第三节 利润表

一、利润表的内容和结构

利润表是反映企业在一定会计期间经营成果的财务报表。利润表属于动态报表，根据权责发生制，把一定期间的收入与相关的费用相配比，计算出企业一定时期的净利润或净亏损。

通过利润表可以反映企业一定期间的收入实现情况及费用耗费情况，根据净利润的实现情况据以判断资本保值增值等。一般而言，利润表的信息与资产负债表的信息结合起来，可以帮助信息使用者判断企业未来的发展趋势，也有助于考核企业经营管理者的业绩。

企业的利润表由表首和表体两大部分组成。利润表的表首包括报表名称、编报单位、会计期间和计量单位等内容。表体反映企业的收入、费用及据此计算出的损益金额。利润表有单步式和多步式两种。

（一）单步式利润表

单步式利润表用所有的收入扣除所有的费用后，一次计算出当期损益。单步式利润表编制简单、易于理解，体现了收入与费用的配比原则，但不能直观地反映企业财务成果的构成。

（二）多步式利润表

多步式利润表揭示企业利润的形成过程，一般顺序如下。

（1）营业利润。营业利润=营业收入-营业成本-税金及附加-销售费用-管理费用-财务费用+其他收益+投资收益+公允价值变动收益+信用减值损失+资产减值损失+资产处置收益。

（2）利润总额。利润总额=营业利润+营业外收入- 营业外支出。

（3）净利润。净利润=利润总额-所得税费用。

（4）其他综合收益，具体分为"以后会计期间不能重分类进损益的其他综合收益项目"和

"以后会计期间在满足条件时将重分类进损益的其他综合收益项目"两类，需扣除相关所得税影响后的净额列报。

（5）综合收益总额。综合收益总额=净利润+其他综合收益税后净额。

（6）每股收益，包括基本每股收益和稀释每股收益。

多步式利润表比单步式利润表提供的信息更加丰富，列示了一些中间性利润指标，能清楚地反映企业净利润的形成来源，可以帮助报表使用者分清主次，对未来经营成果做出正确的判断与预测。同时对费用的列报通常按照功能进行分类，即分为从事经营业务发生的管理费用、销售费用和财务费用等，有助于使用者了解费用发生的活动领域。我国采用多步式利润表。

二、利润表的编制方法

为了使报表使用者通过比较不同期间利润的实现情况，判断企业经营成果的未来发展趋势，企业需要提供比较利润表，即利润表就各项目分为"本期金额"和"上期金额"两栏分别填列。在编报月度、季度、半年度利润表时，"上期金额"栏填列上年同期发生额；编制年度利润表时，"上期金额"填列上年全年发生额。如果上年度利润表各项目的名称和内容与本期不相一致，应对上年该期利润表各项目的名称和数字按照本期的规定进行调整，再填入"上期金额"栏。"本期金额"的填列方法如下。

（一）根据相关账户发生额直接填列

根据相关账户发生额直接填列的项目主要有"税金及附加""销售费用""管理费用""财务费用""资产减值损失""公允价值变动损益""投资收益""营业外收入""营业外支出"和"所得税费用"等。它们都可以根据有关损益类账户的发生额直接填列。

（二）根据相关账户发生额计算填列

根据相关账户发生额计算填列的项目主要有"营业收入"和"营业成本"两个项目。"营业收入"应根据"主营业务收入"和"其他业务收入"账户的发生额计算填列。"营业成本"应根据"主营业务成本"和"其他业务成本"账户的发生额计算填列。

（三）根据利润表内的相关项目进行表间运算填列

利润表中利用表间运算填列的项目主要有"营业利润""利润总额"和"净利润"。这3个项目的填列不需再查看有关账户的发生额，而只需根据表内的其他项目金额通过计算求得。

三、利润表编制举例

金源公司202×年有关损益类账户的本年累计发生额如表9.3所示。

表9.3　　　　　　　　　　损益类科目本年累计发生额　　　　　　　　　　单位：元

项目	借方发生额	贷方发生额
主营业务收入		3 500 000
主营业务成本	1 480 000	
税金及附加	250 000	
销售费用	146 000	
管理费用	86 000	
财务费用	16 000	

续表

项目	借方发生额	贷方发生额
投资收益		200 000
营业外收入		30 000
营业外支出	16 000	
其他业务收入		850 000
其他业务成本	480 000	
所得税费用	526 500	

编制的金源公司202×年利润表如表9.4所示。

表 9.4 利润表

会企 02 表

编制单位：金源公司　　　　　　　　　　　　202×年　　　　　　　　　　　　单位：元

项目	本期金额	上期金额（略）
一、营业收入	4 350 000	
减：营业成本	1 960 000	
税金及附加	250 000	
销售费用	146 000	
管理费用	86 000	
财务费用	16 000	
加：其他收益	0	
投资收益（损失以"－"号填列）	200 000	
公允价值变动收益（损失以"－"号填列）	0	
信用减值损失（损失以"－"号填列）	0	
资产减值损失（损失以"－"号填列）	0	
资产处置收益（损失以"－"号填列）	0	
二、营业利润（亏损以"－"号填列）	2 092 000	
加：营业外收入	30 000	
减：营业外支出	16 000	
三、利润总额（亏损总额以"－"号填列）	2 106 000	
减：所得税费用	526 500	
四、净利润（净亏损以"－"号填列）	1 579 500	
五、其他综合收益的税后净额	0	
（一）不能重分类进损益的其他综合收益	0	
（二）将重分类进损益的其他综合收益	0	
六、综合收益总额	1 579 500	
七、每股收益		
（一）基本每股收益	略	
（二）稀释每股收益	略	

![知识链接图标] **知识链接**

利润表看什么

一、收入的成长性

营业收入是公司对外销售商品或者提供服务所产生的经济回报。营业收入的增长率往往是衡量企业经营状况和市场占有能力、预测企业经营业务拓展趋势的重要标志。比较理想的营业收入变化是逐年保持稳健的增长，最好是能够跑赢行业的平均增速，表明公司在行业中的市场占有率在稳步提高。

二、期间费用带来的效益

分析期间费用的质量，不能只看各项期间费用发生的规模，更应关注各项费用发生后所带来的效益，简单点说就是钱不能白花。大部分的期间费用在规模上是相对固定的，因此要注意费用与收入的增长是不是具有稳定的比例关系。费用支出很多，但收入却没有相应增加甚至是在减少，说明企业管理上存在问题。另外，要尤其注意期间费用发生剧烈上升或下降的情况。

三、毛利率的变化

毛利率是一个非常重要的财务指标。行业毛利率的平均水平很大程度上反映了行业的竞争状况、行业的成熟程度等。一家企业的毛利率可以反映它的产品的竞争力，而产品的竞争力恰恰是企业竞争力的体现。在营业收入不断增长的情况下，维持稳定的毛利率，企业所赚取的毛利就越多；或者在营业收入增长放缓的情况下，企业有效地控制了成本，改善了生产环节，毛利率也可以提高。如果在竞争特别激烈的行业中，企业往往会采用一些营销手段以期薄利多销，如开展促销、做广告等，与此同时相应的费用也会增加。如果存货积压、毛利降低，那么表明企业在经营上有问题。

四、利润的含金量

利润的含金量是指企业主要利润构成项目获得现金流量的能力。源源不断的现金流是企业长久发展的根本。会计上的利润是基于权责发生制算出来的，与企业实际收付现金并不同步。但是一般来说，在企业回款和付款等各项经营活动相对正常的情况下，利润与现金流量之间会保持大体稳定的比例关系。如果企业利润中现金的含量少，那么利润则可能存在泡沫。

第四节 现金流量表

一、现金流量表的含义

现金流量表是以现金及其等价物为基础编制的财务状况变动表。它反映企业一定期间内现金流入和流出信息，表明企业获得现金及其等价物的能力。将权责发生制下的盈利信息调整为收付实现制下的现金流量信息，便于信息使用者了解企业净利润的质量。会计信息使用者可以根据企业现金及其等价物对企业的支付能力和偿债能力做出较为可靠的判断，并预测企业未来现金流量的发展趋势。

现金流量表

现金流量表针对的是现金和现金等价物，反映企业一定会计期间现金和现金等价物的流入量、流出量和净流量，属于动态会计报表。现金指库存现金和可以随时用于支付的存款等。现金等价物是指企业持有的期限短、流动性强、易于转换为已知金额现金、价值变动风险很小的投资。

一般来说，一项投资若要被判断为现金等价物必须满足 4 点：①期限短；②流动性强；③易于转换为已知金额的现金；④价值变动风险比较小。投资的期限应该小于 3 个月（从购买之日起 3 个月内到期）。

二、现金流量的分类

现金流量指企业现金和现金等价物的流入和流出。在现金流量表中，现金及现金等价物被视为一个整体，企业现金（含现金等价物，下同）形式的转换不会产生现金的流入和流出。例如，企业从银行提取现金，是企业现金存放形式的转换，并未流出企业，不构成现金流量。同样，现金与现金等价物之间的转换也不属于现金流量，如企业用现金购买 3 个月内到期的国库券。现金流量表的现金流量是根据企业业务活动的性质和现金流量的来源进行划分的，主要分为以下三类。

（一）经营活动产生的现金流量

经营活动是指企业投资活动和筹资活动以外的所有交易和事项。各类企业由于行业特点不同，对经营活动的认定存在一定差异。对于工商企业而言，经营活动主要包括销售商品、提供劳务、购买商品、接受劳务、支付税费等。对于商业银行而言，经营活动主要包括吸收存款、发放贷款、同业存放、同业拆借等。对于保险公司而言，经营活动主要包括原保险业务和再保险业务等。对于证券公司而言，经营活动主要包括自营证券、代理承销证券、代理兑付证券、代理买卖证券等。

（二）投资活动产生的现金流量

投资活动是指企业长期资产的购建和不包括在现金等价物范围内的投资及其处置活动。长期资产是指固定资产、无形资产、在建工程、其他资产等持有期限在 1 年或一个营业周期以上的资产。这里所讲的投资活动，既包括实物资产投资，也包括金融资产投资。不同企业由于所处行业的不同，对投资活动的认定也存在差异。例如，交易性金融资产所产生的现金流量，对于工商业企业而言，属于投资活动现金流量，而对于证券公司而言，则属于经营活动现金流量。

（三）筹资活动产生的现金流量

筹资活动是指导致企业资本及债务规模和构成发生变化的活动。这里所说的资本，既包括实收资本（股本），也包括资本溢价（股本溢价）。这里所说的债务，指对外举债，包括向银行借款、发行债券等。通常情况下，应付账款、应付票据等属于经营活动，不属于筹资活动。

三、现金流量表的内容和结构

（一）现金流量表的内容

现金流量表包括正表和附注两部分内容。

1. 正表

正表主要包括六项内容：经营活动产生的现金流量；投资活动产生的现金流量；筹资活动产生的现金流量；汇率变动对现金及其现金等价物的影响；现金及其现金等价物净增加额；期末现金及其现金等价物的余额。

正表反映的是现金流量的实际经济内容，它十分有利于分析企业的现金流量，但不能反映经营活动现金流量与净利润的关系。

2. 附注

附注主要包括三项内容：将净利润调整为经营活动现金流量、不涉及现金收支的重大投资与筹资活动、现金及现金等价物净变动情况。

附注当中的第一项内容以净利润为起点加减一些调整项目后计算出经营活动的现金流量，可以反映经营活动现金流量与净利润之间的关系。第二项内容虽不涉及现金的增减变动，但对以后期间的现金流量有重大影响，如融资租入固定资产后各期要支付租金，形成一项固定的现金支出，因而加以说明。第三项内容主要是与正表反映的内容进行对照，看二者结果是否相符。

将净利润调整为经营活动现金流量时，需要对四类项目进行调整：（1）实际没有支付现金的费用；（2）没有收到现金的收益；（3）不属于经营活动的损益；（4）经营性应收应付项目的增减变动。

需要说明的是，现金流量表内部形成两个勾稽关系：一是正表中的第一项内容与附注中的第一项内容二者计算结果应该相等，即正表中直接列报的经营活动现金流量增减净额等于附注中以净利润为起点调整计算的经营活动现金流量；二是正表中的第五项内容与附注中的第三项内容计算结果应该相等，即正表中的现金及其现金等价物净增加额等于附注中的现金及其现金等价物净增加额。

（二）现金流量表的结构

一般来说，我国企业采用的现金流量表格式如表 9.5 所示。

表 9.5 现金流量表

会企 03 表

编制单位：××公司	202×年度	单位：元
项目	本期金额	上期金额
一、经营活动产生的现金流量		
销售商品、提供劳务收到的现金		
收到的税费返还		
收到其他与经营活动有关的现金		
经营活动现金流入小计		
购买商品、接受劳务支付的现金		
支付给职工以及为职工支付的现金		
支付的各项税费		
支付其他与经营活动有关的现金		
经营活动现金流出小计		
经营活动产生的现金流量净额		
二、投资活动产生的现金流量		
收回投资收到的现金		
取得投资收益收到的现金		
处置固定资产、无形资产和其他长期资产收回的现金净额		

续表

项目	本期金额	上期金额
处置子公司及其他营业单位收到的现金净额		
收到其他与投资活动有关的现金		
投资活动现金流入小计		
购建固定资产、无形资产和其他长期资产支付的现金		
投资支付的现金		
取得子公司及其他营业单位支付的现金净额		
支付其他与投资活动有关的现金		
投资活动现金流出小计		
投资活动产生的现金流量净额		
三、筹资活动产生的现金流量		
吸收投资收到的现金		
取得借款收到的现金		
收到其他与筹资活动有关的现金		
筹资活动现金流入小计		
偿还债务支付的现金		
分配股利、利润或偿付利息支付的现金		
支付其他与筹资活动有关的现金		
筹资活动现金流出小计		
筹资活动产生的现金流量净额		
四、汇率变动对现金及现金等价物的影响		
五、现金及现金等价物净增加额		
加：期初现金及现金等价物余额		
六、期末现金及现金等价物余额		
补充资料		
1. 将净利润调整为经营活动现金流量		
净利润		
加：资产减值准备		
信用损失		
固定资产折旧、油气资产折耗、生产性生物资产折旧		
无形资产摊销		
长期待摊费用摊销		
处置固定资产、无形资产和其他长期资产的损失（收益以"－"号填列）		
固定资产报废损失（收益以"－"号填列）		
公允价值变动损失（收益以"－"号填列）		
财务费用（收益以"－"号填列）		

续表

项目	本期金额	上期金额
投资损失（收益以"－"号填列）		
递延所得税资产减少（增加以"－"号填列）		
递延所得税负债增加（减少以"－"号填列）		
存货的减少（增加以"－"号填列）		
经营性应收项目的减少（增加以"－"号填列）		
经营性应付项目的增加（减少以"－"号填列）		
其他		
经营活动产生现金流量净额		
2．不涉及现金收支的重要投资和筹资活动		
债务转为资本		
一年内到期的可转换公司债券		
融资租入固定资产		
3．现金及现金等价物变动情况		
现金的期末余额		
减：现金的期初余额		
加：现金等价物的期末余额		
减：现金等价物的期初余额		
现金及现金等价物净增加额		

现金流量表与其他报表之间具有密切的联系：附注中的净利润指标来源于利润表，现金期初、期末余额等指标来源于资产负债表的"货币资金"。

⚙ **知识链接**

三张报表之间的勾稽关系

透视财务报表之间的勾稽关系

1．表内勾稽关系

在财务报表中，有些勾稽关系是精确的，即各个项目之间可以构成等式，如资产＝负债+所有者权益；收入－费用＝利润；现金流入量-现金减出量=现金净流量。相对于表间关系而言，表内关系是简单的。

2．表外勾稽关系

对于财务报表分析而言，更为重要的是另一种不太精确的勾稽关系，即报表中的某些项目之间存在勾稽关系，在某些假设前提和条件下可以构成等式。

从反映的区间上看，现金流量表与利润表是一致的，资产负债表是一个时点报表，而利润表和现金流量表是一个时期报表；从核算方法上看，现金流量表与资产负债表、利润表存在差异，后两者是权责发生制，前者是收付实现制。

（1）资产负债表与利润表间的勾稽关系。资产负债表与利润表的勾稽点是未分配利润。资产负债表中的期末未分配利润，并不能直接与利润表中的本期净利润核对相符，但存在以下关系：

期末未分配利润＝期初未分配利润＋本期实现的净利润－本期分配的利润（含提取的各项盈余公积、分配的股息红利等）。

（2）现金流量表与利润表的勾稽关系。现金流量表表面上是说明现金的流转状况，但实质上是从另外一个角度反映利润问题，因此可以说现金流量表能够论证和辅助说明利润表。具体关系可以通过现金流量表的编制方法看出。直接法是通过现金收入和支出的主要类别反映来自企业经营活动的现金流量，一般是以利润表中的营业收入为起算点，调整与经营活动有关的项目的增减变动，然后计算出经营活动的现金流量。间接法是以本期净利润为起算点，调整不涉及现金的收入、费用、营业外收支及有关项目的增减变动，据此计算出经营活动的现金流量。

（3）现金流量表与资产负债表的勾稽关系。现金流量表与资产负债表的勾稽点可以为现金及现金等价物的期末余额与资产负债表的货币资金期末余额，如果不相等，就需要找原因，不一定就是错了，可能是由于现金等价物和受限制的货币资金的存在导致的。

第五节 财务报表附注

一、财务报表附注的概念

附注是对资产负债表、利润表、现金流量表和所有者权益变动表中列示项目的文字描述或明细资料，以及对未能在这些报表中列示的项目的说明等。它同上述报表具有同等的重要性。

二、附注的主要内容

附注至少要披露以下内容。

（1）企业的基本情况，包括企业注册地、组织形式和总部地址；企业的业务性质和主要经营活动；母公司及集团最终母公司的名称；财务报告的批准报出者和财务报告批准报出日。

（2）财务报表的编制基础。

（3）遵循企业会计准则的声明。企业应当声明编制的财务报表符合企业会计准则的要求，真实、完整地反映了企业的财务状况、经营成果和现金流量等有关信息。

（4）重要会计政策和会计估计。重要会计政策的说明，包括财务报表项目的计量基础和在运用会计政策过程中所做的重要判断等。重要会计估计的说明，包括可能导致下一个会计期间内资产、负债账面价值重大调整的会计估计的确定依据等。

（5）会计政策和会计估计变更以及差错更正的说明。

（6）重要报表项目的说明。企业应当以资产负债表、利润表、现金流量表、所有者权益变动表及其报表项目列示的顺序，对重要报表项目采用文字和数字描述相结合的方式进行披露。

（7）其他需要说明的重要事项。这些事项包括或有和承诺事项、资产负债表日后非调整事项、关联方关系及其交易等。

（8）有助于财务报表使用者评价企业管理资本的目标、政策及程序的信息。

思考与练习

❖

一、选择题

1. [单选]反映企业在一定会计期间经营成果的报表是（　　　）。

    A. 资产负债表　　　　　　　　　　B. 利润表

    C. 现金流量表　　　　　　　　　　D. 所有者权益变动表

2. [单选]下列属于上市公司每年需要向广大投资者提供的静态报表的是（　　　）。

    A. 资产负债表　　　　　　　　　　B. 利润表

    C. 现金流量表　　　　　　　　　　D. 所有者权益变动表

3. [单选]以下不属于财务报表的是（　　　）。

    A. 资产负债表　　　　　　　　　　B. 利润表

    C. 试算平衡表　　　　　　　　　　D. 所有者权益变动表

4. [多选]旭日公司用银行存款支付广告宣传费用 200 000 元，其中涉及的财务报表变动项目包括（　　　）。

    A. 资产负债表的货币资金项目　　　B. 利润表的销售费用项目

    C. 资产负债表的存货项目　　　　　D. 利润表的管理费用项目

5. [多选]李某为饮品店购入了一台榨汁机，花费 6 000 元。该笔业务涉及的资产负债表中的变动项目有（　　　）。

    A. 存货　　　　　B. 货币资金　　　　　C. 固定资产　　　　　D. 应付账款

6. [多选]王某罐头厂开业第一天，卖了水果罐头 100 个，每个售价为 20 元，每个成本为 6 元。下列说法中正确的有（　　　）。

    A. 利润表中营业收入增加 2 000 元

    B. 利润表中营业成本增加 1 400 元

    C. 该笔业务带来利润总额为 600 元

    D. 不考虑其他因素的情况下，此利润将转为资产负债表中的未分配利润 1 400 元

二、业务题

仁和公司适用的增值税税率为 13%。假设企业不存在纳税调整事项，每期应缴纳的所得税为利润总额的 25%。202×年 6 月 1 日，各账户的期初余额如表 9.6 所示。

表 9.6　　　　　　　　　　　　　　各账户期初余额　　　　　　　　　　　　　　单位：元

会计科目	金额	会计科目	金额
库存现金	280 000	固定资产	2 500 000
银行存款	750 000	累计折旧	500 000
应收账款——华盛公司	500 000	短期借款	250 000
原材料	800 000	合同负债——天成公司	300 000
生产成本——A 产品	300 000	长期借款	300 000
生产成本——B 产品	200 000	实收资本	2 500 000
库存商品——A 产品	550 000	利润分配	2 000 000
库存商品——B 产品	450 000	本年利润	480 000

仁和公司 202×年 6 月发生如下经济业务。

1. 计提 6 月的贷款利息 6 000 元。

2. 以银行存款向银行偿还到期的短期贷款 150 000 元。

3. 购入一台需要安装的机器设备，设备价款为 50 000 元，增值税进项税额为 6 500 元，运输费为 2 000 元（运费不考虑增值税问题）。款项均通过银行存款支付。

4. 从供应商甲公司处购买了一批价值 100 000 元的材料，增值税进项税额为 13 000 元。材料验收入库，同时向甲公司开具了一张面值为 113 000 元的银行承兑汇票。

5. 本月领用材料 460 000 元，其中，生产 A 产品领用 220 000 元，生产 B 产品领用 200 000 元，车间一般耗费领用 30 000 元，行政管理部门领用 10 000 元。

6. 收到客户华盛公司的货款 600 000 元并存入银行。

7. 计提本月职工工资 640 000 元，其中，生产 A 产品工人工资为 250 000 元，生产 B 产品工人工资为 230 000 元，车间管理人员工资为 80 000 元，行政管理人员工资为 40 000 元，销售人员工资为 40 000 元。

8. 计提本月固定资产折旧 20 000 元，其中，生产用固定资产折旧 15 000 元，管理用固定资产折旧 5 000 元。

9. 结转当期制造费用 125 000 元。本公司按照产品投产量分配本期制造费用，本期 A 产品投产量为 1200 件，B 产品本期投产量为 800 件。

10. 经计算 A 产品当期投入成本 545 000 元，B 产品当期投入成本 480 000 元，要求结转本期完工入库产品的生产成本。其中，A 产品的完工产品成本占成本总额的 60%；B 产品的完工产品成本占其成本总额的 70%。

11. 向客户丁公司赊销产品一批，其中，A 产品售价为 1 200 000 元，B 产品售价为 900 000 元，增值税税额为 273 000 元。

12. 结转本月销售产品成本，其中，销售 A 产品 1000 件，单位成本为 460 元；销售 B 产品 800 件，单位成本为 600 元。

13. 结转当期损益。

14. 按照利润总额的 25%计提本月所得税。

15. 结转所得税费用。

要求：（1）根据仁和公司 202×年 6 月的经济业务编写会计分录；（2）编制该公司 6 月的利润表；（3）编制该公司 6 月的资产负债表。

三、思考题

1. 财务报告的作用是什么？

2. 财务报表的编制要求有哪些？

3. 什么是资产负债表？其作用有哪些？其编制方法有哪些？

4. 现金流量表的结构和内容是怎样的？

第十章 账务处理程序

学习目标

1. 理解账务处理程序的意义和种类。
2. 了解企业选择账务处理程序时应遵循的基本原则。
3. 掌握记账凭证和科目汇总表账务处理程序的基本步骤。

引导案例

从纯手工账，账务处理效率低下的通信科技企业，到建立有全球范围内一流财务共享中心的世界 500 强，华为技术有限公司（以下简称"华为"）的财务组织为华为整个公司的腾飞提供了很好的财务资源保障和风险控制基础。自 2006 年起，华为在全球范围内，统一体系规范，陆续建立了七大区域财务共享中心。财务共享中心作为一种创新管理模式出现，将各个业务单位重复设置的基础会计业务剥离，将易于标准化的财务业务进行流程再造与标准化，不同地域的实体的会计业务由共享服务中心统一进行处理。一个全球标准化的财务会计处理与核算管理平台，大幅提高了财务专业流程的运行效率，加强了公司总部对全球业务的财务控制，成为财务内控有效实施的强有力的保障。

今天信息技术的发展给会计学科及实务带来了深刻的影响，不仅表现在数据处理工具和信息载体的巨大变革上，还表现在对会计方法、会计理论等方面的巨大冲击。例如，传统手工方式下，记账工作量相当大，不同的账簿由不同的人登记，而且总账与明细账存在重复登记的现象，并且登账时必须遵循登账规则。但在信息技术方式下，记账速度相当快，反映信息及时、规范，有的登账规则不复存在，如记账时不能隔页跳行、文字的倾斜度、结转次页等不复存在。有的虽存在，但受到了一些冲击，本章将为大家介绍的账务处理程序就是其中之一。

第一节 账务处理程序概述

一、账务处理程序的含义

在实际会计工作中，前述各章所阐述的会计凭证、账簿及财务报表并不是彼此孤立、互不联系的，而是以一定的形式相互结合，从而形成了科学的账务处理程序。

账务处理程序也称会计核算组织程序，是会计凭证组织、会计账簿组织和记账程序相互结合的形式。会计凭证组织是指会计凭证的种类、格式和各种凭证之间的相互关系。账簿组织是指账簿的种类、账页格式和各种账簿之间的相互关系。账务处理程序是指采用一定的记账方法，从填制凭证、登记账簿到编制会计报表的步骤和方法。科学的账务处理程序，对于合理组织会计核算工作、提高会计信息质量和会计工作的效率都有着重要的作用。

二、账务处理程序的选择原则

账务处理程序种类较多，同时又存在着各自不同的特点，因此，企业应根据自身的条件及特点选择适合于本企业的账务处理程序。企业在选择会计账务处理程序时，应遵循以下几个原则。

（1）选择的账务处理程序必须与本企业的经济活动特点、组织规模的大小、经济业务的繁简程度、会计机构和会计人员的设置相适应。

（2）选择的账务处理程序要有利于会计人员的分工与合作，明确彼此的岗位职责，形成牵制关系。

（3）选择的账务处理程序要在保证会计工作质量的前提下，尽量简化核算手续，提高会计工作效率，降低核算成本。

三、账务处理程序的基本流程

由于会计凭证、账簿的形式及组合方式的不同，不同的账务处理程序形成了。目前，我国较为普遍采用的账务处理程序主要有记账凭证账务处理程序和科目汇总表账务处理程序。它们的共同之处在于核算的基本流程是相同的，主要包括以下 3 个方面。

（1）编制凭证。在经济业务发生后，要取得或填制原始凭证，然后根据原始凭证编制记账凭证。

（2）登记账簿。根据凭证登记各类账簿。

（3）编制财务报表。根据总分类账和明细分类账的资料编制财务报表。

这 3 个方面是每一种账务处理程序不可缺少的环节。各种账务处理程序的不同之处在于登记总分类账的依据和方法不同。

第二节
记账凭证账务处理程序

一、记账凭证账务处理程序的特点

记账凭证账务处理程序是指直接根据各种记账凭证逐笔登记总分类账的一种账务处理程序。它是账务处理程序中最基本的一种，其他账务处理程序都是在这种账务处理的基础上发展形成的。

记账凭证账务处理程序的主要特点是：记账凭证无须汇总，直接据以登记总分类账。

二、记账凭证账务处理程序的基本步骤

采用记账凭证账务处理程序时，记账凭证一般采用收款凭证、付款凭证和转账凭证，也可以采用通用式记账凭证。账簿一般应包括现金日记账、银行存款日记账、总分类账和明细分类账。现金日记账、银行存款日记账和总分类账采用三栏式，而明细分类账的格式可根据管理的

需要来设置，分别采用三栏式、多栏式、数量金额式等格式。记账凭证账务处理程序的具体步骤如下。

（1）根据各种原始凭证或汇总原始凭证编制记账凭证。

（2）根据收款凭证和付款凭证登记现金日记账和银行存款日记账。

（3）根据记账凭证及所附的原始凭证或汇总原始凭证登记各种明细分类账。

（4）根据各种记账凭证逐笔登记总分类账。

（5）期末，将现金日记账、银行存款日记账和各种明细分类账的账户余额与相应的总分类账的账户余额核对。

（6）期末，根据总分类账和明细分类账编制财务报表。

记账凭证账务处理程序如图 10.1 所示。

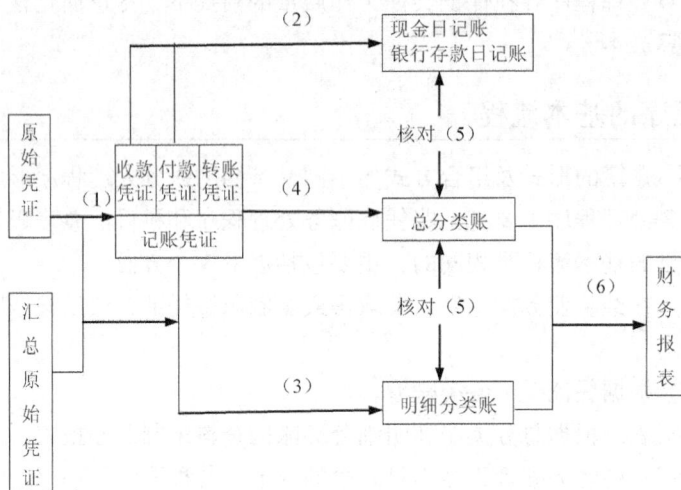

图 10.1　记账凭证账务处理程序

三、记账凭证账务处理程序的适用范围

记账凭证账务处理程序的优点是程序比较简单明了，容易理解，便于掌握。它的缺点是在手工会计背景下，由于总分类账是直接根据记账凭证逐笔登记的，与登记日记账、明细账的做法一致，是重复性的工作。当业务量大时，登记总账的工作量过大，也容易出现错误。随着财务软件的普遍应用，这种缺点不复存在。由于计算机运算速度相当快，发出指令后根据记账凭证登记总账的工作瞬时完成而且准确可靠，因此记账凭证账务处理程序是运用最为广泛的一种账务处理程序。

四、记账凭证账务处理程序应用举例

【例 10.1】金源公司生产 M、N 两种产品。适用的增值税税率为 13%。金源公司 202×年 5 月 1 日各有关总分类账户及有关明细分类账户的余额如下。

（1）固定资产 5 000 000 元，累计折旧 1 000 000 元。

（2）原材料 1 800 000 元，其中，甲材料单价 400 元，数量 3 000 吨，金额为 1 200 000 元；乙材料单价 150 元，数量 4 000 吨，金额为 600 000 元。

（3）生产成本 600 000 元，其中，M 产品 400 000 元，N 产品 200 000 元。

（4）库存商品 1 200 000 元。

（5）库存现金 10 000 元，银行存款 600 000 元。

（6）应收账款 400 000 元，其中，风凌公司 200 000 元，众福公司 200 000 元。

（7）其他应收款 20 000 元。

（8）短期借款 500 000 元。

（9）应付账款 800 000 元。

（10）应交税费 100 000 元。

（11）应付利息 40 000 元。

（12）应付股利 140 000 元。

（13）其他应付款 34 000 元。

（14）实收资本 5 500 000 元。

（15）盈余公积 416 000 元。

（16）本年利润 600 000 元。

（17）利润分配 500 000 元。

金源公司 202×年 5 月发生下列经济业务。

（1）4 日，购进甲材料 20 吨，单价 4 000 元/吨，增值税进项税额为 10 400 元，材料已验收入库，货款已由银行存款支付。

（2）8 日，购进乙材料 80 吨，单价 1 500 元/吨，增值税进项税额为 15 600 元，材料已验收入库，货款尚未支付。

（3）10 日，仓库发出材料，发出材料汇总表如表 10.1 所示。

表 10.1　　　　　　　　　　　　发出材料汇总表

项目	甲材料		乙材料		合计	
	数量（吨）	金额（元）	数量（吨）	金额（元）	数量（吨）	金额（元）
M 产品耗用	10	40 000	40	60 000		100 000
N 产品耗用	10	40 000	40	60 000		100 000
车间耗用	4	16 000	10	15 000		31 000
管理部门耗用	2	8 000				8 000
合计	26	104 000	90	135 000		239 000

（4）12 日，以现金支付管理部门日常的零星开支 7 000 元。

（5）14 日，以银行存款支付所欠银行利息 24 000 元。

（6）18 日，以银行存款 16 000 元支付水电费，其中，M 产品耗用 7 000 元，N 产品耗用 4 000 元，车间耗用 2 000 元，厂部一般耗用 3 000 元。

（7）18 日，销售 M 产品 200 件，单价 1 800 元，货款 360 000 元，增值税税额 46 800 元，款项存入银行。

（8）20 日，销售给风凌公司 N 产品 400 件，单价 500 元，货款 200 000 元，增值税税额 26 000 元，未收款。

（9）22 日，以银行存款支付本月广告费用 20 000 元。

（10）31 日，分配本月工资，其中，M 产品生产工人工资 50 000 元，N 产品生产工人工资 25 000 元，车间管理人员工资 15 000 元，行政管理人员工资 10 000 元。

（11）31 日，计提固定资产折旧 12 000 元，其中，车间负担 10 000 元，行政管理部门负担 2 000 元。

（12）31 日，分配本月发生的制造费用 58 000 元，其中，M 产品分配 34 000 元，N 产品分配 24 000 元。

（13）31 日，结转本月完工产品成本，其中，M 产品完工 360 件，共 432 000 元，N 产品完工 600 件，计 240 000 元。

（14）31 日，月末计提应交城市维护建设税 2 340 元和教育费附加 1 404 元。

（15）31 日，结转本月销售产品成本，其中，M 产品已售产品成本 240 000 元，N 产品成本为 160 000 元。

（16）31 日，结转损益类账户。

（17）31 日，按本月利润总额的 25%，计算所得税费用，并结转到本年利润。

对上述经济业务进行会计核算。

（1）根据经济业务编制收款凭证、付款凭证和转账凭证，如表 10.2～表 10.20 所示。

表 10.2　　　　　　　　　　付款凭证

202×年 5 月 4 日　　　　　　　　　　　　　　　　　　银付字第 1 号

摘要	借方科目	明细科目	金额
购甲材料 20 吨	原材料	甲材料	80 000
	应交税费	应交增值税（进项税额）	10 400
合计			90 400

表 10.3　　　　　　　　　　转账凭证

202×年 5 月 8 日　　　　　　　　　　　　　　　　　　转字第 1 号

摘要	总账科目	明细科目	借方金额	贷方金额
购进乙材料 80 吨，未付款	原材料	乙材料	120 000	
	应交税费	应交增值税（进项税额）	15 600	
	应付账款			135 600
合计			135 600	135 600

表 10.4　　　　　　　　　　转账凭证

202×年 5 月 10 日　　　　　　　　　　　　　　　　　　转字第 2 号

摘要	总账科目	明细科目	借方金额	贷方金额
领用材料	生产成本	M 产品	100 000	
		N 产品	100 000	
	制造费用		31 000	
	管理费用		8 000	
	原材料	甲材料		104 000
		乙材料		135 000
合计			239 000	239 000

表 10.5　　　　　　　　付款凭证

202×年 5 月 12 日　　　　　　　　　　　　　　　　　　　　　　　　现付第 1 号

摘要	借方科目	明细科目	金额
支付日常零星开支	管理费用		7 000
合计			7 000

表 10.6　　　　　　　　付款凭证

202×年 5 月 14 日　　　　　　　　　　　　　　　　　　　　　　　　银付第 2 号

摘要	借方科目	明细科目	金额
支付利息	应付利息		24 000
合计			24 000

表 10.7　　　　　　　　付款凭证

202×年 5 月 18 日　　　　　　　　　　　　　　　　　　　　　　　　银付第 3 号

摘要	借方科目	明细科目	金额
支付本月水电费	生产成本	M 产品	7 000
		N 产品	4 000
	制造费用		2 000
	管理费用		3 000
合计			16 000

表 10.8　　　　　　　　收款凭证

202×年 5 月 18 日　　　　　　　　　　　　　　　　　　　　　　　　银收第 1 号

摘要	贷方科目	明细科目	金额
售出 M 产品 200 件	主营业务收入	M 产品	360 000
	应交税费	应交增值税（销项税额）	46 800
合计			406 800

表 10.9　　　　　　　　转账凭证

202×年 5 月 20 日　　　　　　　　　　　　　　　　　　　　　　　　转字第 3 号

摘要	总账科目	明细科目	借方金额	贷方金额
销售 N 产品 400 件，款项未收	应收账款	凤凌公司	226 000	
	主营业务收入	N 产品		200 000
	应交税费	应交增值税（销项税额）		26 000
合计			226 000	226 000

表 10.10　　　　　　　　付款凭证

202×年 5 月 22 日　　　　　　　　　　　　　　　　　　　　　　　　银付第 4 号

摘要	借方科目	明细科目	金额
支付广告费用	销售费用	广告费用	20 000
合计			20 000

表 10.11 转账凭证

202×年 5 月 31 日 转字第 4 号

摘要	总账科目	明细科目	借方金额	贷方金额
结转本月应付工资	生产成本	M 产品	50 000	
		N 产品	25 000	
	制造费用		15 000	
	管理费用		10 000	
	应付职工薪酬	工资		100 000
合计			100 000	100 000

表 10.12 转账凭证

202×年 5 月 31 日 转字第 5 号

摘要	总账科目	明细科目	借方金额	贷方金额
计提固定资产折旧	制造费用		10 000	
	管理费用		2 000	
	累计折旧			12 000
合计			12 000	12 000

表 10.13 转账凭证

202×年 5 月 31 日 转字第 6 号

摘要	总账科目	明细科目	借方金额	贷方金额
结转本月制造费用	生产成本	M 产品	34 000	
		N 产品	24 000	
	制造费用			58 000
合计			58 000	58 000

表 10.14 转账凭证

202×年 5 月 31 日 转字第 7 号

摘要	总账科目	明细科目	借方金额	贷方金额
结转完工产品成本	库存商品	M 产品	432 000	
		N 产品	240 000	
	生产成本	M 产品		432 000
		N 产品		240 000
合计			672 000	672 000

表 10.15 转账凭证

202×年 5 月 31 日 转字第 8 号

摘要	总账科目	明细科目	借方金额	贷方金额
计算应交城市维护建设税、教育费附加	税金及附加		3 744	
	应交税费	应交城市维护建设税		2 340
		应交教育费附加		1 404
合计			3 744	3 744

表 10.16   转账凭证

202×年 5 月 31 日   转字第 9 号

摘要	总账科目	明细科目	借方金额	贷方金额
结转本月售出产品成本	主营业务成本	M 产品	240 000	
		N 产品	160 000	
	库存商品	M 产品		240 000
		N 产品		160 000
合计			400 000	400 000

表 10.17   转账凭证

202×年 5 月 31 日   转字第 10 号

摘要	总账科目	明细科目	借方金额	贷方金额
结转本月销售收入	主营业务收入	M 产品	360 000	
		N 产品	200 000	
	本年利润			560 000
合计			560 000	560 000

表 10.18   转账凭证

202×年 5 月 31 日   转字第 11 号

摘要	总账科目	明细科目	借方金额	贷方金额
结转本月各项费用	本年利润		453 744	
	主营业务成本			400 000
	销售费用			20 000
	税金及附加			3 744
	管理费用			30 000
合计			453 744	453 744

表 10.19   转账凭证

202×年 5 月 31 日   转字第 12 号

摘要	总账科目	明细科目	借方金额	贷方金额
计算所得税费用	所得税费用		26 564	
	应交税费	应交所得税		26 564
合计			26 564	26 564

表 10.20   转账凭证

202×年 5 月 31 日   转字第 13 号

摘要	总账科目	明细科目	借方金额	贷方金额
结转所得税费用	本年利润		26 564	
	所得税费用			26 564
合计			26 564	26 564

（2）根据收款凭证和付款凭证登记现金日记账和银行存款日记账，如表 10.21 和表 10.22 所示。

表 10.21　　　　　　　　　　　　　　现金日记账

202×年		凭证		摘要	借方	贷方	金额
月	日	字	号				
5	1			期初余额			10 000
5	12	现付	1	零星开支		7 000	3 000
5	12			本日合计	0	7 000	3 000
5	31			本月合计	0	7 000	3 000

表 10.22　　　　　　　　　　　　　　银行存款日记账

202×年		凭证		摘要	借方	贷方	余额
月	日	字	号				
5	1			期初余额			600 000
5	4	银付	1	购进材料		90 400	509 600
5	4			本日合计	0	90 400	509 600
5	14	银付	2	支付利息		24 000	485 600
5	14			本日合计	0	24 000	485 600
5	18	银付	3	支付水电费		16 000	469 600
5	18	银收	1	销售	406 800		876 400
5	18			本日合计	406 800	16 000	876 400
5	22	银付	4	支付广告费用		20 000	
5	22			本日合计	0	20 000	856 400
5	31			本月合计	406 800	150 400	856 400

（3）根据原始凭证、记账凭证登记原材料明细账、生产成本明细账、应收账款明细账，其他明细账的登记省略。原材料明细账采用数量金额式，生产成本明细账采用多栏式，应收账款明细账采用三栏式。具体内容如表 10.23～表 10.28 所示。

表 10.23　　　　　　　　　　　　　　原材料明细账（一）

材料名称：甲材料

202×年		凭证		摘要	收入			发出			结存		
月	日	字	号		数量/吨	单价	金额	数量/吨	单价	金额	数量/吨	单价	金额
5	1			期初余额							300	4 000	1 200 000
5	4	付	1	入库	20	4 000	80 000				320	4 000	1 280 000
5	10	转	2	发出				26	4 000	104 000	294	4 000	1 176 000
5	31			本月合计	20	4 000	80 000	26	4 000	104 000	2 94	4 000	1 176 000

表 10.24 原材料明细账（二）

材料名称：乙材料

202×年		凭证		摘要	收入			发出			结存		
月	日	字	号		数量/吨	单价	金额	数量/吨	单价	金额	数量/吨	单价	金额
5	1			期初余额							400	1 500	600 000
5	8	转	1	入库	80	1 500	120 000				480	1 500	720 000
5	10	转	2	发出				90	1 500	135 000	390	1 500	585 000
5	31			本月合计	80	1 500	120 000	90	1 500	135 000	390	1 500	585 000

表 10.25 生产成本明细账（一）

产品名称：M产品

202×年		凭证		摘要	借方发生额				贷方发生额	余额
月	日	字	号		原材料	动力	工资	制造费用		
5	1			期初余额	400 000					400 000
5	10	转	2	领用材料	100 000					
5	18	银付	3	分配水电费		7 000				
5	31	转	4	分配工资			50 000			
5	31	转	6	分配制造费				34 000		
5	31	转	7	完工转出					432 000	
5	31			期末余额						159 000

表 10.26 生产成本明细账（二）

产品名称：N产品

202×年		凭证		摘要	借方发生额				贷方发生额	余额
月	日	字	号		原材料	动力	工资	制造费用		
5	1			期初余额	200 000					200 000
5	10	转	2	领用材料	100 000					
5	18	银付	3	分配水电费		4 000				
5	31	转	4	分配工资			25 000			
5	31	转	6	分配制造费用				24 000		
5	31	转	7	完工转出					240 000	
5	31			期末余额						113 000

表 10.27 应收账款明细账（一）

账户名称：风凌企业

202×年		凭证		摘要	借方	贷方	借或贷	余额
月	日	字	号					
5	1			期初余额			借	200 000
5	20	转	3	销售N产品 400 件	226 000		借	226 000
5	31			本期发生额及余额	226 000	0	借	426 000

表 10.28   应收账款明细账（二）

账户名称：众福公司

202×年		凭证		摘要	借方	贷方	借或贷	余额
月	日	字	号					
5	1			期初余额			借	200 000
5	31			本期发生额及余额	0	0	借	200 000

（4）根据记账凭证逐笔登记总分类账，如表 10.29～表 10.55 所示。

表 10.29   总分类账（一）

账户名称：库存现金

202×年		凭证		摘要	借方	贷方	借或贷	余额
月	日	字	号					
5	1			期初余额			借	10 000
5	12	现付	1	支付费用		7 000	借	3 000
5	31			本期发生额及余额	0	7 000	借	3 000

表 10.30   总分类账（二）

账户名称：银行存款

202×年		凭证		摘要	借方	贷方	借或贷	余额
月	日	字	号					
5	1			期初余额			借	600 000
5	4	银付	1	购进材料		90 400		509 600
5	14	银付	2	支付利息		24 000		485 600
5	18	银付	3	支付水电费		16 000		469 600
5	18	银收	1	销售产品	406 800			876 400
5	22	银付	4	支付广告费用		20 000		856 400
5	31			本期发生额及余额	406 800	150 400	借	856 400

表 10.31   总分类账（三）

账户名称：应收账款

202×年		凭证		摘要	借方	贷方	借或贷	余额
月	日	字	号					
5	1			期初余额			借	400 000
5	20	转	3	销售 N 产品	226 000		借	626 000
5	31			本期发生额及余额	226 000	0	借	626 000

表 10.32 总分类账（四）

账户名称：其他应收款

202×年		凭证		摘要	借方	贷方	借或贷	余额
月	日	字	号					
5	1			期初余额			借	20 000
5	31			本期发生额及余额	0	0	借	20 000

表 10.33 总分类账（五）

账户名称：原材料

202×年		凭证		摘要	借方	贷方	借或贷	余额
月	日	字	号					
5	1			期初余额			借	1 800 000
5	4	银付	1	材料入库	80 000		借	1 880 000
5	8	转	1	材料入库	120 000		借	2 000 000
5	10	转	2	领用材料		239 000	借	1 761 000
5	31			本期发生额及余额	200 000	239 000	借	1 761 000

表 10.34 总分类账（六）

账户名称：库存商品

202×年		凭证		摘要	借方	贷方	借或贷	余额
月	日	字	号					
5	1			期初余额			借	1 200 000
5	31	转	7	结转完工产品成本	6 720 00		借	1 872 000
5	31	转	9	结转本月售出产品成本		400 000	借	1 472 000
5	31			本期发生额及余额	672 000	400 000	借	1 472 000

表 10.35 总分类账（七）

账户名称：固定资产

202×年		凭证		摘要	借方	贷方	借或贷	余额
月	日	字	号					
5	1			期初余额			借	5 000 000
5	31			本期发生额及余额	0	0	借	5 000 000

表 10.36 总分类账（八）

账户名称：累计折旧

20×7		凭证		摘要	借方	贷方	借或贷	余额
月	日	字	号					
5	1			期初余额			贷	1 000 000
5	31	转	5	计提折旧		12 000	贷	1 012 000
5	31			本期发生额及余额	0	12 000	贷	1 012 000

表10.37 总分类账（九）

账户名称：短期借款

202×年		凭证		摘要	借方	贷方	借或贷	余额
月	日	字	号					
5	1			期初余额			贷	500 000
5	31			本期发生额及余额	0	0	贷	500 000

表10.38 总分类账（十）

账户名称：应付账款

202×年		凭证		摘要	借方	贷方	借或贷	余额
月	日	字	号					
5	1			期初余额			贷	800 000
5	8	转	1	购进材料款未付		135 600	贷	935 600
5	31			本期发生额及余额	0	135 600	贷	935 600

表10.39 总分类账（十一）

账户名称：应付职工薪酬 单位：元

202×年		凭证		摘要	借方	贷方	借或贷	余额
月	日	字	号					
5	1			期初余额				0
5	31	转	4	计提工资		100 000	贷	100 000
5	31			本期发生额及余额	0	100 000	贷	100 000

表10.40 总分类账（十二）

账户名称：其他应付款

202×年		凭证		摘要	借方	贷方	借或贷	余额
月	日	字	号					
5	1			期初余额			贷	34 000
5	31			本期发生额及余额	0	0	贷	34 000

表10.41 总分类账（十三）

账户名称：应交税费

202×年		凭证		摘要	借方	贷方	借或贷	余额
月	日	字	号					
5	1			期初余额			贷	100 000
5	4	银付	1	购进材料	10 400		贷	89 600
5	8	转	1	购进材料	15 600		贷	74 000
5	18	银收	1	销售产品		46 800	贷	120 800
5	20	转	3	销售产品		26 000	贷	146 800
5	31	转	8	计提城市维护建设税		2 340	贷	149 140
				计提教育费附加		1 404	贷	150 544
5	31	转	12	计提所得税		26 564	贷	177 108
5	31			本期发生额及余额	26 000	103 108	贷	177 108

表 10.42　　　　　　　　　　总分类账（十四）

账户名称：应付利息

202×年		凭证		摘要	借方	贷方	借或贷	余额
月	日	字	号					
5	1			期初余额			贷	40 000
5	14	银付	2	支付利息	24 000		贷	16 000
5	31			本期发生额及余额	24 000	0	贷	16 000

表 10.43　　　　　　　　　　总分类账（十五）

账户名称：应付股利

202×年		凭证		摘要	借方	贷方	借或贷	余额
月	日	字	号					
5	1			期初余额			贷	140 000
5	31			本期发生额及余额	0	0	贷	140 000

表 10.44　　　　　　　　　　总分类账（十六）

账户名称：实收资本

202×年		凭证		摘要	借方	贷方	借或贷	余额
月	日	字	号					
5	1			期初余额			贷	4 000 000
5	31			本期发生额及余额	0	0	贷	4 000 000

表 10.45　　　　　　　　　　总分类账（十七）

账户名称：盈余公积

202×年		凭证		摘要	借方	贷方	借或贷	余额
月	日	字	号					
5	1			期初余额			贷	416 000
5	31			本期发生额及余额	0	0	贷	416 000

表 10.46　　　　　　　　　　总分类账（十八）

账户名称：本年利润

202×年		凭证		摘要	借方	贷方	借或贷	余额
月	日	字	号					
5	1			期初余额			贷	600 000
5	31	转	10	结转收入		560 000	贷	1 160 000
5	31	转	11	结转费用	453 744		贷	706 265
5	31	转	13	结转所得税费用	26 564		贷	679 692
5	31			本期发生额及余额	480 308	560 000	贷	679 692

表 10.47　　　　　　　　　　　　总分类账（十九）

账户名称：利润分配

202×年		凭证		摘要	借方	贷方	借或贷	余额
月	日	字	号					
5	1			期初余额			贷	500 000
5	31			本期发生额及余额	0	0	贷	500 000

表 10.48　　　　　　　　　　　　总分类账（二十）

账户名称：生产成本

202×年		凭证		摘要	借方	贷方	借或贷	余额
月	日	字	号					
5	1			期初余额			借	600 000
5	10	转	2	耗用材料	200 000		借	800 000
5	18	银付	3	支付水电费	11 000		借	811 000
5	31	转	4	分配工资	75 000		借	886 000
5	31	转	6	分配制造费用	58 000		借	944 000
5	31	转	7	结转完工产品成本		672 000		272 000
5	31			本期发生额及余额	344 000	672 000	借	272 000

表 10.49　　　　　　　　　　　　总分类账（二十一）

账户名称：制造费用

202×年		凭证		摘要	借方	贷方	借或贷	余额
月	日	字	号					
5	10	转	2	耗用材料	31 000		借	31 000
5	18	银付	3	支付水电费	2 000		借	33 000
5	31	转	4	分配工资	15 000		借	48 000
5	31	转	5	计提折旧	1 0000		借	58 000
5	31	转	6	分配制造费用		58 000	平	0
5	31			本期发生额	58 000	58 000	平	0

表 10.50　　　　　　　　　　　　总分类账（二十二）

账户名称：主营业务收入

202×年		凭证		摘要	借方	贷方	借或贷	余额
月	日	字	号					
5	18	银收	1	销售产品		360 000	贷	360 000
5	20	转	3	销售产品		200 000	贷	560 000
5	31	转	10	结转损益	560 000		平	0
5	31			本期发生额	560 000	560 000	平	0

表 10.51　　　　　　　　　　　总分类账（二十三）

账户名称：主营业务成本

202×年		凭证		摘要	借方	贷方	借或贷	余额
月	日	字	号					
5	31	转	9	结转已销产品成本	400 000		借	400 000
5	31	转	11	结转损益		400 000	平	0
5	31			本期发生额	400 000	400 000	平	0

表 10.52　　　　　　　　　　　总分类账（二十四）

账户名称：销售费用

202×年		凭证		摘要	借方	贷方	借或贷	余额
月	日	字	号					
5	22	银付	4	支付广告费用	20 000		借	20 000
5	31	转	11	结转损益		20 000	平	0
5	31			本期发生额	20 000	20 000	平	0

表 10.53　　　　　　　　　　　总分类账（二十五）

账户名称：税金及附加

202×年		凭证		摘要	借方	贷方	借或贷	余额
月	日	字	号					
5	31	转	8	计提税金及附加	3 744		借	3 744
5	31	转	11	结转损益		3 744	平	0
5	31			本期发生额	3 744	3 744	平	0

表 10.54　　　　　　　　　　　总分类账（二十六）

账户名称：所得税费用

202×年		凭证		摘要	借方	贷方	借或贷	余额
月	日	字	号					
5	31	转	12	计提所得税费用	26 564		借	26 564
5	31	转	13	结转损益		26 564	平	0
5	31			本期发生额	26 564	26 564	平	0

表 10.55　　　　　　　　　　　总分类账（二十七）

账户名称：管理费用

202×年		凭证		摘要	借方	贷方	借或贷	余额
月	日	字	号					
5	10	转	2	耗用材料	8 000		借	8 000
5	12	现付	1	支付日常零星开支	7 000		借	15 000
5	18	银付	3	支付水电费	3 000		借	18 000
5	31	转	4	分配工资	10 000		借	28 000
5	31	转	5	计提折旧	2 000		借	30 000
5	31	转	11	结转损益		30 000	平	0
5	31			本期发生额	30 000	30 000	平	0

（5）根据总分类账资料编制总分类账户本期发生额及余额试算平衡表，如表 10.56 所示。

表 10.56　　　　　　　　总分类账户本期发生额及余额试算平衡表

会计科目	期初余额		本期发生额		期末余额	
	借方	贷方	借方	贷方	借方	贷方
库存现金	10 000		0	7 000	3 000	
银行存款	600 000		406 800	150 400	856 400	
应收账款	400 000		226 000	0	626 000	
其他应收款	20 000		0	0	20 000	
原材料	1 800 000		200 000	239 000	1 761 000	
库存商品	1 200 000		672 000	400 000	1 472 000	
固定资产	5 000 000		0	0	5 000 000	
累计折旧		1 000 000	0	12 000		1 012 000
短期借款		500 000	0	0		500 000
应付账款		800 000	0	135 600		935 600
其他应付款		34 000	0	0		34 000
应付职工薪酬				100 000		100 000
应交税费		100 000	26 000	103 108		177 108
应付股利		140 000	0	0		140 000
应付利息		40 000	24 000	0		16 000
实收资本		4 000 000	0	0		5 500 000
盈余公积		416 000	0	0		416 000
本年利润		600 000	480 308	560 000		679 692
利润分配		500 000	0	0		500 000
制造费用			58 000	58 000		
生产成本	600 000		344 000	672 000	272 000	
主营业务收入			560 000	560 000		
主营业务成本			400 000	400 000		
销售费用			20 000	20 000		
税金及附加			3 744	3 744		
所得税费用			26 564	26 564		
管理费用			30 000	30 000		
合计	9 630 000	9 630 000	3 477 416	3 477 416	10 010 400	10 010 400

（6）根据总分类账和明细分类账编制资产负债表和利润表。具体内容格式如表 10.57 和表 10.58 所示。

表 10.57 资产负债表

会企 01 表

编报单位：金源公司　　　　　　　　202×年 5 月 31 日　　　　　　　　单位：元

资产	期末余额	年初余额	负债及所有者权益	期末余额	年初余额
流动资产：		（略）	流动负债：		（略）
货币资金	859 400		短期借款	500 000	
应收票据	0		应付票据	0	
应收账款	626 000		应付账款	935 600	
预付款项	0		应付职工薪酬	100 000	
其他应收款	20 000		应交税费	177 108	
存货	3 505 000		其他应付款	190 000	
一年内到期的非流动资产	0		一年内到期的非流动负债	0	
其他流动资产	0		其他流动负债	0	
流动资产合计	5 010 400		流动负债合计	1 902 708	
非流动资产：			非流动负债：		
债权投资	0		长期借款	0	
长期应收款	0		应付债券	0	
长期股权投资	0		长期应付款	0	
投资性房地产	0		预计负债	0	
固定资产	3 988 000		递延所得税负债	0	
在建工程	0		其他非流动负债	0	
生产性生物资产	0		非流动负债合计	0	
使用权资产	0		负债合计	1 902 708	
无形资产	0		所有者权益（或股东权益）：		
开发支出	0		实收资本（股本）	5 500 000	
长期待摊费用	0		资本公积	0	
递延所得税资产	0		盈余公积	416 000	
其他非流动资产	0		未分配利润	1 179 692	
非流动资产合计	3 988 000		所有者权益（或股东权益）合计	7 095 692	
资产总计	8 998 400		负债及所有者权益（或股东权益）总计	8 998 400	

表 10.58　　　　　　　　　　　利润表

会企 02 表

编报单位：金源公司　　　　　　　202×年5月　　　　　　　　　　单位：元

项目	本期金额	上期金额（略）
一、营业收入	560 000	
减：营业成本	400 000	
税金及附加	3 744	
销售费用	20 000	
管理费用	30 000	
研发费用	0	
财务费用	0	
加：投资收益（损失以"－"号填列）	0	
公允价值变动收益（损失以"－"号填列）	0	
信用减值损失（损失以"－"号填列）	0	
资产减值损失（损失以"－"号填列）	0	
资产处置损失（损失以"－"号填列）	0	
二、营业利润（亏损以"－"号填列）	106 256	
加：营业外收入	0	
减：营业外支出	0	
三、利润总额（亏损总额以"－"号填列）	106 256	
减：所得税费用	26 564	
四、净利润（净亏损以"－"号填列）	79 692	
五、其他综合收益的税后净额	0	
（一）以后不能重分类进损益的其他综合收益	0	
（二）以后将重分类进损益的其他综合收益	0	
六、综合收益总额	79 692	
七、每股收益		
（一）基本每股收益	略	
（二）稀释每股收益	略	

第三节

科目汇总表账务处理程序

一、科目汇总表账务处理程序的特点

科目汇总表账务处理程序是指定期将所有记账凭证汇总编制成科目汇总表，然后再根据科目汇总表登记总分类账的一种账务处理程序。

科目汇总表账务处理程序的主要特点是：编制科目汇总表，并据以登记总分类账。

科目汇总表根据一定时期内的全部记账凭证，按会计科目进行分类，计算出每一个科目的本期借方发生额和本期贷方发生额，以反映所有账户的借方发生额和贷方发生额。

编制科目汇总表时，将每一科目借方发生额和贷方发生额，分别填入科目汇总表中相应科目的借方栏和贷方栏。为了便于登记总账，会计科目的顺序应与总分类账上会计科目的前后顺序相一致。按会计科目汇总后，要进行发生额的试算，在所有科目的借方发生额和贷方发生额平衡后，分次或月末据以登记总分类账。

科目汇总表的编制时间根据企业业务量的多少来确定。业务量较多的，可以每日汇总一次，业务量较少的可以定期汇总一次，如 10 天或者半月汇总一次。

科目汇总表的格式依据汇总天数而采取不同的格式，一般有以下两种格式。

（1）每旬汇总一次，每月编制一张科目汇总表，适用于按旬汇总的企业，具体格式如表 10.59 所示。

（2）每汇总一次就编制一张科目汇总表，每月编制若干张科目汇总表，适用于按其他时间汇总的企业。具体格式如表 10.60 所示。

表 10.59　　　　　　　　　　科目汇总表（一）

年　　　月

会计科目	总账页数	1～10 日		11～20 日		21～31 日		本月合计	
		借方	贷方	借方	贷方	借方	贷方	借方	贷方
合计									

表 10.60　　　　　　　　　　科目汇总表（二）

年　　月　　日 至　　日

会计科目	总账页数	本期发生额		记账凭证起讫号数
		借方	贷方	
合计				

二、科目汇总表账务处理程序的基本步骤

采用科目汇总表账务处理程序时，企业可采用收款凭证、付款凭证和转账凭证作为记账凭证，也可以采用通用式记账凭证，还要设置科目汇总表。日记账、明细分类账和总分类账的设置及格式与记账凭证账务处理程序相同。科目汇总表账务处理程序的具体步骤如下。

（1）根据各种原始凭证或汇总原始凭证编制记账凭证。

（2）根据收款凭证和付款凭证登记现金日记账和银行存款日记账。

（3）根据记账凭证及所附的原始凭证或汇总原始凭证登记各种明细分类账。

（4）根据记账凭证，编制科目汇总表。

（5）根据科目汇总表，登记总分类账。

（6）期末，将现金日记账、银行存款日记账和明细分类账的账户余额与相应的总分类账的账户余额核对。

（7）期末，根据总分类账和明细分类账编制财务报表。

科目汇总表账务处理程序如图 10.2 所示。

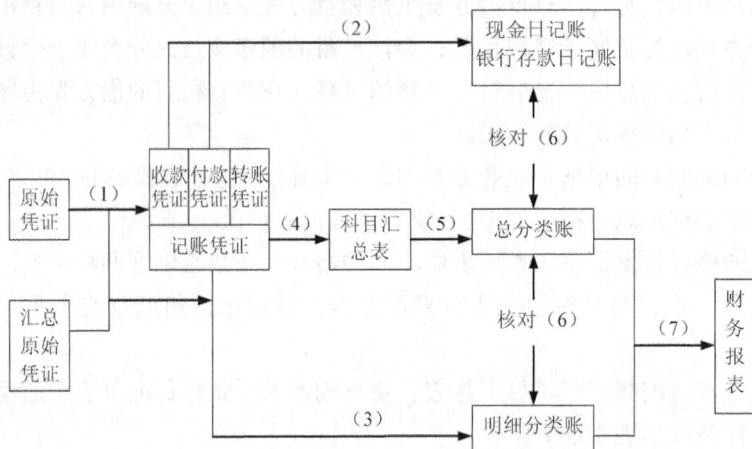

图 10.2　科目汇总表账务处理程序

三、科目汇总表账务处理程序的适用范围

科目汇总表账务处理程序由于采用了科目汇总表登记总分类账，因此减少了登记总分类账的工作，而且层次比较清楚，手续也较为简单，易学易做。同时，通过科目汇总表还可以进行试算平衡，这就等于在登记总分类账之前，对编制的记账凭证进行了一次检查，在一定程度上可以减少登账错误的发生概率，保证总分类账的正确性。它的缺点是科目汇总表不能反映所发生的业务的对应科目及经济业务的来龙去脉，不利于对企业业务活动进行分析和检查。科目汇总表账务处理程序适用于规模较大，业务量较多的企业。

知识链接

传统手工会计方式下，记账凭证一般按经济业务反映的经济内容划分为收款凭证、付款凭证和转账凭证 3 类，或划分为现金收款凭证、银行存款收款凭证、现金付款凭证、银行存款付款凭证和转账凭证 5 类。这样可以分类了解经济业务，也便于事后查询各类经济业务，从而登记相应的账簿。而在普遍应用财务信息系统的环境下，记账由计算机自动完成，查询也相当方便，所以没有必要再划分那么详细的类别了，只采用一种通用记账凭证即可，不必在输入凭证时来回切换凭证类别，也不用手工编制凭证编号，一般财务软件会自动递增产生凭证编号。

传统手工会计方式下，常见的账务处理程序有"记账凭证账务处理程序""科目汇总表账务处理程序""汇总记账凭证账务处理程序"等。它们的主要区别在于登记总账的依据不同。无论采用哪一种处理程序，其共同特点是"平行登记"，即来源于记账凭证的会计信息总是同方向、同金额、同会计期间记录于总账和明细账中。这样重复记录、抄写的工作量较大，很容易出现数据错误。在广泛运用财务软件的背景下，企业主要采用"记账凭证账务处理程序"，即直接根据记账凭证登记总账，因为计算机运算速度相当快，而且准确可靠。会计数据处理主要借助会计软件完成，具有数据处理的集中化和自动化的特点。在电算化系统中，整个账务处理流程分为输入、处理和输出 3 个环节，将分散于手工会计各个核算岗位的会计数据输入计算机后，此后的各种数据处理工作都由计算机按照会计软件的要求自动完成，不受人工干预。从输入会计凭证到输出会计报表，一气呵成，一切中间环节都在机内自动处理，而需要的任何中间资料都可以通过系统提供的查询功能得到。

思考与练习

一、选择题

1. [单选]科目汇总表是依据（   ）编制的。

    A. 记账凭证   B. 原始凭证

    C. 原始凭证汇总表   D. 各种总账

2. [单选]以下项目中，属于科目汇总表账务处理程序缺点的是（   ）。

    A. 增加了会计核算步骤的组织程序   B. 增加了登记总分类账的工作量

    C. 不便于检查核对账目   D. 不便于进行试算平衡

3. [单选]常见的账务处理程序中财务报表是根据（   ）资料编制的。

    A. 日记账、总账和明细账   B. 日记账和明细分类账

    C. 明细账和总分类账   D. 日记账和总分类账

4. [多选]下列关于账务处理程序的说法中，正确的有（   ）。

    A. 包括账簿组织和记账程序

    B. 是会计制度设计的一项重要内容

    C. 增加了会计核算环节

    D. 科学、合理地选择适合本单位的账务处理程序，有利于保证会计记录的完整性和正确性

5. [多选]选择恰当的账务处理程序，应考虑的因素有（   ）。

    A. 要适应本单位生产经营活动的特点和规模的大小，满足本单位组织会计核算的要求

    B. 要有利于全面、及时、正确地反映本单位经济活动情况，提供高质量的会计核算信息

    C. 要有利于简化会计核算手续，提高会计工作效率，节约会计核算工作的人力、物力和财力

    D. 要满足投资者和债权人等外部和单位内部会计信息使用者的需求

二、思考题

1. 试述科目汇总表的编制方法。

2. 试述记账凭证账务处理程序与科目汇总表账务处理程序的区别与联系。

第十一章 | 会计工作组织

学习目标

1. 明确会计工作组织存在的意义和组建要求。
2. 了解会计机构的设置和内部会计管理制度。
3. 了解会计人员的主要职责和职业道德。
4. 了解我国会计法规体系。

引导案例

2015年年底，在镇江市某房地产公司担任会计的王某因为无聊，接触到网络直播平台，随后又发现了自己心仪的美女主播，并第一次给账号充值500元用于打赏。为了得到女主播的关注，王某开始不停地向直播间"砸钱"。这一"砸"就是10多个月，前前后后累计总额超过930万元。"当时，单位主办会计辞职，所以公司要求我身兼出纳会计和主办会计两个职务，因此公司的法人章、财务章、保险箱密码和银行账户密码一时全在我手中掌握，也让我有了挪用资金的胆量。"在庭审中，王某说，"起初，我只是挪用了公司保险箱中的几万块钱，一段时间后没人发现，我的胆子就大了起来。"法院当庭宣判：被告人王某犯职务侵占罪被判处有期徒刑7年，并处没收财产20万元，责令被告人退还所有侵占被害公司的款项。（**资料来源**：为打赏网络女主播 镇江一会计侵占公司930万元，新华网）

近年来，新闻里爆出的会计、财务利用职务之便挪用公款、贪污公款的案例层出不穷。除了会计人员职业道德缺失的因素外，单位内部管理制度的不完善也是重要的原因之一。此案中的王某在一年多的时间里挪用了900多万元却一直没有被发现，是因为公司巨大的财务漏洞和监管缺失给了他犯罪的机会，王某同时担任出纳会计和主办会计，公司法人章和财务章一人主管，单位最基本的内部牵制制度没有得到贯彻执行。单位应该遵循哪些会计法规，如何设置会计机构和配备会计人员，应当建立哪些内部会计管理制度，本章将为你一一揭晓。

第一节 | 会计工作组织概述

一、会计工作组织存在的意义

会计工作组织的工作内容包括设置会计机构、配备会计人员、制定与执行会计法规，以及保管会计档案。科学地组织会计工作，对全面完成会计任务，充分发挥会计在经济管理中的作用具有重要的意义。

会计工作是一项严密细致的经济管理工作。会计为经营管理所提供的会计信息，要经过会计凭证→会计账簿→财务报表等一系列方法及相应的手续和程序对数据进行记录、计算、分类、汇总、分析、检查等。科学地组织会计工作，使会计工作按照预先规定的手续和处理程序有条不紊地进行，可以有效地防止手续的遗漏、工作程序的脱节和数字的差错。一旦出现上述问题，也能尽快查出和纠正。

（1）合理组织会计工作，是做好会计工作的前提，有利于提高会计工作的质量。会计所反映和监督的经济活动是错综复杂的，要想对这些错综复杂的经济活动进行合理、正确、全面地反映和监督，只有严格按照会计工作制度、会计工作程序和会计工作方法，科学、合理地组织会计工作，如此才能保证会计工作有条不紊地进行，不断提高会计工作的效率和会计工作的质量。

（2）合理组织会计工作，有利于企业加强内部经营管理，提高经济效益。随着现代会计的不断发展，会计工作在企业经营管理中的作用不断增强，如参与企业预测、决策、计划、分析、考核等。因此，只有通过合理地组织会计工作，科学地协调好各职能部门的管理工作，才能加强各单位内部的岗位责任制，促使各部门更好地履行自己的职责；才能加强核算与考核，挖掘增收节支的潜力，改善经营管理，不断提高企业的经济效益和经营管理水平。

（3）合理组织会计工作，有利于正确执行党和国家的方针政策，维护财经纪律。一个单位、组织在生产经营活动和开展各项业务的过程中，能否贯彻执行党和国家的方针、政策、法令和制度；能否在经济领域中打击不法行为和破坏活动，保护国家、企业公有财产的安全与完整，正确处理好国家、投资者和职工个人三者之间的利益关系，都离不开会计的核算和监督。因此，设置有效的会计工作机构、制定严格的会计制度、配备称职的财会人员，是经济工作中全面贯彻执行党和国家方针政策和财经法规、维护财经纪律的重要保证。

二、组织会计工作的基本要求

（1）既要符合国家对会计工作的统一要求，又要适应本单位的具体情况。会计要为国家的宏观经济调控和管理提供信息。在我国，宏观经济决策所需的大部分信息来源于会计信息，各企事业单位所提供的会计核算数据资料是国家制定方针、政策和编制计划、预算的重要依据之一。因此，按照国家规定的统一会计制度来组织会计工作，是我国会计工作的显著特征。但是，国家对组织会计工作的统一要求，只是一般的原则性的规定。所以各单位还应当根据本单位经济业务的特点及经营规模的大小等具体情况，对会计机构的设置、会计人员的配备、核算形式的确定，以及成本计算方法的选择等方面做出科学合理的安排。

（2）在保证会计工作质量的前提下，贯彻成本效益原则。组织会计工作时应该力求精简、合理，尽量做到节约时间和费用。在保证会计工作质量的前提下，合理地设置会计机构、配备会计人员、制定财务制度和选择会计核算方法，不断提高工作效率，尽量避免无效和重复的劳动，做到以较少的人、财、物，获得较大的经济效益。

（3）要有利于经济责任制的贯彻执行。企业经济责任制的建立是提高经济效益的有效途径。会计工作必须在核算形式、核算体制、会计机构的内部组织和分工等方面，与责任制的要求相适应，及时记录、反映、分析和考核企业及各责任单位的财务收支活动和经济效益，为正确处理各级之间、责任单位之间的利益关系和合理评价它们的工作业绩提供真实、可靠的依据，使会计部门成为企业贯彻经济责任制的中心。

第二节　会计机构与会计人员

会计机构是各单位办理会计事务的职能部门，会计人员是直接从事会计工作的人员。建立健全的会计机构，配备与工作要求相适应、具有一定素质和数量的会计人员，是做好会计工作、充分发挥会计职能作用的重要保证。

一、会计机构

（一）会计机构的设置

《会计法》规定，单位应当根据会计业务的需要，设置会计机构，或者在有关机构中设置会计人员并指定会计主管人员，或者委托经批准从事代理记账业务的中介机构代理记账，或者采取国务院财政部门认可的其他方式组织本单位的会计工作。国有独资和国有资本占控股地位或者主导地位的大、中型企业应当设置总会计师。基层单位的会计机构，一般称为会计（财务）处、科等。各单位的会计机构，在行政领导人的领导下开展会计工作。同时，会计机构要接受上级管理机构，如财政、税务、审计、人民银行、证券监管、保险监管等部门的指导和监督。不具备设置会计机构条件的单位，应当委托经批准设立从事会计代理记账业务的中介机构代理记账。我国2019年修订的《代理记账管理办法》规定，在我国从事代理记账业务的机构，专职从业人员不少于3名，主管代理记账业务的负责人具有会计师以上专业技术职务资格或者从事会计工作不少于三年，且为专职从业人员，并且要有健全的代理记账业务内部规范。

（二）内部会计管理制度的建立

单位应当根据《会计法》和国家统一会计制度的规定，结合单位类型和内容管理的需要，建立健全相应的内部会计管理制度。具体来说，包括以下内容。

（1）建立会计人员岗位责任制度。主要内容包括：会计人员的工作岗位设置；各会计工作岗位的职责和标准；各会计工作岗位的人员和具体分工；会计工作岗位轮换办法；对各会计工作岗位的考核办法。

（2）建立账务处理程序制度。主要内容包括：会计科目及其明细科目的设置和使用；会计凭证的格式、审核要求和传递程序；会计核算方法；会计账簿的设置；编制会计报表的种类和要求；单位会计指标体系。

（3）建立内部牵制制度。主要内容包括：内部牵制制度的原则；组织分工；出纳岗位的职责和限制条件；有关岗位的职责和权限。

（4）建立稽核制度。主要内容包括：稽核工作的组织形式和具体分工；稽核工作的职责、权限；审核会计凭证和复核会计账簿、会计报表的方法。

（5）建立原始记录管理制度。主要内容包括：原始记录的内容和填制方法；原始记录的格式；原始记录的审核；原始记录填制人的责任；原始记录签署、传递、汇集要求。

（6）建立定额管理制度。主要内容包括：定额管理的范围；制定和修订定额的依据、程序和方法；定额的执行；定额考核和奖惩办法等。

（7）建立计量验收制度。主要内容包括：计量检测手段和方法；计量验收管理的要求；计量验收人员的责任和奖惩办法。

（8）建立财产清查制度。主要内容包括：财产清查的范围；财产清查的组织；财产清查的期限和方法；对财产清查中发现问题的处理办法；对财产管理人员的奖惩办法。

（9）建立财务收支审批制度。主要内容包括：财务收支审批人员和审批权限；财务收支审批程序；财务收支审批人员的责任。

（10）实行成本核算的单位应当建立成本核算制度。主要内容包括：成本核算的对象；成本核算的方法和程序；成本分析等。

（11）建立财务会计分析制度。主要内容包括：财务会计分析的主要内容；财务会计分析的基本要求和组织程序；财务会计分析的具体方法；财务会计分析报告的编写要求等。

二、会计人员

会计人员是指在国家机关、社会团体、企业、事业单位和其他组织中从事会计核算、实行会计监督等会计工作的人员，包括单位会计机构负责人（会计主管人员），从事出纳、稽核、资产、负债和所有者权益账目管理等具体工作的人员。合理地配备会计人员、提高会计人员的综合素质是每个单位做好会计工作的决定性因素，对会计核算管理系统的运行起着关键的作用。

（一）会计人员的职责

明确会计人员的职责，充分调动会计人员的积极性，是做好会计工作、加强财务管理、提高经营管理水平、保证社会主义市场经济健康发展的重要方面。

根据我国《会计法》和《会计基础工作规范》的规定，会计人员的主要职责是：进行会计核算；实施会计监督；严格遵守各项财务制度制订本单位办理会计事务的具体办法等。

1. 进行会计核算

会计人员应按照会计制度的规定，切实做好记账、算账、报账，做到手续完备、内容真实、数字准确、账目清楚、日清月结、按期报账。会计人员对下列经济业务事项，应当办理会计手续，进行会计核算。

（1）款项和有价证券的收付；

（2）财物的收发、增减和使用；

（3）债权债务的发生和结算；

（4）资本、基金的增减；

（5）收入、支出、费用、成本的计算；

（6）财务成果的计算和处理；

（7）其他需要办理会计手续、进行会计核算的事项。

2. 实行会计监督

会计人员应按照会计法律、法规和国家统一会计制度、各单位内部的预算、财务计划等对本单位的经济活动进行会计监督。具体监督内容如下。

（1）对原始凭证进行审核和监督，是对会计信息质量实行源头控制的重要环节。会计人员主要抓住两个方面。一是对原始凭证真实性、合法性的监督。对不真实、不合法的原始凭证，不予受理。对弄虚作假、严重违法的原始凭证，在不予受理的同时，应当予以扣留，并及时向单位领导人报告，请求查明原因，追究当事人的责任。二是对原始凭证准确性、完整性的监督。

对记载不准确、不完整的原始凭证，予以退回，要求经办人员更正、补充。

（2）对会计账簿的监督。会计机构、会计人员对伪造、变造、故意毁灭会计账簿或者账外设账行为，应当制止和纠正；制止和纠正无效的，应当向上级主管单位报告，请求处理。

（3）对实物、款项的监督。会计机构、会计人员应当对实物、款项进行监督，督促建立并严格执行财产清查制度。发现账簿记录与实物、款项不符时，应当按照国家有关规定进行处理。超出会计机构、会计人员职权范围的，应当立即向本单位领导报告，请求查明原因做出处理。这样做的目的是认真执行财产清查制度，分清责任，保护公共财产的安全和完整。

（4）对财务报告的监督。会计机构、会计人员对指使、强令编造、篡改财务报告行为的，应当制止和纠正；制止和纠正无效的，应当向上级主管单位报告，请求处理。

（5）对财务收支情况的监督。会计机构、会计人员应当对财务收支进行监督，主要包括以下几个方面：一是对审批手续不全的财务收支，应当退回，要求补充、更正；二是对违反规定不纳入单位统一会计核算的财务收支，应当制止和纠正；三是对违反国家统一的财政、财务、会计制度规定的财务收支，不予办理；四是对认为是违反国家统一的财政、财务、会计制度规定的财务收支，应当制止和纠正，制止和纠正无效的，应当向单位领导人提出书面意见请求处理。单位领导人应当在接到书面意见起 10 日内做出书面决定，并对决定承担责任；五是对违反国家统一的财政、财务、会计制度规定的财务收支，不予制止和纠正，又不向单位领导人提出书面意见的，也应当承担责任；六是对严重违反国家利益和社会公众利益的财务收支，应当向主管单位或者财政、审计、税务机关报告。

（6）对其他经济活动的监督。会计机构、会计人员应当对违反单位内部会计管理制度的经济活动进行监督，以及对单位制定的预算、财务计划、经济计划、业务计划的执行情况等经济活动进行监督。

3. 严格遵守各项财务制度

按照国家财务制度的规定，会计人员应认真编制并严格执行财务计划、预算，遵守各项收入制度、费用开支范围和开支标准，分清资金渠道，合理使用资金，保证完成财政上缴任务。

4. 制定本单位办理会计事项的具体办法

会计主管人员应根据国家的有关会计法规、准则及其他相关规定结合本单位具体情况，制定本单位办理会计事项的具体办法，包括会计人员岗位责任制度、钱账分管制度、内部稽核制度、成本计算办法、财产清查制度、会计政策的选择以及会计档案的保管制度等。

（二）会计人员的职业道德

职业道德是所有从业人员在职业活动中应该遵守的基本行为准则，是社会道德的重要组成部分，是社会道德在职业活动中的具体表现，是一种更为具体化、职业化、个性化的社会道德。会计从业人员职业道德，是会计人员在会计工作中应当遵循的道德标准。建立会计人员职业道德规范，是对会计人员强化道德约束，防止和杜绝会计人员在工作中出现不道德行为的有效措施。我国的《会计法》《会计基础工作规范》《中国注册会计师职业道德基本准则》《中国注册会计师职业道德规范指导意见》等都对会计人员的职业道德提出了若干要求。我国会计职业道德规范的主要内容包括：爱岗敬业、诚实守信、廉洁自律、客观公正、坚持准则、提高技能、参与管理、强化服务八个方面的内容。

第三节 | 会计规范体系

一、会计规范的意义

会计工作目标是向有关利益各方提供决策信息。这些利益方包括股东、经营者，还包括供应商、银行、政府监管部门、消费者、企业职工等。企业他们将根据各自不同的目的来利用企业的会计信息。为了使企业的会计信息能被有关人员或机构所利用，企业就必须确保信息的公平性、有效性和可比性，必须对会计信息的形成和传递方式加以社会性的约束。会计规范是实现会计信息生产的标准化，是对会计人员、会计工作和会计信息处理具有约束、评价和指导作用的一系列标准的总称。因此，会计规范体系是由一系列会计行为标准组成的体系。

二、会计规范体系的特征

（一）权威性

会计规范作为评价会计行为合理、合法的有效标准，必然具有充分的影响力和威望，能够使会计人员予以信从，而不管这种信认是自发的还是强制的，也不管这种规范是成文的还是惯例性的。这种标准让人明白哪些行为是符合规范的，哪些行为是不符合规范的。权威性可以来自会计规范的制定机关，如国家立法机关和行政机关，也可以来自社会性的广泛支持。

（二）科学性和客观性

科学性是指会计规范体系能够体现会计工作的内在规律和内在要求。客观性是指会计规范体系是会计规律与会计所处的客观环境、条件的有机结合，在体现高度科学性的同时具有可操作性。

（三）统一性

会计规范体系在一定范围之内是统一的，适用的对象不是针对具体和特定的某一单位、某一企业，而是广泛适用于全国范围内的；不是针对某一具体和特定的业务，而是适用于任何会计行为。

（四）相对稳定性

会计规范体系的建立和发展是一个动态的演进过程。会计规范体系在一定时期、一定客观环境下是相对稳定的，但并不是一成不变的。随着社会政治经济条件的发展，一些会计规范可能不再适宜，或变得过时而予以修正甚至放弃，而一些新的会计规范逐渐被建立、被接受。

三、会计规范体系的构成

（一）会计法律

会计法律由全国人民代表大会制定。我国会计法律规范的最高层次是《会计法》，其是一切会计工作的根本大法。我国的国家机关、公司、事业单位和其他组织必须依照《会计法》办理会计事务。会计法规、会计准则、会计制度和其他有关法规的制定，必须依据《会计法》。

我国《会计法》于 1985 年首次颁布，1993 年进行了第一次修订，1999 年进行了第二次修订，2017 年进行了第三次修订。2019 年 10 月，财政部就《中华人民共和国会计法修订草案（征求意见稿）》（以下简称《征求意见稿》）向社会公开征求意见。财政部对《中华人民共和国会计法》进行修订，旨在贯彻落实全面依法治国要求，切实提高会计信息质量，促进会计行业更好地服务经济社会发展。征求意见稿将原来的 7 章 52 条修订为 6 章 60 条，包括总则、会计核算、会计监督、会计机构和会计人员、法律责任、附则等。它强调了单位负责人对本单位的会计工作和会计资料的真实性、完整性负责。各单位应当建立、健全本单位内部会计监督制度。各单位应当根据会计业务的需要，设置会计机构，或者在有关机构中设置会计人员并指定会计主管人员；不具备设置条件的，应当委托经批准设立从事会计代理记账业务的中介机构代理记账。

《注册会计师法》也是我国会计领域很重要的一部法律。该法于 1993 年 10 月 31 日经第八届全国人民代表大会常务委员会第四次会议通过，并于 1994 年 1 月 1 日起施行，于 2014 年 8 月 31 日发布的经过修改的《注册会计师法》，主要是基于支持、配合行政审批制度改革的专项修改、局部修改而进行的调整。

此外，在会计法律规范体系中，还有其他若干法律也涉及会计领域，如《中华人民共和国刑法》《中华人民共和国公司法》《中华人民共和国企业所得税法》《中华人民共和国证券法》《中华人民共和国商业银行法》《中华人民共和国保险法》等。这其中十分重要的内容就是规定了对违反会计规定行为的法律责任，包括对提供虚假财务报告、伪造和变造会计凭证及会计账簿等处理处罚。

（二）会计法规

会计法规由国务院根据有关法律的规定制定，或者根据全国人民代表大会及其常务委员会的授权制定。我国会计法规主要包括《企业财务报告条例》《总会计师条例》等有关会计工作的条例。

（1）《企业财务报告条例》。该报告条例是国务院于 2000 年 6 月 21 日发布的，自 2001 年 1 月 1 日起实施。它共分 6 章 46 条，包括第一章总则；第二章企业财务报告的构成；第三章财务报告的编制；第四章财务报告的对外提供；第五章法律责任；第六章附则。

（2）《总会计师条例》。该条例自 1990 年 12 月 31 日起施行，2011 年进行修订。它共分 5 章 23 条，包括第一章总则；第二章总会计师的职责；第三章总会计师的权限；第四章任免与奖惩；第五章附则。

此外，根据我国法律的规定，省、自治区、直辖市的人民代表大会及其常务委员会可以根据行政区域具体情况和实际需要，在不与法律、行政法规相抵触的前提下，按照规定制定地方性的会计法规。

（三）会计准则

我国的会计准则由财政部根据有关法律、法规制定。它是处理会计业务的标准，是进行会计核算的规范，也是评价会计工作的依据。会计准则包括企业会计准则和非企业会计准则。

1. 企业会计准则

企业会计准则是规范企业会计确认、计量、报告的会计准则。我国最早的企业会计准则是在 1992 年年底颁布，于 1993 年 7 月 1 日实施的基本准则，我国从 1997 年颁布第一项具体会计准则《关联方关系及其交易的披露》以来，截至 2001 年年底陆续颁布了 16 项具体会计准则。这些准则主要就经济业务的某一项进行规范，要求会计人员在执行这些会计准则时有较高的职业判断水平与能力。

2006 年 2 月 15 日，是我国改革开放以来会计改革史上一个具有里程碑意义的日子。由 1 项基本准则和 38 项具体准则组成的新会计准则正式发布，并于 2007 年 1 月 1 日在上市公司范围内全面施行。企业会计准则既立足于中国国情，又充分与国际财务报告准则趋同、涵盖各类企业各项经济业务，对提高我国企业会计信息质量、保护投资者利益、促进资本市场的健康发展具有深远意义。2014 年以来，财政部陆续发布了 4 项新的具体准则，并对如 14 号收入、16 号政府补助、21 号租赁、22 号金融工具确认与计量等多项具体准则进行了修订。《企业会计准则》包括基本准则、具体准则及应用指南。

（1）《企业会计准则——基本准则》（以下简称"基本准则"）。该准则是准则的准则，在整个准则体系中起统驭作用，是进行会计核算工作必须共同遵循的基本规范和要求。该准则主要就会计目标、会计核算的基本假设、会计信息质量要求、会计要素的确认与计量、财务报告体系等做了规定。它共分 11 章 50 条，包括第一章总则；第二章会计信息质量要求；第三章资产；第四章负债；第五章所有者权益；第六章收入；第七章费用；第八章利润；第九章会计计量；第十章财务报告；第十一章附则。

（2）具体准则。具体准则是根据基本准则的要求，对共性的经济业务和特殊行业、特殊经济业务的会计处理所做出的具体规定。从所规范的经济业务内容来看，具体准则大体上可以分为 3 类：第一类是共性或通用的准则，即用来规范所有企业都可能发生的经济业务，如固定资产准则、中期财务报告准则、现金流量表准则、存货准则等；第二类是特殊业务的准则，用来规范不是所有企业都会发生、有一定特殊性的经济业务，如租赁准则、建造合同准则等；第三类是特殊行业的准则，即对一些业务活动上具有特殊性的行业加以规范，如石油天然气会计准则、银行业务会计准则、保险公司会计准则等。截至目前，已经发布的具体会计准则共 42 项，具体如表 11.1 所示。

表 11.1　　　　　　　　　　具体准则名称

准则编号	准则名称	准则编号	准则名称
第 1 号	存货	第 15 号	建造合同
第 2 号	长期股权投资	第 16 号	政府补助
第 3 号	投资性房地产	第 17 号	借款费用
第 4 号	固定资产	第 18 号	所得税
第 5 号	生物资产	第 19 号	外币折算
第 6 号	无形资产	第 20 号	企业合并
第 7 号	非货币性资产交换	第 21 号	租赁
第 8 号	资产减值	第 22 号	金融工具确认和计量
第 9 号	职工薪酬	第 23 号	金融资产转移
第 10 号	企业年金基金	第 24 号	套期保值
第 11 号	股份支付	第 25 号	原保险合同
第 12 号	债务重组	第 26 号	再保险合同
第 13 号	或有事项	第 27 号	石油天然气开采
第 14 号	收入	第 28 号	会计政策、会计估计变更和差错更正

准则编号	准则名称	准则编号	准则名称
第 29 号	资产负债表日后事项	第 36 号	关联方披露
第 30 号	财务报表列报	第 37 号	金融工具列报
第 31 号	现金流量表	第 38 号	首次执行企业会计准则
第 32 号	中期财务报告	第 39 号	公允价值计量
第 33 号	合并财务报表	第 40 号	合营安排
第 34 号	每股收益	第 41 号	在其他主体中权益的披露
第 35 号	分部报告	第 42 号	持有待售的非流动资产、处置组和终止经营

（3）应用指南。主要包括具体会计准则解释和会计科目及主要账务处理等，为企业执行会计准则提供操作性规范。

2. 小企业会计准则

为了规范小企业会计确认、计量和报告行为，促进小企业可持续发展，发挥小企业在国民经济和社会发展中的重要作用，《小企业会计准则》于 2011 年 10 月 18 日由中华人民共和国财政部（以下简称"财政部"）以财会〔2011〕17 号印发。该《准则》分总则、资产、负债、所有者权益、收入、费用、利润及利润分配、外币业务、财务报表、附则共 10 章 90 条，自 2013 年 1 月 1 日起施行。财政部 2004 年发布的《小企业会计制度》（财会〔2004〕2 号）予以废止。

3. 政府会计准则

2015 年财政部发布了《政府会计准则——基本准则》，适用于各级政府、与本级政府财政部门直接或者间接发生预算拨款关系的国家机关、军队、政党组织、社会团体、事业单位和其他单位。为了适应权责发生制政府综合财务报告制度的改革需要，财政部从 2016 年开始陆续发布了《政府会计准则第 1 号——存货》《政府会计准则第 2 号——投资》《政府会计准则第 3 号——固定资产》《政府会计准则第 4 号——无形资产》《政府会计准则第 5 号——公共基础设施》《政府会计准则第 6 号——政府储备物资》《政府会计准则第 7 号——会计调整》《政府会计准则第 8 号——负债》《政府会计准则第 9 号——财务报表编制和列报》《政府会计准则第 10 号——政府和社会资本合作项目合同》以及有关应用指南。

（四）会计制度

会计制度是企事业单位进行会计工作所应遵循的规则、方法和程序的总称。目前，我国会计制度包括企业会计制度、事业单位会计制度、医院会计制度、高等学校会计制度等。我国企业会计制度的发展，经历了一个较长的历史时期。2000 年之前的会计制度，包括分行业的会计制度、分经济成分的企业会计制度。近十年，我国企业会计制度发生了很大变化，原来的企业会计制度由 3 项会计制度组成：一是《企业会计制度》；二是《金融企业会计制度》；三是《小企业会计制度》。随着 2006 年企业会计准则、2011 年《小企业会计准则》的颁布，上市金融企业从 2007 年起开始执行《企业会计准则》，2013 年 1 月 1 日起《小企业会计制度》废止。

目前，我国基本形成以《会计法》《注册会计师法》两部法律为统领，以《总会计师条例》《企业财务报告条例》两部行政法规和规范会计核算、会计监督、会计人员、会计服务行业发展的若干部门规章为主干，以国家统一的会计准则、财务制度为重要组成部分，以地方会计法规为补充的中国特色社会主义会计法律法规体系，其基本构成如表 11.2 所示。

表 11.2　　　　　　　　　　　我国会计法规体系

层次	名称	制定部门	主要规范
第一层次	会计法律	全国人民代表大会及其常务委员会	《会计法》
第二层次	会计行政法规	中华人民共和国国务院	《企业财务报告条例》《总会计师条例》等
第三层次	部门规章	中华人民共和国财政部	会计准则、会计制度等
第四层次	地方性会计法规	地方人民代表大会或地方政府	在本地区范围内实施

思考与练习

一、选择题

1. [单选]经济组织或单位的会计责任承担者是（　　　）。
   A. 单位会计人员　　　　　　　　　B. 财务总监
   C. 单位负责人或法人代表　　　　　D. 总会计师

2. [单选]我国会计准则由（　　　）所发布。
   A. 全国人民代表大会常务委员会　　B. 国务院
   C. 财政部　　　　　　　　　　　　D. 证监会

3. [单选]我国发布的第一份会计准则《企业会计准则》是在（　　　）年发布的。
   A. 1993　　　　　B. 1998　　　　　C. 1997　　　　　D. 1992

4. [多选]实物资产保管人员与记账人员要分开，是因为（　　　）。
   A. 不能由某一个岗位同时履行两项不相容职务的职责
   B. 保护财产安全
   C. 执行与监督职务要分开
   D. 一个人不能干两项工作

二、思考题

1. 简述正确组织会计工作的意义和基本要求。
2. 会计人员的主要职责有哪些？
3. 什么是会计规范体系？会计规范体系由哪几个层次构成？
4. 我国会计准则体系由哪几个层次构成，相应作用分别是什么？

参 考 文 献

[1] 财政部会计准则委员会. 企业会计准则——基本准则（2014）[EB/OL].

[2] 财政部会计准则委员会. 企业会计准则第 14 号——收入（2017）[EB/OL].

[3] 财政部会计准则委员会. 企业会计准则第 30 号——财务报表列报（2014）[EB/OL].

[4] 张捷，刘英明. 基础会计（第 6 版）[M]. 北京：中国人民大学出版社，2019.

[5] 朱小平，周华，秦玉熙. 初级会计学（第 9 版）[M]. 北京：中国人民大学出版社，2019.

[6] 张新民，钱爱民. 财务报表分析[M]. 北京：中国人民大学出版社，2019.

[7] 李爱红，施先旺，马荣贵. 会计学基础：基于企业全局视角[M]. 北京：机械工业出版社，
2018.

[8] 中国注册会计师协会. 2019 年注册会计师全国统一考试辅导教材会计[M]. 北京：中国财政
经济出版社，2019.

[9] 李占国. 基础会计学综合模拟实验[M]. 大连：东北财经大学出版社，2015.

[10] 许家林. 会计学原理[M]. 北京：科学出版社，2010.

[11] 胡玉明. 会计学（非专业用）[M]. 北京：中国人民大学出版社，2010.

[12] 程培先，刘海云. 初级会计学[M]. 北京：对外经济贸易大学出版社，2011.